澳门高等教育
法学系列教材

总主编 ◎ 许少波

王方玉 编著

法理学导论

FALIXUE DAOLUN

知识产权出版社
全国百佳图书出版单位

内容提要

本书为导论性法理学教材，从对法律与法理的追问开始，分别介绍了关于法律本身的知识、法律运行和法律与社会的知识。法律本身的知识涉及法的定义、构成要素、法律渊源、权利与义务、法的作用等法理基本常识。法律运行知识包括立法、法律实施、法律关系与法律责任等内容。关于法律与社会的知识则比较庞杂，从法律的起源说起，进一步延伸到法律的现代化与全球化、法治、法律与其他社会规范等问题。基于教学需要，本书力求简明扼要、通俗易懂，对港澳法律也有所兼顾。本书的每章前都有导读，章后附有思考题，便于学生准确、高效地理解相关知识。

责任编辑：龚　卫　　　　　责任校对：董志英
封面设计：张　冀　　　　　责任出版：卢运霞

图书在版编目（CIP）数据

法理学导论 / 王方玉编著. —北京：知识产权出版社，2012.6
ISBN 978-7-5130-1337-6

Ⅰ. ①法… Ⅱ. ①王… Ⅲ. ①法理学-教材 Ⅳ. ①D90

中国版本图书馆 CIP 数据核字（2012）第 094940 号

澳门高等教育法学系列教材

法理学导论
FALIXUE DAOLUN

王方玉　编著

出版发行：知识产权出版社

社　　址：北京市海淀区马甸南村 1 号	邮　　编：100088
网　　址：http://www.ipph.cn	邮　　箱：bjb@cnipr.com
发行电话：010-82000860 转 8101/8102	传　　真：010-82005070/82000893
责编电话：010-82000860 转 8120	经　　销：各大网络书店、新华书店及相关销售网点
印　　刷：北京紫瑞利印刷有限公司	
开　　本：720mm×960mm　1/16	印　　张：16.75
版　　次：2013 年 3 月第 1 版	印　　次：2013 年 3 月第 1 次印刷
字　　数：296 千字	定　　价：42.00 元

ISBN 978-7-5130-1337-6/D·1491（4200）

出版权专有　　侵权必究
如有印装质量问题，本社负责调换。

《澳门高等教育法学系列教材》

编 委 会

主　任：庄善裕

总主编：许少波

编　委：许少波　戴仲川　张国安
　　　　林伟明　黄奇中　刘　超
　　　　陈斌彬　靳学仁　钟付和
　　　　梁　伟　陈斯彬　翟相娟
　　　　兰仁迅

《法理学导论》

王方玉

总序

法治是人类当代文明社会的基本生活规则。20世纪80年代以来，中国致力于全面建设社会主义法治国家和法治社会。法律和法学教育是达成法治文明和法治社会的基本途径之一。

澳门是中国不可分离的一部分，1999年12月20日回归祖国怀抱，从此进入"一国两制、澳人治澳"的新的历史发展时期。法治应当成为澳人治澳、高度自治、实行社会管理和治理的普遍基础。因此，回归之后，实施以《澳门基本法》为基础和框架的法律、法学教育，对于一直适用葡萄牙法律、法治传统、法律文化的澳门社会来说，具有重大的政治意义和现实意义。

"面向海外，面向港澳台"是国立华侨大学的办学方针。早在澳门回归祖国成立特别行政区之前，秉承"为侨服务""汇通中外，并育德才"的办学理念和宗旨，1997年华侨大学法学院（时名法律系）就开拓了在澳门的教学和办学工作。历经14年的积累和努力，华侨大学法学院为澳门特别行政区培养了7届法律专科、5届法律本科和1届法律硕士专门人才，为澳门特别行政区警务、法务和政务等部门的人力配备，提供了有力的支持，得到了澳门特别行政区政府和社会各界的充分肯定和广泛赞誉。

2007年开始，华侨大学法学院迎来了历史性的发展机遇，华侨大学和中国社会科学院法学研究所进行战略合作，共建华侨大学法学院。先后于2007年和2010年，由中国社会科学院法学研究所选派知名学者、著名法学专家担任华侨大学法学院院长，充分发挥法学所综合实力雄厚、位居法学研究核心和前沿等综合优势，校、所合作共赢，进一步增强华侨大学法学院的办学水平和科研实力。经过3年多的努力，双方共建法学院的战略合作已取得显著成效。本套教材的组织编写和出版，也是校、所合作，共建法学院的重要工作和成果之一。

根据澳门教学不断发展的实际情况，为满足广大学员日益增强的需求，在掌握内地法律知识的同时，也能够了解澳门相关法律知识的需求，由澳门镜海学园提供专项经费资助，从2009年起法学院成立专门机构，组织编写这套澳门高等教育法学系列教材，规划出版共计20余种。由我国著名侨务活动家、著名法学家、前任华侨大学校长、华侨大学首届法律系主任庄善裕教授亲任编委会主任。庄善裕先生不仅是法学院的创始人，也是华侨大学境外法学教学、澳门办学的创始人和奠基者，对澳门的法学教学和本套教材的编写出版，都倾注了大量心血。经过广大教师和多方人士的共同努力，特别是知识产权出版社编辑团队的精心工作，今天，这套系列教材得以面世。

在境外开展法律教育并组织编写专门的系列教材，这在中国法学教育史上，还是前无古人的"创举"。这套教材的出版，也是我们鼓足勇气，并竭尽努力进行的一种尝试，力图探索我国进行境外法律、法学教育与交流的途径和方式。但澳门学员本身的情况和需求，决定了实施教学和组织教材编写的难度。这套教材不仅要求提供内地法律的基本知识和基本原理，还需要结合澳门地区的文化观念、法律知识甚至语言习惯，并结合两地的司法实例进行阐述、讲解。特别是澳门特别行政区实行的具体部门法律，多数由葡萄牙文本翻译编撰而来，同时杂糅了其他国家和地区的立法成果，文本的翻译、理解和资料搜集都面临难以想象的困难。这些困难也阻碍了人们对澳门法律制度的研究和对澳门法律制度的准确把握。可资借鉴的成果和资料都相当有限。加之，我们本身的水平不高，因此，这套教材的编写，从组织到内容和形式，都难免存在这样那样的问题和不足，诚望广大读者和专家、学者及有关人士，不吝指正，以便为共同促进我国海外、境外法学教育、交流事业，不断提高发展水平，作出更大贡献。

是为序。

澳门高等教育法学系列教材
编委会
2011年6月

编写说明

澳门回归以后，华侨大学法学院在澳门开设多年法律课程，为澳门培养了大批司法界人员。为了适应澳门法学教育的深入发展，华大法学院组织编写此澳门高等教育法学系列教材，本书即为华侨大学澳门法学系列教材之一。

澳门法制体系秉承葡萄牙的法律，沿袭大陆法系风格，所以在法学教育上与内地有诸多共通之处。为了适应澳门教学的需要，本教材在编写中还是注重探索一些新的风格，具有如下特点：

其一，尽量删繁就简。本教材属于导论性的教材，以让学生掌握基本法理知识为目标，因此对于法理学中不同的观点，尽量进行简化处理，以便学生更好地在较短时期内迅速掌握相关知识点。

其二，增加阅读材料。本书在每一章节都增加了一些案例、经典语言或法律条文，作为阅读、思考的材料，以帮助学生加强对理论知识的理解。需要注意，阅读材料中的案例只是对当时情况的介绍，仅是为了帮助对知识点的理解，而对事情的处理结果没有全面关注。

其三，适应澳门教学的需要，书中引用了一些澳门、香港或台湾地区的法律知识。本书中所引用的澳门特别行政区法律中文文本全部来自于澳门法律网。

其四，本书在每章之后都附有思考题，尤其引用了近年来国家统一司法考试的试题，以增强学生应用理论知识解决实际问题的能力。

大陆法系的法学教育以理论性强为特点，法学教材总是难逃枯燥之嫌。由于水平有限，本教材同样不可避免地存在一些问题，期待今后随教学经验的积累而进一步改进。本书中所引用的一些阅读材料参考了国内其他法理学教材或通俗读物，在此表示感谢。本书最后的参考文献也是推荐给学生进行阅读的主要文献，学生在学习过程中可以根据这些文献的指引进一步阅读其他资料。另外，本教材虽属于澳门法学教育系列，但同样适用于内地高校法理学导论课程的教学。

全书由华侨大学法学院教师王方玉副教授编著，华侨大学法学院的刘丽、李强等教师也为本书写作提供了帮助。不足之处，在所难免，期待读者批评指正。

王方玉

2012 年 3 月 20 日

目录

导论　法学与法理学 ··· 1
　　思考题 ··· 10

第一编　关于法律本身的知识 ··· 11

第一章　法的基本含义 ··· 13
　　第一节　法的词源 ··· 14
　　第二节　法的定义与特征 ··· 17
　　思考题 ··· 23

第二章　法的要素 ·· 24
　　第一节　法律概念 ··· 25
　　第二节　法律规则 ··· 27
　　第三节　法律原则 ··· 32
　　思考题 ··· 35

第三章　法的渊源、效力与分类 ··· 36
　　第一节　法的渊源 ··· 37
　　第二节　法的效力 ··· 47
　　第三节　法的分类 ··· 55
　　思考题 ··· 59

第四章　权利和义务 ··· 61
　　第一节　权利和权力 ··· 62
　　第二节　义务 ··· 69
　　第三节　权利与义务的关系 ··· 72
　　思考题 ··· 78

第五章　法的作用 ·· 79
　　第一节　法的作用概述 ··· 80
　　第二节　法的规范性作用 ··· 81
　　第三节　法的社会作用 ··· 87
　　第四节　法的局限性 ··· 91
　　思考题 ··· 95

第六章　法的价值目标 …… 97
第一节　秩序 …… 98
第二节　自由 …… 100
第三节　正义 …… 102
第四节　效率 …… 105
第五节　人权 …… 107
思考题 …… 112

第二编　关于法律运行的知识 …… 113

第七章　立法 …… 115
第一节　立法概述 …… 116
第二节　立法原则 …… 120
第三节　立法基本程序 …… 123
第四节　法律部门 …… 128
思考题 …… 132

第八章　法的实施 …… 133
第一节　遵守和运用法律 …… 134
第二节　执行和适用法律 …… 141
第三节　解释法律 …… 152
第四节　监督法律 …… 155
思考题 …… 161

第九章　法律关系 …… 162
第一节　法律关系概述 …… 163
第二节　法律关系的要素 …… 167
第三节　法律事实 …… 172
第四节　法律行为 …… 176
思考题 …… 180

第十章　法律责任与法律制裁 …… 182
第一节　法律责任 …… 183
第二节　法律制裁 …… 191
思考题 …… 192

第三编　关于法律与社会的知识················193

第十一章　法的起源与发展理论················195
第一节　法的产生················196
第二节　法的发展················201
第三节　法系················203
思考题················211

第十二章　法的现代化与全球化················213
第一节　法的现代化················214
第二节　法的全球化················219
思考题················223

第十三章　法治的基本理论················224
第一节　法治的含义················225
第二节　法治的社会基础与构成要件················230
思考题················234

第十四章　法律与其他社会规范················235
第一节　法律与道德················236
第二节　法律与习惯················242
第三节　法律与宗教················245
思考题················251

参考文献················253

导论 法学与法理学

导读

　　本章主要介绍法学与法理学的一些基本知识。本章首先由著名的苏格拉底审判开始，引出对法律的思考，而法学则是一门研究法律的学问，具体说是研究法律及法律相关现象的学问。法理学属于法学的一个分支学科，是对法学基本原理和根本性知识的研究。法理学研究具有明显的哲理色彩，主要研究方法包括历史考察法、比较法、分析法等。本章的学习更多侧重于形成对法学和法理学的感性了解，为以后深入思考积累基本知识。

一、关于法律的思考

【阅读材料1】

苏格拉底的审判❶

苏格拉底是古希腊的著名哲学家、思想家。据说他意志坚强，知识渊博，并且善用"辩证法"（一种辩论技巧）与人辩论。由于他经常对国家的政治时局、百姓的道德状况进行批判，因而得罪了不少人。他甚至还批判雅典的民主政治，他认为雅典人采用抓阄的方法选出领导人的方法太愚蠢，一旦犯了错误将非常危险。这种说法遭到了雅典人的反对，因为雅典民主（一种直接民主）被当时的人们认为是完美无缺的、不容怀疑的政治设计，他们认为苏格拉底的说法危言耸听。公元前399年春天，70岁的苏格拉底被三个雅典人控告犯了罪。这三个人是诗人迈雷托士、修辞学家吕康、政治分子安尼托士。其中以迈雷托士为主角，其他两人为帮助者，这三个人都是饱尝"辩证法"之苦的社会名流。他们控告苏格拉底犯下两条罪状：一是渎神，亵渎神灵；二是腐化和误导青年人。当时的雅典法律规定："对一切不相信现存宗教者和神事不同见解者，治罪惩罚。"最终，苏格拉底被带上了法庭。

雅典的诉讼非常有趣，一方面，所谓法庭的"法官"人数居然可以达到6000人，由公民抽签选出，那时的雅典有10个部族，每族可选600人。雅典人认为这是不折不扣的"法律民主"，一切权力都落入人民的手中。当然不是每次审判都有6000人参加，苏格拉底的审判仅有501人。另一方面，定案的依据是原告的控诉和被告的申辩，法官在开庭以前不作任何调查核实，整个是"坐山观虎斗"。这样，不善辞令者很容易败北。

法庭上，针对迈雷托士的诉状，苏格拉底作了三点答辩。

第一，他问迈雷托士：你说我腐化和误导青年，那么谁能引导青年走上正道？迈雷托士说：除了你之外的一切懂得法律的人。苏格拉底反驳道：根据你的回答，可以知道你对青年人漠不关心，而且对于控告我的事实毫不了解。因为这就等于认为除了一人之外所有人都可以像马术师一样有益地训练幼马，这样说太荒谬了。教育就像马术一样，是一门技术，并不是除了一人之外所有人都可以掌握的。硬是这么说，便是说除了一人之外所有的人都可以掌握马术，这是绝顶笑

---

❶ 有关苏格拉底审判的详细介绍请参阅：［古希腊］柏拉图．游叙弗伦；苏格拉底的申辩；克力同［M］．严群，译．北京：商务印书馆，1983；刘星．西方法学初步［M］．广州：广东人民出版社，1998．

话。如此只能认为,并非除苏格拉底之外的一切人都对青年有益。

第二,他问迈雷托士:你说我腐化误导青年是有意还是无意的?迈雷托士不假思索地回答:当然是有意的。苏格拉底讥讽道:谁都明白和坏人接触是有害的,如果将自己接近的人引诱成坏人,自己岂不是情愿接触这类坏人而受害?明白此理的人还去这样做,精神显然不正常,不正常的人怎么会是有意的?

第三,他问迈雷托士:你说我不相信国教,那么我是有神论者还是无神论者?迈雷托士说:当然是无神论者,所以要向你问罪处罚。苏格拉底又说,可你还指责我引进新神并因此控告我腐化误导青年,这不是在讲我是有神论者又是什么?

从辩论技巧上看,苏格拉底的归谬法确实应用得很好,但是不论苏格拉底如何机智、善辩,雅典人最终还是以281票对220票的结果判决他死罪无赦。在临刑前,苏格拉底的老朋友克力同借探望的机会告诉他,朋友们决定帮助他越狱,而且一切都已安排妥当。但是苏格拉底却坦然自若,表示不会越狱。克力同提出种种理由来说服他,认为雅典的法律不公正,遵守这样的法律简直就是愚蠢,但是这种劝说无效。苏格拉底倒是反问道,越狱就公正吗?对一个被判有罪的人来说,即使他确信对他的指控是不公正的,逃避法律制裁难道就公正了?有没有一种服从任何法律的义务?

苏格拉底提出了两个理由说明不应当越狱:其一,如果人人都以法律判决不公正为理由,那么整个国家还能有个规矩方圆吗?法律判决的公正固然重要,但秩序同样重要。其二,如果一个人自愿生活在一个国家,并且享受这个国家法律给予的权利,这不就等于和国家之间有了一个契约?双方由此建立了契约关系,在这种情况下,如果不服从义务岂不是毁约?岂不十分不道德?经过与克力同一番探讨,苏格拉底最后还是选择了死刑。最终他在监狱里喝下了法官为他准备的毒酒而死亡。富有戏剧性的是,时隔14年,雅典人最终重新发现自己的"良心和智慧",认定苏格拉底审判是一大冤案,反而判迈雷托士犯有诬告罪并判处死刑,判处其他合谋者同样犯有诬告罪,并驱逐出境。

苏格拉底的审判是西方法律历史上非常著名的案件,仔细研究,这个案件其实包含了许多对"法律"的哲理性思考。首先,在案件的审判中,法律究竟是什么?案件中的人,不论是苏格拉底、迈雷托士,还是那些501个法官以及克力同,似乎都有一个共同的认识,那就是他们在按照雅典的法律办事。但法律到底是什么?法律和其他的一些社会规则是否一样,比如道德、宗教戒律、风俗习惯?其次,我们可以思考,为什么人们要遵守法律,为什么不能违背它?一个很浅显的理由是不守法会受到惩罚。但克力同认为，雅典的法律是不公平的，不应该遵守。是不是不公正的法律就一定可以违背？最后，我们还可以再进一步的思考：国家为什么要制定法律？法律是如何制定的？法律又是如何被人们遵守的，如何执行的？是不是法律就是最好的治理工具？等等。

这些问题很多都没有绝对正确的答案，但法律学习者却必须要面对这些问题，这些也是法学研究所主要关注的问题，只有思考这些问题才能加深对法律的认识。

二、什么是法学

研究法理学，首先要了解什么是法学，因为法理学是法学下面的一个分支。通常说，一门学问之所以得名，往往看这个学问研究什么，也就是研究对象决定学科的性质，比如化学研究化学反应，物理学研究物理变化，那么法学其实就是研究法律及与法律相关的社会现象的学问，简单说，就是研究法律现象的学问。

（一）法律现象

【阅读材料2】

江苏省沛县是汉高祖刘邦的故乡，也是著名的"狗肉之乡"，该县以居民爱吃狗肉和生产狗肉而闻名。沛县出产的鼋汁狗肉，国内外享有盛名。据说这种狗肉的做法由刘邦手下大将樊哙所创，流传至今。该县及附近一些县乡居民多养狗，有许多狗肉加工厂，许多农民以加工出售狗肉为主要的收入来源。近年来，随着市场的打开和品牌形象的提升，狗肉销售给当地政府带来很大的税收，成为当地一项特色产业。但是狗多了容易造成伤人事件，为了防止狗咬人造成狂犬病，县政府发文要求所有养狗的人家都必须把狗关起来养，不许狗跑出来，否则予以罚款。但是即使这样，由于养狗的人看管不严造成狗咬伤人的事件还很多，每年引起大量的纠纷，法院每年也受理许多这样的案件。

阅读以上材料，可以归纳出如下社会现象：（1）沛县是刘邦的故乡，狗肉的加工方法由刘邦手下大将樊哙所创。（2）沛县居民有养狗和食用狗肉的传统。这是一种社会习俗现象。（3）沛县有很多狗肉加工厂，当地居民及政府的很多财政收入来源于狗肉产业。（4）政府为了防止狗咬人带来的严重后果，要求居民必须把狗关起来养。（5）由于养狗的居民很多，致使狗咬人而产生的官司也很多，法院每年处理很多这样的案件。

社会现象包括很多种，所有生活中的事情都是社会现象，而这些现象可以进一步分为社会习俗现象、经济现象、历史文化现象、政治现象、法律现象、道德现象等。法律现象就是社会现象的一种。依照现在的法学知识观念，法律现象是一种制定以及实施法律、遵守法律的现象,概括来说,它与法律有关。

因此,法律现象就是直接反映法律存在和运作的现象,法学则是研究法律现象的学科。在任何一个社会中,法律现象都十分普遍,也十分复杂,可以进行分门别类。比如,上述材料中的法律现象可以归入民事纠纷问题,具体来说可以归入民事侵权问题,属于民事法律现象。我们还可以把关于结婚年龄的规定以及离婚问题归入"婚姻法律现象",把杀人抢劫以及因此带来的判刑归入"刑事法律现象",把领海的划分、国际贸易等解决归入"国际法律现象",与之相对,就有了民法、婚姻法、刑法、国际法等部门法。

(二) 法学的含义

1. 法学的定义

法学,又称法律科学、法律学,是专门以法或法律这一特定现象为研究对象的学科总称,即以法律意识、法律规范、法律关系、法律行为等法律现象为研究对象的学科。这里讲的法和法律是一个动态的概念,也就是说法学的研究对象不限于对一般法律规定的理解,还要研究法的产生、本质、特征、发展、作用、制定、实施、监督等方面的概念、原理和知识。宽泛地说,法学不仅研究书面上的法,也研究现实的法,不仅研究现代的法律,也研究古代的法。

2. 法学的辞源

法学从辞源上来看,西方的法学源于拉丁语的"Jurisprudentia",含义是关于法律的知识或技术。至少在公元前3世纪末罗马共和国时代就已经出现,该词表示有系统、有组织的法律知识、法律学问。在古罗马法学家的著作和查士丁尼的法典中,该词有时被界定为"人或神的事务的概念""有关正义或非正义的概念"。受此理论的影响,在西方的法律观念中,至今仍有人认为法学是正义之学。"法学"在西方的兴起与"职业法律家阶层"的形成密切相关。从古罗马时期,西方开始形成法律家群体,传授职业性的法律实践知识,并形成法律派别。近代西方法学的独立与哲学、认识论和方法论的发展密切相关。现代法学的知识范式是由西方学者确立的,构成了一种知识的标准和体系。德文、法文、英文以及西班牙文西语语种,都是在Jurisprudentia的基础上,发展出各自指称"法学"的词汇,并且其内容不断丰富,含义日渐深刻。

在汉语中,中国先秦时期,出现了相类似的词组,比如"刑名法术之学""刑名之学",其中,"刑"指国家的律法,"名"指循名责实,赏罚分明。"术"指的是君主实行统治的策略、手段。自汉代开始,各代又有"律学"的名称。中国古代的"律学"主要是对现行律例进行注释的一种技巧。我国古代"法学"一词最早出现于南北朝时期,然而,那时所用的"法学"一词,其含义仍接近于"律学",与来自近现代西方的"法学"概念有着很大区别。在中国,现代意义上的"法学"或"法律学"这一名称,直到19世纪末20世纪初,随着西方法律文化的大量涌入,清廷开始逐步学习西方的法律并修律时才被广泛使用,律学才被法学所取代。中国的现代法学,尤其是理论法学和应用法学,在理论框架、基本概念和方法等方面大体是来自西方。

3. 法学的特征

法学是由法学研究主体依据一定的理论和方法所形成的对历史的、现实的法和法律现象的系统化观点或主张,是由一系列概念、范畴有机构成的,反映法和法律现象的本质、特点及其运动规律的逻辑体系,是从理论和实际应用上来认识和把握法律现实的专门科学知识体系。法学的基本特征可以从四个方面思考:第一,法学的研究总是指向法律现象和法律问题。法学的发展与一个国家法制建设的繁荣密切相关。第二,法学具有较强的理论性和实务性,关注社会世俗生活。"法和正义的概念并非是永恒不变的,其内容一定会打上当时社会和政治体制条件的烙印,同时权威的法律规范和正义思想也决定了社会和政治体制的结构。社会制度、国家制度和法律制度的互动关系是法理学观察和思考的出发点。如此看来法理学就是实用哲学的一部分。为此,研究法时,万万不可忽视它与社会学、经验性社会研究以及经济学的紧密联系。"❶ 第三,法学是反映人的经验理性的学问,是人的法律经验、知识、智慧和理性的综合体现。法学研究中可以体现研究者个人的感性观念,但法学绝不像文学那样可以任意宣泄个人感情,法学的思考一般缺乏浪漫和别出心裁,更多的是理性。当然,法学研究不反对研究者坚持特定价值立场,在法学研究中也很难做到"价值无涉"。第四,法学属于社会科学的范畴。自然科学研究自然现象,社会科学研究社会现象。法学对法律这一社会现象的研究,主要是为了保证法律调整的实际需要,是为了保障法律正确、合理地创制和实施,以确认和保护社会成员的合法权利,并保证国家权力的合理运用。

三、什么是法理学

联系前面所说的苏格拉底的审判,我们发现在各种法律现象的背后,都有一些共同话题,那就是法律应该具有的共同性质以及人们对法律的共同看法。比

---

❶ [德]伯恩·魏德士.法理学[M].丁小春,吴越,译.北京:法律出版社,2003:9.

如，法律一般代表了国家的意志，法律应该被遵守，不遵守就应该受到惩罚，法律应该保护人的生命，应该符合公平、正义的要求等。这些"共同问题"通常很复杂，很难在法律条文上找到对错的答案，因而是人们通常不易察觉的"一般性或根本性"的问题。在研究过程中，对这些问题的思考往往具有很强的哲理性、理论性，这些问题其实就是法理学关心的"法理"。

从辞源上来看，"法理学"一词也是外来语，源于拉丁语的"Jurisprudentia"，最早与广义的法学和法律科学是相通的，在英语中法理学是"Jurisprudence"。《不列颠百科全书》关于这一词的解释是："此词在英语中较通常的意义以及本文所指的意义，大体上相当于法律哲学。法理学是关于法律的性质、目的、为实现那些目的所必要的（组织上的和概念上的）手段、法律实效的限度，法律对于正义和道德的关系，以及法律在历史上改变和成长的方式。"在英语国家中，"法理学"和"法律哲学""法哲学"常常是相通用的。"哲学者，乃是通达事理明悉人生之智慧，与此同理，法理学或者法哲学，当属关于法律智慧之学问。"❶ 因此，法理学是以作为整体的法律的共同性问题和一般性问题为研究对象的一门理论法学，着重揭示法律的基本原理。在中国法学界，其研究方向涉及有关法哲学、法律社会学、法律经济学、立法学、比较法学、法律解释学和行为法学等基本理论或总论性的问题。"法理学"一词本为日文汉字，是由日本近代法律文化的主要奠基人穗积陈重所创造的。我们以为，简而言之，法理学就是研究法律为什么是这样的道理。

那么法理是什么？通俗来讲，法理就是法律现象中以及法中存在的道理和原理。❷ 由于法这一特定社会现象的复杂性，使得法理学研究的内容极为庞杂。当代美国著名法学家波斯纳认为法理学是关于法律这种社会现象最基本、最一般和最理论化的分析。美国法学家博登海默则指出："法理学的对象非常广泛，其中包括法律理论的哲学成分、社会成分、历史成分及分析成分。"❸ 美国另一位法学家帕特森认为法理学是由法律的（of law）一般理论和关于法律的（about law）一般理论构成，即一类是关于法律的内部方面的，另一类是关于法律外部方面的。英国法学家戴维·M. 沃克认为，法理学是对法律的一般性研究，着重考察法律中最普遍、最抽象、最根本的力量和问题。这些法学家关于法理学的研

---

❶ 舒国滢. 法理学阶梯[M]. 北京：清华大学出版社，2006：序言.
❷ 刘星. 法理学导论[M]. 北京：法律出版社，2005：6.
❸ [美] E. 博登海默. 法理学：法哲学与法律方法[M]. 邓正来，译. 北京：中国政法大学出版社，1999.

究对象实际上是分为两类，一类是法律和法律制度的内部关系，另一类是法律和其他社会现象之间的关系。

其实，法理是一个外延很宽泛的术语，各种有关法律的基本原理都可称为法理。因此，法理学是一个开放的理论体系，即向自然科学、社会科学、人文科学（精神科学）的一切学问和知识开放的学科。法理学随着其他学科的发展而不断限定或拓展自己的研究方向和范围，比如克隆技术就引发了很多人从法理角度重新思考生命伦理问题。就制度层面而言，法理学是一门研究所有法律制度中的一般问题、原理、原则和制度的学问，它不关心每一具体制度的操作问题，而是对每一法律制度中共同的、根本的问题进行思考。就观念层面来说，法理学主要研究法律自身的根本观念性问题和法律与其他学科的交叉性问题。

四、法理学的价值

法律学的价值即指法理学这门学问的意义、作用何在。法律现象千变万化，而法之"理"在一定意义上则具有恒久性，法变而理不变。学习法律的人不仅应当对法律知其然，而且还必须知其所以然，即要看到法背后更深层次的东西。正是这一点，决定了法理学较之其他部门法学具有更强的抽象性。法理学与部门法学乃是一般与个别、普遍与特殊的关系。部门法学的任务在于研究和阐明各自领域中的特殊概念和特殊规律，法理学则是从总体上综合研究一切法律现象的基本概念和共同规律，它是一门总论性的法律学科。

法理学的价值主要有：（1）法理学是部门法学的入门向导和总体概括。法理学处于法学知识体系的最高层次，只有通过法理学了解和掌握基本的法学概念、指导思想和基础理论之后才能很好地学习部门法知识。法理学对于其他学科来说，具有方法论原理的意义。（2）法理学作为一门社会科学，是一种文化积累，是法学知识的一个重要组成部分。（3）法理学能培养和提高每个法科学生和法律工作者自身的法律素养。在社会中法律角色的视角是独特的，法理学通过提供法律角色参照系所需要的基本概念（如权利、义务、法律规范、法律意识、法律责任等）和基本的法律推理思考方法（如罪刑法定、无罪推定、民事主体权利义务平等）来培养和提高人们的法律素养，使之成为一个合格的受过专业训练的法科学生和法律工作者。（4）法理学还能够增强公民的民主法律意识，促进国家的民主法治建设。

五、法学与法理学的基本研究方法

在法学或法理学乃至其他法律学科的研究中，经常使用的研究方法有如下几种。

（1）社会调查方法。就是对相关的法律现象进行考察和分析。比如公民的法律意识、一个地区的执法状况、法院对案件的审理情况等，都可以通过社会调查来获得相关的资料和结论。

（2）历史考察方法。研究法律制度的产生、发展、现状，以及这些产生、发展、现状和历史背景的相互关系，就是法理学研究的历史考察法。法理学研究不能抛开历史联系。

（3）分析的方法。分析的方法包括语义分析和逻辑分析两种。所谓语义分析，是要仔细分析特定具体环境中的语言用法，以及语言的意义。依照哲学家维特根斯坦的说法，语言的用法决定了语言的意义，而不是"意义"决定了语言怎样使用。由于法律现象和其他社会现象的不同，它们的"环境"是不同的，它们的"背景"是不同的，我们应该特别注意在法律中正确使用语言，分析法律环境中语言的准确意义。

【阅读材料3】

有一张姓老人，有正室，有偏房。正室结婚多年，生一女。女长大后结婚，女婿住进张家。张老娶偏房，生一子。张老十分高兴，为其子取名"一飞"。不久，张老身患重病，"一飞"尚幼，张老叮嘱女婿要善待偏房及"一飞"，并立遗言一份："张一非吾子也家财尽与吾婿外人不得争夺。"张老死后，女婿将财产全部划归自己所有。但女婿并没有善待偏房和"一飞"。数年后，"一飞"长大，得知父亲的遗言，而且自己的这个姐夫并没有善待自己和母亲。遂打官司，要求得到张老的财产。然而当地的政府认为张老的遗言很清楚，财产是要给女婿，"一飞"的请求被驳回。后来有一位巡查的官员到此，知道了这件事情，觉得有些欠公平。他发现，张老的遗言有问题，可以进行不同的断句：①"张一，非吾子也，家财尽与吾婿，外人不得争夺"；②"张一非，吾子也，家财尽与，吾婿外人，不得争夺。"这位大人认为，两种断句都可以成立，应该按照第二种来处理。他认为，张老担心年幼的"一飞"会遭到伤害，所以把"飞"字改为"非"字，以待日后明察之人定夺。最终，"一飞"获得张老的财产。

逻辑分析是指针对法律现象进行归纳、演绎、抽象、分析等系列性的推论研究，主要应用形式逻辑推理的基本方法，通过前提的设定，得出一定的结论。

（4）比较的方法。比较的方法是将同一时期的法律制度、法律思想进行横向比较，或对不同时期的法律制度、法律思想进行纵向比较。法理学研究中的比较通常是空间和时间的综合，在法理学的分支中就有比较法这样一门学科。

思考题

1. 如何理解法律现象，举例说明哪些现象属于法律现象。
2. 如何理解法理学的哲理性特征。
3. 阅读下列一则网络笑话：

某外国人苦学汉语数年，自认"中国通"，于是踌躇满志地到中国参加汉语考试。试题：请解释下文中每个"意思"的意思。

阿呆给领导送红包时，领导："你这是什么意思？"

阿呆："没什么意思，意思意思。"

领导："你这就不够意思了。"

阿呆："小意思，小意思。"

领导："你这人真有意思。"

阿呆："其实也没有别的意思。"

领导："那我就不好意思了。"

阿呆："是我不好意思。"

老外泪流满面，交白卷回国了，从此郁郁而终。

问题：这里应用到什么样的研究方法？你身边遇到的哪些法律问题中也会出现这种问题？

4. 如何理解法理学在法学体系中的地位和价值？

第一编

关于法律本身的知识

第一章 法的基本含义

导读

  本章通过对法、刑、律等汉字的辞源的介绍，了解不同语言中"法"的本来含义。在古代汉语中，法与刑、律在很多情况下是相通使用的，体现镇压杀戮的意味比较重。相对而言，西方语言中的"法"则更多地包含权利的意味。法的定义与法的辞源不同，法的定义侧重于解释法的外在形式以及法的作用。法的分类是加深对法律的理解的一个重要方法。通过分类，可以深入地分析法的不同形式、内在组成部分以及各国法的差异性。本章的内容既回答了导论中提出的问题，也为学习后面其他知识作了基本的铺垫。

第一节　法的词源

一、汉语中的法

按照传统的理论，法是国家出现以后才有的社会现象。不同的历史时期，人们对它的认识是不同的；但用"法"来指称这一社会现象，东西方差异不大。"法"作为文字学、语言学中的一个字、一个词，有其词源和词义方面的内容。通过对这些词源词义的考察，我们会粗略地了解人们最初对法的界定以及过去法的表现形式。

（一）法

汉语中"法"的渊源极其久远，成字确切年代难以考究。根据《说文解字》的记载，法的古体字为"灋"。"灋者，刑也。平之如水，从水；廌，所以触不直者去也，从去。"可以看出古代汉语中的法有三个含义：

第一，灋，刑也。说明在古代汉语中，灋和刑通用。刑就是杀戮，具有惩罚犯罪的意思。而且古代的刑从"井"，含有秩序的意思（井本为井田，井井有条、井然有序）。

第二，平之如水，从水。对此有不同的理解，有人认为，这表示法要公平的意思。梁治平先生认为"水"有两重含义：一是象征意义，表示要公平、正直；二是实践意义，即把犯罪的驱逐出本氏族，表示惩罚。蔡枢衡先生也认为水在"灋"中不应是象征性的，而是功能性的。它指将罪者置于水上，随水漂去，即现在所谓的驱逐。❶ 我们认为可以把这几种观点综合起来。"平之如水"有两个方面含义：象征意义表明法要公平、公正；而功能性意义则指把违规犯罪的人置于水中，随水漂去，具有惩罚意义。

第三，"灋"的右半部为"廌"（同豸，与"治"同音），古代又称"獬豸"。根据传说是一种像牛或羊或鹿的独角神兽，古人认为其能"治狱"（狱讼），知是非。廌"性知有罪，有罪触，无罪则不触"。传说皋陶就是用廌来断案，审判中被廌触则败诉。因此，"廌"含有公平正直之意。

（二）刑

刑本为"井刂"，从井从刀。因而刑的含义之一是杀戮，以表示惩罚。刑的

---

❶ 蔡枢衡. 中国刑法史 [M]. 桂林：广西人民出版社，1983，170.

第二个意思是后来指刑罚，如"五刑"（墨、刵、剕、宫、大辟）。第三个意思是指国家的律法，比如禹刑、汤刑、吕刑，甚至后来的《宋刑统》。

（三）律

律字在法学上的使用较早见于《易经》，"师出以律""失律凶也"。《唐律疏义·名例篇》记载："律与法，文虽有殊，其义一也。"战国时期，魏相李悝汇集诸国刑典，造《法经》六篇，改刑为法。李悝的学生商鞅相秦，进行变法，改法为律。后来汉朝丞相萧何继承《法经》内容作《九章律》。《说文解字》说："律者，所以范天下之不一而归于一，故曰均布也"。"均布"是古代的调音律的工具；把律比作均布，说明律有规范、统一人们行为的作用。

在我国古代的文献中，法、刑、律有着内在的逻辑联系，可以互相解释。仅从时间顺序来看，我们今天称之为古代法的，在夏、商、周时期是刑，在春秋战国时期称为法，在秦汉以后则主要是律。我国古代的刑与法往往通用，把法作刑，如汤刑、吕刑。自汉代以后，我国历代封建王朝，除了少数朝代用其他的名称，如宋朝称"刑统"、元朝称"典章"等，"律"成为各朝刑典之正宗，比如秦律、汉律、唐律、清律。法、刑、律尽管并非并列而无偏重，但它们的核心语义是统一的，就是指刑罚的刑。它们之间绝无像西方语系中所指称的不同层次的意思，比如作为规则的法和作为正义与权利的法。因此，中国的"法"字从词源上讲与刑法关系密切，这的确是中国传统法律文化与西方法律文化具有明显歧义的地方。可见，仅从词源的角度而言，单独用"法"来对译西文语系中法所指称的丰富内容是有一定难度的。❶

（四）法律

法律这个词出现在19世纪末20世纪初，据说"法律"一词的连用是受日本的影响。在中国古代，最早将"法""律"二字合而为"法律"一词以指称一种规范体系的人，是春秋时代的管仲。无论是"刑律"还是"法律"，都没有现代"法律"概念所具有的丰富内涵。在现代汉语中，"法律"一词有广义和狭义之分。狭义上的法律专指拥有国家立法权的机关即全国人大及其常委会制定的规范性文件。宪法和部门法多为全国人大及其常委会制定的。广义的法律指一切法律规范的总和，即整体或抽象意义上的法律，包括宪法、法律、行政法规、地方性法规等。日常生活中所使用的"依法治国""法治""法律面前人人平等"等语句中法和法律指的都是广义的法律。在广义上，法和法律一般是通用的，不作区

---

❶ 梁治平．"法"辩［J］．中国社会科学，1986（4）．

分，除非特别说明。

二、西方语言中的法

【阅读材料1】

权利科学的研究对象是：一切可以由外在立法机关公布的法律的原则。

因此，可以理解权利为全部条件，根据这些条件，任何人的有意识的行为，按照一条普遍的自由法则，确实能够和其他人的有意识的行为相协调。

——［德］康德：《法的形而上学原理——权利的科学》

在拉丁语中，能译为"法"的词较多，但主要使用的有两个，即"lex"和"jus"。jus 的基本含义有二：一为法；二是权利。所以在西方国家，有的人认为法就是权利，或者法的核心就是权利，比如上述康德对权利的定义同样也是他对法的界定。此外，这个词还有公平、正义等富有道德意味的含义，比如后来的 justice（正义、公平）就来源于此。在英语中，法与法律没有明显的区别，都用 law 表示。英语对广义的、抽象的法律与狭义的具体的法律的区分是在表述中用单数或复数、定冠词和不定冠词进行区分。"the law"表示所有的法或特定的法，"a law"或"laws"表示一个个法律。在欧洲大陆多数国家中，法律和法一般使用不同的词语表达，如法语中的 Droit 和 Loi，德语中的 Recht 和 Gesetz，西班牙语中的 Derecho 和 Ley，葡萄牙语中的 juridico 和 lei，意大利语中的 Diritto 和 Legge 等。值得注意的是，这些词都是多义词，表示广义的法的词还有权利、正义之意，表示狭义的法律的词还有规律、法则之意。

因此，西方语言中的"法"除有"法"的含义外，还兼有"权利""公平""正义"或"规律""法则"之意，因此它们常被人们理解为"客观法"或"理想法""应然法"。现代语言中，西方的"法律"则主要被理解为人们依主观意志和认识而制定的法律，即"主观法"或"现实法""实然法"，西方现代法律概念也肇始于古典自然法学。古典自然法学基于人的自然本性推论出人类的基本权利与义务，连同其社会契约论，它预告了一个新时代的来临。自然法理论认为，法律在本质上是规范性的，"恶法非法"，因为存在一种规制政治权力和法律权力，并为人们的行为制定道德标准的自然法体系。自此19世纪以来，旨在创立抽象的规范性秩序的制定法，实证性因此而成为现代法律概念最基本的规定性。

第二节　法的定义与特征

【阅读材料 2】
弗兰茨·卡夫卡：《法的门前》❶

法的门前有一位守门人在站岗。一个从乡下来的人走到守门人的跟前，请求进去见法。但守门人说现在不能放他进去。乡下人想了想，问过一会是否允许他进去。"可能吧"，守门人答道，"但现在不行。"由于通向法的门像往常一样敞开着，守门人又走到门的一旁去了，于是乡下人探身向门内窥望。守门人看到了，笑着说："如果你这样感兴趣，就努力进去，不必得到我的允许。不过，你要注意，我是有权力的，而且我只是守门人中最卑微的一个。"里面的每一座大厅门前都有守门人站岗，一个比一个更有权力。就说那第三个守门人吧，他的模样连我都不敢去看。"这些困难是乡下人不曾料到的。他以为，任何人在任何时候都可以进见法的，但是，当他更贴近地看着这位身穿皮外套、鼻子尖耸、留着长而稀疏的鞑靼胡须的守门人时，他决定最好还是等得到许可后再进去。守门人给了他一条凳子，让他坐到门边。他就坐在那里等了一天又一天，一年又一年。为了能够获准进去，他做了多次尝试，用烦人的祈求纠缠着守门人。守门人时常和他进行简短的谈话，问他家里的情况和其他一些事情，但像大人物一样，所提出的问题很没有人情味儿，而且结论总是乡下人还是不能进去。乡下人曾为自己的旅程准备了很多东西，他倾其所有，即使很贵重的东西，希望能够买通守门人。守门人接受了所有的东西，然而每次收礼时都说："我收下这个只是为了让你觉得还有什么事情该做而没做。"在那段漫长的日子里，乡下人几乎是不间断地观察着守门人。他忘却了其他守门人，对他而言，这个人似乎是他与法之间的唯一障碍。开始几年，他大声诅咒自己的厄运；后来，因为衰老，他只能喃喃自语了。他变得孩子气起来，由于长年累月的观察，他甚至连守门人皮领上的跳蚤都熟悉了。他请求这些跳蚤帮忙说服守门人改变心意。最后，他的眼睛变得模糊不清了，他不知道周围的世界真的变黑暗了，还是自己的眼睛在欺骗他。但是在黑暗中，他现在能够看到一束光线不断从法的大门里射出来。现在他的生命正在接近终点，弥留之际，他将整个等待过程中的所有具体问题凝聚成一个问题，这个问

---

❶ [美] 博格西诺. 法律之门 [M]. 邓子滨，译. 北京：华夏出版社，2002：1—2.

题他还从未向守门人提出过。守门人不得不把身子俯的很低才能听清他的话，因为他们之间的身高差别增加了很多，乡下人越发处于劣势。"你现在想知道什么？"守门人问道，"你没有满足的时候"。"每个人都极力要到达法的面前"，乡下人回答，"可这么多年来，除了我，竟没有一个人来求见法，怎么会这样呢？"守门人看出乡下人已经筋疲力尽，听力也正在衰竭，于是在他耳边喊道："除了你，没有人能获准进入这道门，因为它是专为你开的，我现在要关上它了。"

卡夫卡所写的寓言读起来是有些晦涩，似乎在告诉人们，法律其实并不遥远，也不难认识，关键在于人如何努力。但同时，他最终也没有让主人公见到法，法仍在人们的期盼和想象之中。也就是说，不同的人对法可以有不同的看法。本节的内容即介绍不同的法的定义和法的基本特征。

一、法的各种定义

（一）本源论

这种定义，着重说明法的基础是什么或法出自何处。

（1）神意说。法律是神的旨意。古代社会中的"君权神授"理论包含的法观念都主张法是神的旨意的体现，是神（上帝、天、先知、真主）为人类制定的行为标准。比如亚里士多德也认为："法恰恰是免受一切情欲影响的神祇和理智的体现。"

（2）理性说。法是理性的体现。古罗马思想家西塞罗说："法是最高的理性，从自然生出来的，指导应该做的行为，禁止不该做的行为，这种理性，当在人类理智中稳定而充分发展了的时候，就是法律。"我国宋代著名哲学家朱熹也说，"法者，天下之理"。

（3）意志论。认为法即意志或意志的反映。比如卢梭认为法是公意的记载，是人们意志的体现。黑格尔认为法是绝对意志的体现。霍布斯也是意志论者：法是命令，也是统治者的意志。马克思提出法是在一定的物质生活关系中占统治地位的统治者的意志，统治者的意志必须以国家即法律的形式存在才具有普遍效力；法所表现的统治者意志是由他们共同的利益决定的。

（4）权力论。法是权力的表现或派生物。中国古代的法家即为这种思想。

（二）本体论

这种定义重点是要说明法是什么。

（1）规则说。法律是指导人们行为的规则。比如中国古代的管仲说："法律政令者，吏民规矩绳墨也。"西方中世纪的神学家托马斯·阿奎那说："法是人们赖以导致某些行动和不作为其他一些行动的行动准则或尺度。"现代西方的法律实证主义也把法律说成是一种特殊规则。

（2）命令说。法即命令。英国分析法学派的创始人与代表人奥斯丁说："我们所说的准确意义上的法，是一种命令。"❶ 英国的霍布斯也认为法律是国家对人民的命令。

（3）判决说。法是法院的判决。美国法学家格雷说："法只是指法院在其判决中所规定的东西，法规、判例、专家意见、习惯和道德只是法的渊源。当法院作出判决时，真正的法才被创造出来。"这一点在英美法系国家很大程度上可以适用，这些国家主要是判例法。

（4）行为说。法即行为。美国法学家布莱克认为："法存在于可以观察到的行为中，而非存在于规则中。"

（三）功能论

这种定义从法的作用或功能上进行阐述，着重说明法的工具性。

（1）正义论。法是正义的工具。比如亚里士多德说："要使事物合于正义（公平），须有毫无偏私的权衡，法恰恰是这样一个中道的权衡。"古罗马法学家塞尔苏斯认为："法是善良公正之术。"我国清末启蒙思想家梁启超说："法者，天下之公器也。"

（2）社会控制论。法是社会控制或实现社会公正的手段，这种观点以美国法学家庞德为代表。

（3）事业论。美国新自然法学派代表人物富勒认为："法是使人们的行为服从规则治理的事业。"

二、法的一般特征

【阅读材料3】

《法国民法典》的产生、特点和原则❷

在世界范围内享有崇高声誉的《法国民法典》是在拿破仑的主导下产生的。拿破仑执政后，于1800年8月12日成立了民法典起草委员会，4个月写出草案，交司法机关征求意见后，送立法机构审议。据说拿破仑还经常自己亲自阅读草案，为保证语言的优美和通俗，拿破仑要求一般的农夫都应该能看懂民法典。在

---

❶ ［英］约翰·奥斯丁. 法理学的范围［M］. 刘星，译. 北京：中国法制出版社，2002：17.
❷ 朱力宇. 法理学原理与案例教程［M］. 北京：中国人民大学出版社，2010：34—35.

拿破仑的干预下，立法机构通过了民法典，1804年3月21日，拿破仑签字正式颁布实施《法国民法典》。这部法典具有以下特点：它是一部典型的资产阶级早期的民法典；贯彻了资产阶级民法原则，具有鲜明的革命性和时代性；保留了若干旧的残余，在一定程度上维护传统法律制度。另外，法典在立法模式、结构和语言方面，也有特殊性。《法国民法典》虽然篇幅庞大，条文很多，但是其基本原则主要有四个：全体公民民事权利平等的原则；资本主义私有财产权无限制和不可侵犯的原则；契约自由原则；过失责任原则。

我们在"导论"中提到了雅典法庭对苏格拉底的审判。在案件中，雅典法院适用的法律是雅典城邦公民大会通过的，而且城邦的法律必须被遵守，违反法律就要受到惩罚。上面的材料里提到了拿破仑通过努力，制定了《法国民法典》，确立了资本主义经济原则和资产阶级民事权利制度。通过这两个材料，我们可以发现这样几点内涵或者说法的一般特征，这些一般特征是法律区别于其他社会规范的重要标志。

（一）法是针对社会主体外在行为的社会规范，具有规范性特征

社会主体的行为和社会关系需要靠各种各样的规范来调整。社会中的规范主要包括两类：一类是技术规范；一类是社会规范。技术规范是调整人与自然的关系，规定人们如何使用自然力、劳动工具和劳动对象的行为规范，反映着自然科学的成就，也就是人们通常所说的技术标准、操作规程。而社会规范是调整人们的行为以及人们之间关系的规则。法律、道德、社团规章、政党政策都属于社会规范。当然，二者划分不是绝对的，很多技术规范同时也是社会规范。法律是典型的针对人的行为的社会规范，法律规定人们自己的行为以及人们之间交互行为的模式、标准和方向，给人们的行为划出可以自由行动的界限。比如《澳门特别行政区商法典》第38条（商业记账之强制性）就规定，"商业企业主必须以适合其企业及有组织之方式记账，以便按时序知悉其各项交易，并须定期编制资产负债表及财产清单"。这条规定就是对商业企业主记账行为的规范。法律可以规范人们的行为，行为与法律自身特性有关，这一点在下文继续说明。

（二）法是由国家制定、认可或解释出来的社会规范，具有国家意志性

法律的国家意志性是指法律是以国家名义创制的，在国家主权范围内具有以国家强制力保证实施的属性。当时雅典的法律是由雅典公民大会通过的，而当时雅典的公民大会是国家的权力机构，决定国家的法律和其他重大事情。《法国民法典》同样是在拿破仑的主导下，由立法机关制定的，代表了国家意志，并由司法机关负责实施。这就是说法律和国家的立法机构有密切的联系，法律是由国家

的立法机构制定、认可或解释出来的。国家的立法机构有多种名称，有的叫"国会"，有的称为"议会""议院"，在中国称为"全国人民代表大会"，在中国澳门和香港特别行政区称为"立法会"。这些机构代表着国家，也在表现着国家。我们讲法律是"由国家立法机构制定、认可或解释的"，其实就是说法律是"由国家制定、认可或解释的"。此外，当国家机构宣布法律废止时，以往被称为"法"或"法律"的文件就无效了，这是国家制定法律并废止法律的体现。可以说，没有国家就没有正式的法律。

一个国家的法作为整体来说都是以国家名义制定的，但在具体表现上，不同法律规范体现出来的制定主体可能是不同层次、不同类别的国家机关。至于具体哪些国家机关有权制定、认可或解释法律，不同时期、不同国家差别比较大。比如在目前，我国施行一国两制，澳门立法会就有权力制定在澳门特别行政区实施的法律。澳门立法会经常通过表决同意各种法律，这个法律体现了澳门人民整体的意志，也体现了国家对这个法律的同意，同意的过程实际上正是意志的表现过程。此外，由于制定法律的国家机关不同，因此也就有了宪法、法律、行政法规、地方法规、特别行政区法律等的区分，这些法的效力或法律地位也是不同的。

（三）法是依靠国家强制力保障实施的社会规范，具有外在的强制性

苏格拉底被雅典法庭认为犯罪了，就要根据法律惩罚他，而且他必须被惩罚。澳门立法会通过《澳门特别行政区刑法典》，如果有人违反了《澳门特别行政区刑法典》，并且没有法律规定可以免于处罚的情形，那么他就要承担责任，而且澳门司法机构会根据法律的规定强制这个人承担违反法律的责任。正是由于法律体现着领导阶层或人民整体的"意志"，我们可以发觉，法律和强制有了必然的联系。意志的表达，即使有时是以"同意"作为外在表现形式的，也依然隐含着"要求"的意思。"要求"的意思没有"强制"作为保障，便是没有实际意义的，任何其他人都可以姑妄听之。在这个意义上，一种规范要想成为法律，就必须具有强制的意思并具有强制的可能性。虽然任何社会规范都具有一定的强制性，但法律与其他社会规范相比具有更加强大、突出的强制力。进一步说，法律背后有一个强大的国家机器在支撑着，尤其是国家的强权。相反，道德和习惯这些东西，被违反了似乎就没有这种结果。看见别人落水，我能救，但我就是不去救，你也拿我没办法，最多你只能说我没有良心，谴责我，但你不能判我坐牢。法律的国家强制性是法律与道德等其他社会规范的一个重大区别。

（四）法以权利义务为内容，具有行为利导性

苏格拉底被判刑以后，他的朋友克力同认为，雅典法律不公平，苏格拉底不

必遵守这样的法律，也就是说这样的法律是可以违反的。而苏格拉底认为，法律应当被遵守，而且自愿生活在一个国家，可以享受国家带来的好处，就必须服从国家的法律。克力同在这里说的"可以"，苏格拉底说的"必须""应当"等就是不同的行为模式。这些也是权利和义务的一种体现。法律是对已有的或可能有的权利、义务的规定，任何法律规范都直接或间接地规定社会成员的权利和义务。由于法律规则比较明确，因此法律上的权利义务具有确定性和可预测性特征，它明确告诉人们可以、应该或不该怎样行为，社会主体据此可以预先估计并预测他人的行为及法律后果，从而选择合法的社会活动。

以上所说的这几个方面，可以说是法的一般内涵，或者说基本特征，也是法律定义的核心内容。一个规范性文件如果要被称为法律，就必须具有这几个方面的特性。综合起来，我们可以给出一个比较完整的、学术性的法的定义：法是由国家制定或认可的依靠国家强制力保证实施的规范体系，这种规范体系，以权利和义务为调整机制，以人的行为及形成的行为关系为调整对象，法反映了由特定物质生活条件所决定的统治阶层或人民的意志，其目的在于确认、保护和发展统治阶层或人民所期望的社会关系和价值目标。需要说明的是，这种定义只是对法的一种理解，不会排斥其他人对法律的不同看法。

三、现代法律的规范性特征

在现代社会，法律是最主要的社会规范。因此要认识法律的特征，除了一般法的最基本特征之外，还须关注法律作为行为规范所具有的规范性特征。这些规范性特征是法实现预定目标的根本保证。

（1）确定性。所谓法律的确定性是指法律规则所确立的法律主体与客体、权利与义务、行为与后果等，都必须是具体、明确而肯定的，这样才便于人们遵守和适用法律。

（2）概括性。现代法律的概括性特点表现在两个方面：一是法律的调整对象是一般的或抽象的，针对的是全体或某一类的人和事，而非具体的、特定的个别人和事；二是一部法律在同样的条件下可以被反复适用，而非仅适用一次就丧失其规范的功能。

（3）程序性。在某种意义上说，程序是法律的生命形式。无论是现代立法，还是执法，抑或司法，都要求对一定程序的尊重，严格的程序可以最大限度地过滤掉人们在法律活动中的主观随意性、任意性和情感性；而保证和体现法律的公正性、客观性与科学性，是现代法制文明的一个重要标志。

（4）公开性。现代法律必须是明确而公开的，它不具有秘密性质。它在什么地方生效，它对哪些人有约束力，就应当在什么范围内公布，使人们都能知道它的具体内容和要求是什么，以便其遵守。

（5）平等性。当有关法律被制定颁行以后，在司法过程中平等地适用于法律主体，任何人都有权要求使用同一尺度给予其法律行为以公正的评判，反对法律适用中的特权。

（6）不溯及既往性。法律只能在一定空间和时间中存在和运动，必须有其生效的起止时间。如果国家可以随意用现在制定颁行的法律，去评价和处罚人们在过去发生的行为，就与明确而公开的法律所具有的可预测性功能相违背；这显然是不公平的。

思考题

1. "治民无常，唯治为法。"（《韩非子·心度》）"法不阿贵，绳不绕曲，法之所加，智者弗能辞，勇者弗敢争。刑罚不避大臣，赏善不遗匹夫。"（《韩非子·有度》）结合本章知识，如何理解韩非子所说的"法"。

2. 与其他社会现象相比，法有哪些特征？

3. 谈谈你对卡夫卡小说《法的门前》的理解。

4. 在学习本章之前，你对"法"这一概念有什么认识？学完本章之后，你对"法"的理解有什么变化？你觉得哪一种法的定义最能说服你？

第二章 法的要素

导读

　　世界上的各种事物都有内在构成要素，比如物质由分子、原子构成，生命体由细胞构成，国家由地方构成，那么法律规范的内部构成是什么？这就要研究法的要素。采取系统的眼光来看待法律，作为整体形态的法律必然是由更小的单位构成，这些基本单元或基本元素就是法律的要素。对于法的要素，在中外法学界有多种说法。我们这里介绍国内比较通行的看法，即法律包括法律概念、法律规则和法律原则这三种要素，这种看法与内地、澳门的大陆法传统相适应，但不太适用于英美法传统。

第一节 法律概念

一、何谓法律概念

【阅读材料1】
《澳门特别行政区刑法典》节录
第十一条 以他人名义行为
一、作为法人、合伙或仅属无法律人格之社团之机关据位人,或作为他人之法定或意定代理人,因己意作出行为者,处罚之,即使有关罪状要求:
a) 特定之个人要素,而该等要素仅被代表人本人具备;或
b) 行为人系为其本身利益而作出事实,但该代表人系为被代表人之利益而作出行为。
二、作为代表依据之行为不生效力,不妨碍上款规定之适用。

《中华人民共和国刑法》节录
第五十五条 剥夺政治权利的期限,除本法第五十七条规定外,为一年以上五年以下。
判处管制附加剥夺政治权利的,剥夺政治权利的期限与管制的期限相等,同时执行。

阅读上面的材料,可以发现,我们要理解这两个法条,必须先明白一些词语的含义。比如法人、合伙、社团、机关据位人、政治权利、管制、附加等,理解这些词语就涉及对法律概念的学习。在法律中,无论法律原则还是法律规则,都需要一些重要的概念支撑,材料中的这些词语就是法律概念。从理论上说,法律概念是指对各种有关法律事实、状况、行为进行概括、抽象出它们的共同特征而形成的权威性术语。如果法律规则和法律原则具有构筑"围墙"的功能,那么法律概念则有奠定"基石"的作用。其特点是它虽不规定具体的事实状态和法律后果,但每个概念都有其确切的法律定义和应用范围。需要注意的是,这里的法律概念不同于前面讲的法的概念。法的概念是描述所有法的共性的概念,专门用来解释什么是法。而法律概念特指法律规定中为数众多的专有概念或专业术语。

二、法律概念的作用

法律概念来源于日常生活,但又和日常生活中的语言不同,通常具有明确的

含义和应用范围。比如，《中华人民共和国食品安全法》第99条规定："本法下列用语的含义：食品，指各种供人食用或者饮用的成品和原料以及按照传统既是食品又是药品的物品，但是不包括以治疗为目的的物品。"这里"食品"的范围明显就小于日常语言中所说的食品。法律上之所以对法律概念进行专门的界定，是因为法律概念对于实践中事实的认定、权利义务的确定、法律责任的承担具有重要的界分作用，只有当人们把某人、某一情况、某一物品或某一行为归入特定的法律概念时，有关的法律规则和法律原则才能适用。

具体来说，法律概念有以下几个作用：第一，法律概念是构成法律的基本要素。无论是法律规则还是法律原则，在形式逻辑上都表现为一定的判断，而任何判断都是两个以上概念的结合。法律概念将各种法律现象加以分类整理，为法律规则和法律原则的构成提供前提和基础。第二，法律概念有利于提高法律的明确性和确定性。这样可以使人们更加清晰地理解法律内容，进一步促进法律的交流和实施。第三，法律概念有利于简化法律思维的过程。法律推理的过程是根据法律概念进行判断的过程。在法律概念精确、明了的情况下，法律推理更加简便、清楚地进行，而不必纠缠于作为推理前提的法律概念的含义。

三、法律概念的种类

对法律概念进行分类，是准确理解和把握法律概念所不可缺少的环节。但是从现代法律的发展来看，法律内容异常庞杂，所以法律概念也多如牛毛。我们这里根据法律概念所涉及的对象不同，将法律概念分为五类：（1）关于主体的概念，用以表达各种法律关系的主体，如自然人、公民、近亲属、法人、代理人、监护人、立法机关、司法机关。（2）关于权利义务的概念，用以表示主体的法律关系和内容，如立法权、人身自由、受教育权、纳税义务、履行合同、死刑、行政拘留。（3）关于客体的概念，用以表示权利义务所指向的对象，如标的、土地、国有财产、动产、不动产、商标、违约金。（4）关于事实的概念，用以表达各种事件和行为，如出生、死亡、正当防卫、故意、过失。（5）其他概念。除了以上四种之外的概念，如两审终审制、诚实信用原则、法条。

懂得法学中的法律概念是理解法律的前提。虽然法律概念多如牛毛，但法科的学生必须重视这些法律概念，而且要牢记法律概念的基本含义；否则就无法精确掌握法律知识，也无法应用知识解决问题。从这种意义上说，法科学生首先要具备很强的背诵能力。

第二节　法律规则

一、规则与法律规则

【阅读材料 2】

根据西方的传统，进入教堂，不论男女，均不得穿短裤或露肩的上衣，这是禁止的。在教堂里不能大声喧哗，不能有对神灵不敬的行为。在以前，还规定，进入教堂女子不能露出长发，男士要脱帽。

要理解法律规则，首先要明白什么是规则。

这个材料里说的在教堂里的一些禁止性行为就是规则。规则即日常用语中所说的"规矩"，它一般是指权威部门颁布或社会习俗中包含的关于人们行为的准则、标准、规定等。按照英国法学家赫伯特·哈特（Herbert Hart）的观点，规则的特殊之处，在于特定社区内的行为群体之中存在"对错的看法"。这是一种自觉意识。群体的一部分人会自觉地认为有些行为是对的、应该的，这样做是正确的，比如上面说的进入教堂要脱帽，不得露长发等；而另一些行为是错误的，如果做了就应该受到批评或谴责，比如霍贝尔所描述的非洲部落中的禁忌（见第十一章第一节）。哈特认为，正是因为有些人认为一些行为模式是正确的、应当的，不这样做就应该受到谴责或批判，这些行为模式就成了规则。相反，如果一种行为模式，其中不包含群体若干人的自觉观念，比如张三爱喝凉水、每天早晨都会跑步，没有群体性的自觉观念来评价张三这样做是对还是不对，那么这样的行为模式就不会变成规则，它们可能仅仅是个人的偶然行为或生活习惯而已。

规则是一种自觉的行为模式，从旁人的角度来看，规则意味着社区群体对行为模式有自觉的观念，而且行为模式以及这种自觉的观念具有持续的确定性。如第一节所述，社会中的规则一般可以分为两大类：技术规则和社会规则。技术规则调整人们与自然之间的关系，社会规则调整人们相互之间的关系。从表现形式上看，规则也可以分为成文的规则和不成文的规则，法律就是成文的规则。

规则要引导人们的行为，因而也具有一些特点：（1）规则具有微观性和确定性，受约束的对象在知道了规则的内容之后在细节上知道如何去行为。因而，规则的意义也具有确定性；当事人可以知道规则的行为后果，甚至预期行为的后果。（2）规则还具有可操作性，当事人可以不断调整自己的行为适应规则的要求。(3) 规则具有相对性。在一定条件下，规则是具体的，在另外的条件下规则可能就比较抽象。这里的相对，是针对特定群体的认知条件来说的。❶

　　法律规则是规则的一种。前述有关规则的特点，在法律规则上都可以适用。一般来说，法律规则是由国家专门的机构制定、认可、解释出来的行为模式；因为法律规则的具体性，所以法律规则是法律的首要组成部分，也是法律要素中的主干成分。从理论上来说，法律规则就是规定法律上的权利、义务、责任的准则或标准，或者是对某种事实状态赋予确定的法律意义的指示、规定。

　　对于法律规则，有两个相近的概念要予以注意：法律规范和法律条文。对于法律规则和法律规范，有时可以通用，因而国内有的学者不作区分。我们这里进行区分：本书中的法律规范一般是指称抽象意义上的法，而法律规则是指法律规范的具体内容。当然，这两个词确实比较相近，要注意根据上下文的语境去确定具体含义。另外法律规则与法律条文不可混同，法律条文是法律规则的一种表现形式，法律规则是法律条文所包含的内容；除了明确的法律条文之外，法律规则也可以通过判例表现出来。此外，法律规则与法律条文也不是对应的：同一个法律规则可以在不同的法律条文中表达出来，同一个法律条文也可以包含不同的法律规则。

二、法律规则的内部结构

【阅读材料3】
《澳门特别行政区刑法典》节录
第六十六条　刑法之特别减轻
一、除法律明文规定须特别减轻刑罚之情况外，如在犯罪之前或之后或在犯罪时存在明显减轻事实之不法性或行为人之罪过之情节，或明显坚守刑法之必要性之情节，法院亦须特别减轻刑罚。

二、为着上款之规定之效力，尤须考虑下列情节：
a) 行为人在严重威胁之影响下，或在其所从属或应服从之人之权势影响下作出行为；
b) 行为人基于名誉方面之原因，或因被害人本身之强烈要求或引诱，又或因非正义之挑衅或不应遭受之侵犯而作出行为；
c) 行为人作出显示真诚悔悟之行为，尤其系对造成之损害尽其所能作出

---

❶ 刘星.法理学 [M].北京：法律出版社，2005：77.

弥补；

  d）行为人在实施犯罪后长期保持良好行为；
  e）事实所造成之后果特别对行为人造成损害；
  f）行为人在作出实施时未满十八岁。

  三、如情节本身或连同其他情节，同时构成法律明文规定须特别减轻刑罚之情况，以及本条规定须特别减轻刑罚之情况，则就特别减轻刑罚，该情节仅得考虑一次。

  法律规则具有严密的逻辑结构，这是法律规则与习惯和道德要求的重要区别。法律规则的逻辑结构是指一个完整法律规则由哪些要素或哪些成分所组成的。由于法律规则有的是关于事实状态的法律认定，有的是对人们行为的规范，因此在思考法律规则的构成时对这两种法律规则应有所区分。对事实进行法律认定的描述性法律规则一般不再区分其构成要素。而行为规范性法律规则则可以进一步进行结构分解，具体来说这类法律规则包括假定、行为模式和法律后果三个内在部分。当然，在一个具体的法律规则中，尽管逻辑上都包含三个部分，但这三部分不一定会通常也不会全部体现在一个法律条文之中。在多数情况下，可以将假定部分或法律后果部分省略或隐含于其他条文之中。

  假定是法律规则中适用该规则的条件规定，即什么情况下适用。它一般对行为发生的时空、各种条件等事实状态进行预设。假定有时候没有直接给出。比如《中华人民共和国婚姻法》（以下简称《婚姻法》）规定，"夫妻有相互继承遗产的权利"。这里就没有明确给出假定，但从中可以推定出来，即"夫妻一方先死亡，且有遗产时"。

  行为模式（也叫处理）指法律规则中规定人们具体的行为方式，一般包括可以行为（做）、应该行为（做）和不得行为（做）。它是法律规则的核心部分。

  法律后果是法律规则中对遵守规则或违反规则的行为予以肯定或否定的规定，它包括肯定性法律后果和否定性法律后果两种。

三、法律规则的分类

  法律规则依据不同的标准可以作不同的分类。这里介绍几种比较常见的分类方法。

  （一）按照法律规则的行为模式的不同，可以把法律规则划分为授权性规则、义务性规则和权义复合型规则

  这是关于法律规则最一般的分类。

1. 授权性规则

授权性规则是指示人们可以作为、不作为或要求别人作为、不作为的规则。其特点是为权利主体提供一定的选择自由，具有任意性，它既不强令权利人作为也不强令权利人不作为。它还为保证权利人权利的实现而给权利人提供要求义务人作为或不作为的选择。授权性规则的作用就在于赋予人们一定的权利去建立和改变他们的法律地位和法律关系，以形成国家所希望的法律秩序。从立法的语言角度看，授权法律规则表现在法律条文上，通常使用"可以""有权""有……的自由""有……的权利""不受……干涉"，如《婚姻法》规定，公民婚姻自由，不受他人的非法干涉。

2. 义务性规则

义务性规则是直接要求人们必须作为或不作为某种行为的规则，其特点是具有强制性。它所规定的行为方式明确而肯定，不允许任何人或机关随意变更或违反，否则将承担一定的法律责任。义务性规则中的"作为"，意味着"只能做而且没有选择余地"，"不作为"意味着"不能做而且没有选择余地"。依据义务主体的作为和不作为的方式，义务性规则又可以分为命令性规则和禁止性规则。命令性规则是要求人们必须作为某种行为的规则，在立法语言上通常为"应当""必须""有……义务"。如父母有抚养未成年子女的义务，成年子女对父母有赡养的义务。禁止性规则是禁止或严禁人们作出某种行为的规则，往往使用"不得""禁止""严禁"等术语。例如，父母不得虐待、遗弃子女，直系血亲或三代以内旁系血亲的人禁止结婚。

就当事人而言，授权性规则意味着自由；但对于其他人而言，当事人的这种自由却暗含着强制。而义务性规则的规定，也意味着有另外的权利存在；义务规则的作用就是对义务主体的约束，维护权利主体的利益和确定稳定的社会秩序。比如说，我有结婚的自由，这是我的权利，这个权利就意味着别人有义务不得非法干涉我的结婚自由；如果干涉，就会带来国家的干预甚至强制性惩罚。

3. 权义复合型规则

权义复合型规则是指兼具授予权利、设定义务两种性质的法律规则。其特点是一方面被指示的对象有权按照法律的规定作出一定的行为，另一方面作出这些行为是他们不可推卸的义务，所以又被称为职权性规则。权义复合型规则绝大多数是有关国家机关及其工作人员的组织生活和活动的规则。如宪法规定，法院是国家的审判机关。那么法院审理案件既是它的权利，也是它的义务。权义复合型规则多数情况下体现了权力的行使与运用，带有主动性和单方性。

(二) 按照法律规则的强制性质和强制程度,法律规则可以区分为强行性规则和指导性规则

强行性规则又叫强制性规则,是规定人们必须作出或不许作出某种行为的规则。其特点是它的规定明确肯定,具有必须履行和依照的强制性,不允许人们自由变更或选择。这种规则与前述的命令性规则、禁止性规则和权利复合性规则大体相重合。指导性规则是赋予法律关系参加者自由确定其权利和义务的法律规则。其特点是该规则给社会主体设定较为自由的选择空间,任由当事人自行确定其各自的权利、义务。授权性规则多属于指导性规则。

(三) 按照法律规则内容的确定性程度,可以将其划分为确定性规则和非确定性规则

【阅读材料4】
《中华人民共和国水法》节录

第二条 在中华人民共和国领域内开发、利用、节约、保护、管理水资源,防治水害,适用本法。

本法所称水资源,包括地表水和地下水。

第三条 水资源属于国家所有。水资源的所有权由国务院代表国家行使。农村集体经济组织的水塘和由农村集体经济组织修建管理的水库中的水,归各该农村集体经济组织使用。

第七十七条 对违反本法第三十九条有关河道采砂许可制度规定的行政处罚,由国务院规定。

第八十条 海水的开发、利用、保护和管理,依照有关法律的规定执行。

第八十一条 从事防洪活动,依照防洪法的规定执行。

水污染防治,依照水污染防治法的规定执行。

确定性规则是指法律规则的内容明确、肯定和具体,可以直接适用的规则。我国法律大多数是这样的规则。上面引述的《水法》第2条、第3条就是这样的法律规则。内容非常明确、具体。非确定性规则是指法律规则的内容即行为模式不明确,需要引用其他规则来说明或补充的规则。它又可以分为两种:一种是委任性规则,即没有具体规定行为规则内容,而是授权某些机关加以确定的法律规则。如选举法规定省级地方政府可以制定选举法实施细则,报全国人大及其常委会备案。前面介绍《水法》的第77条就是这样的规则,法律授权国务院制定相关的行政处罚措施。另一种是准用性规则,即需要参照、援用其他法律条文或其他法律规则才能实施的法律规则。如《环境法》中规定,构成犯罪的,依照刑法

追究刑事责任。《水法》第80条就规定对于海水的开发、利用应依照其他法律进行，第81条也一样。

（四）按照法律规则所调整的行为是否可能发生于该规则产生之前，可以把法律规则划分为调控性规则和构成性规则

调控性规则是指对已经存在的各种行为方式进行评价，并通过授予权利或设定义务来调整相关行为的法律规则。其特点是调控性规则所调整的行为在逻辑上独立于该规则。比如在某地区规定，车速不超过每小时30公里，而在有这种规则之前，人们可以不考虑车速的限制。构成性规则是以本规则的产生为基础而导致某些行为方式或法律状态的出现，并对其加以调整的法律规则。其特点是构成性规则所调整的行为或状态在逻辑上依赖于该规则。比如对产权的确认，很多财产权的形成依靠的是相关的法律规则。比如前面所说的《水法》的第3条，这个法律规则确认了水资源的所有权归于国家，没有此规则则不存在水的国家所有权问题。各种比赛规则也是这种性质的规则，因为没有这些规则就无法进行比赛。

第三节 法律原则

一、法律原则的含义

【阅读材料5】
《澳门特别行政区刑法典》节录
第一条 罪刑法定原则
一、事实可受刑事处罚，以作出事实之时，其之前之法律已叙事该事实且表明其为可科刑者为限。
二、对危险性状态可科处保安处分，以符合科处保安处分之前提之前，该等前提已为法律订明者为限。
三、不容许以类推将一事实定为犯罪或订定一危险性状态，亦不容许以类推确定与一犯罪或危险性状态相应之刑罚或保安处分。

分析上面的澳门刑法条文，这就是我们通常说的罪刑法定原则。立法者的本意是说，如果刑法规定是犯罪就必须进行处罚，而且严格依照刑法来执行。如果没有法律规定为犯罪，则对公民的行为就能不按照犯罪来进行处理，而且不可以

类推为犯罪。这样的规定经过抽象概括就得出"罪刑法定原则"。

在法学中，法律原则是指可以作为法律规则的基础或本源的综合性、稳定性的原理或准则。其特点是，它不预先设定任何确定的、具体的事实状态，也没有规定具体的权利和义务，更没有规定确定的法律后果。法律规则内容比较具体、明确，有完整的逻辑构成；相对来说，法律原则就显得更加抽象。一般来说，立法者在制定法律规则的时候，总要尽量考虑到各方面的情况，立足于一个基本的立场，也就是要确定一个基本的原则。所以，法律原则的抽象是为了较概况地解决法律适用中的一些宏观性问题。

对于法律规则和法律原则，在基本特征上有一定的区别：（1）从内容和文字表达上看，法律规则比较具体、明确，立法目标明显；而法律原则往往比较含混，不具有清晰的逻辑结构。（2）在应用范围上，法律规则由于内容明确，应用范围狭窄，一般具有排他性。一个案件一般只能应用某一具体的法律规则，而不应该出现重复，否则会产生法律上的矛盾。法律原则的适用范围则比较广泛，比如民法中的诚实信用原则，对于民事行为中的违约、欺诈、拖延、隐瞒真相等行为都可以适用。（3）从稳定性上说，法律规则比较具体，具有很强的时代性，容易受到改变。而法律原则则相对稳定。大多数情况下，法律原则和社会的基本道德要求相似，都是经过长期社会积累而形成的，其中的价值追求不容易改变。当然，法律规则和法律原则的区别并不是绝对明显的，有的比较抽象的法律规则和比较具体的法律原则之间很难进行区分，二者的关系可以用下面的图1加以表达。

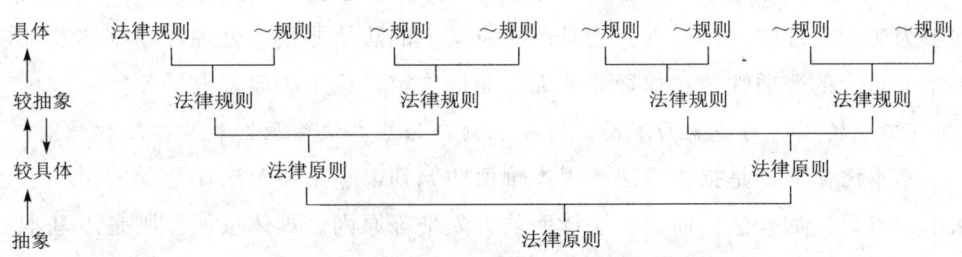

图1　抽象的法律规则与具体的法律原则比较图

二、法律原则的作用

法律原则为法律规则和概念提供基础或出发点，对法律的制定和实施具有指导意义，对理解法律规则也有指导意义。比如在中华人民共和国领域内犯罪都适用刑法就是指明了刑法适用的范围，指导司法活动。

在具体案件中，法律原则可以作为疑难案件的断案依据。有些案件具有比较特殊的事实，适用原有规则可能会导致不公正的结果，这就需要运用法律原则来处理。

【阅读材料6】

美国里格斯诉帕尔玛案

美国纽约州上诉法院在1889年曾审理过一起这样的案件：帕尔玛的祖父曾立下遗嘱，将遗产留给孙子帕尔玛，并且进行了公证，形成了有效遗嘱。但是帕尔玛担心其祖父撤销遗嘱以及为了及早得到遗产，于是就毒死了他的祖父。帕尔玛被其姑妈里格斯诉至法院。这个案件在纽约州引起很大的讨论，因为根据以前的案例，遗嘱有效就应该得到执行，而且以前没有过这种情况的判决。根据遗嘱法，帕尔玛应该得到遗产。但是纽约州的法官认为，这样的做法无疑是在鼓励纵容这种罪恶行为，明显不公正。最终，法院以"任何人都不得从他的不当行为中获利"为理由，判决帕尔玛失去继承权。❶

三、法律原则的分类

（一）按原则的产生基础不同，可以分为政策性原则和公理性原则

政策性原则是国家关于必须达到的目的或目标，或实现某一时期、某一方面的任务而作出的方略，通常是关于社会的经济、政治、文化、国防的发展目标、战略措施或社会动员等问题。政策性原则具有时代性和民族性。比如《刑法》第1条对刑法任务的规定。公理性原则是从社会关系性质中产生并得到广泛认同的被奉为法律公理的法律原则。这是严格意义上的法律原则。公理性原则比政策性原则有更大的普适性，比如疑罪从无、罪刑法定、适用法律人人平等。

（二）按原则的覆盖面不同，可将原则分为基本法律原则和具体法律原则

基本法律原则是指体现法的根本价值的原则，它是整个法律活动的指导思想和出发点，比如合法性原则、法律面前人人平等原则。具体法律原则是以基本原则为基础，并在基本原则指导下适用于某一特定社会关系领域的法律原则。基本法律原则与具体法律原则的划分是相对的。比如相对于法律面前人人平等原则，罪刑法定原则就是只适用于刑法领域的具体法律原则，但在刑法中罪刑法定原则又变成了基本原则。

---

❶ ［美］罗纳德·德沃金.认真对待权利［M］.信春鹰，吴玉章，译.北京：中国大百科全书出版社，1998：41—42.

（三）按照法律原则的内容不同，可以将法律原则分为实体性原则和程序性原则

实体性原则指规定实体法律问题的原则，其功能是调整实体上的权利和义务关系，比如法律面前人人平等原则、罪刑法定原则。程序性原则是规定程序法律问题的原则，其功能是调整程序上的权利义务关系，比如诉讼中的交叉质询原则、上诉原则。

思考题

1. 结合本书"导论"后面思考题的网络笑话，你认为应该如何确定"法律概念"的准确含义？
2. 法律原则与法律规则的区别是什么？
3. 20世纪90年代初，传销活动在内地流行时，法律法规对此没有任何具体规定。当时，执法机关和司法机关对这类案件的处理往往依据《民法通则》第7条，该条规定："民事活动应当尊重社会公德，不得损害社会公共利益，破坏国家经济计划，扰乱社会经济秩序。"这说明法律原则具有哪些作用？（2006年统一司法考试试题）

A. 法律原则具有评价作用　　B. 法律原则具有裁判作用
C. 法律原则具有预测作用　　D. 法律原则具有强制作用

第三章 法的渊源、效力与分类

导读

  前一章法的要素是从法律内部对法律进行分析，本章则从外部视角来观察法律。法律渊源是法学里的重要概念。渊源一词有多种含义；但法律渊源通常指法的表现形式，与日常语言中对渊源的理解差别比较大。当代中国法的渊源包括宪法、法律、法规等。法的效力与法的渊源密切相关，指法律可以适用的时空，不同的法律有不同的效力范围。对于法律可以根据不同的标准进行分类；分类的根本目的是为了从不同角度认识法律，加深对法律的理解。

第一节 法的渊源

一、法的渊源的含义

法的渊源（source of law）又称"法源"或"法律渊源"。它来自罗马法的 fonts juris，意指法的源泉，也就是法的来源。我国台湾地区的法学家韩忠谟认为："从法律研究和实用的立场来说，所谓法之渊源，就是研究或适用法律者所有汲取法律之源泉，正如水之有源然。"❶ 因此，从广义来说，法的渊源就是法的来源，基于对"来源"的不同理解，中外学者对"法的渊源"的理解也不同，主要有法的历史渊源、法的本质渊源、法的思想理论渊源、法的效力渊源、法的形式渊源等。

1. 法的历史渊源

法的历史渊源是指引起特定法律、法律制度、法律原则或规则产生的过去的事件和行为。如罗马法的复兴是大陆法系形成的历史渊源，又如11世纪至14世纪英国法官在巡回审判中形成的判例是英国普通法的历史渊源等。中国古代的唐朝律法成为后世封建法律的基本来源也是法的历史渊源的体现。

2. 法的理论渊源

法的理论渊源是指对特定法律、法律制度、法律原则或规则的产生和发展产生重大作用的理论学说。如中国传统法律制度构建就受到儒家学说的深刻影响，孔子、孟子、董仲舒等人的思想对后来法律影响深重，从而形成一种不同于西方的伦理法特征。而西方的自然法与社会契约论思想对于现代宪政观念、宪法制度就产生重要的影响。

3. 法的效力渊源

法的效力渊源是指法律的拘束力得以产生的原因。如英国分析法学的代表人物奥斯丁认为法的效力来源于主权者的权威，而新分析法学的创始人哈特则认为法的效力来源于一种被称为"承认规则"的特殊法律规则。奥地利法学家凯尔森则认为下一级法律规范的效力来源于上一级法律规范，上一级法律规范的效力又来源于更上一级法律规范，直到最高的规范——基本规范，而基本规范的效力则是被预先假定为有效的。

---

❶ 韩忠谟. 法学绪论[M]. 北京：中国政法大学出版社，2002：26.

4. 法的形式渊源

法的形式渊源是指被承认具有法的效力和法律强制力及法律权威性的法的表现形式。在这个意义上法的渊源就是法的具体内容和各项规定的表现和存在方式。比如大陆法系国家法的形式渊源主要表现为立法机关制定法的形式，而英美法传统的国家法的形式渊源主要表现为司法机关判例法的形式。

从"法的渊源"字面意义上去理解，上述几种观点都从不同角度指出了法律的"来源"，具有各自的合理性。不过，在目前的法学界，基本上还是在法的形式渊源的意义上来使用"法的渊源"这一术语，法律的不同来源也表明了法律所呈现的不同形式。作为法学研究中的专门术语，法的渊源在法学领域尤其是在立法学研究中，是指由不同国家机关制定或认可的，具有不同法律效力和法律地位的各种规范性法律文件的总称，又被称为"法的外在表现形式"或"法的形式"。

对于法的渊源的种类，不同的学者有不同的划分。使用比较多的是美国法学家博登海默所提出的正式渊源与非正式渊源的划分。法的正式渊源，是指"那些可以从体现为权威性法律文件的明确文本形式中得到的渊源"，比如制定法和英美法系的判例法；法的非正式渊源，是指"那些具有法律意义的资料和值得考虑的材料，而这些资料和值得考虑的材料尚未在正式法律文件中得到权威性的或至少是明文的阐述与体现"，❶ 如习惯、政策。从约束力上看，具有法律约束力的是法的正式渊源，也叫直接渊源；不具有约束力的是非正式渊源，又叫间接渊源。从历史上来看，法的渊源主要有以下几种：习惯法、制定法、判例法、法律理论和学说、国际条约等。下文以现代社会法的正式与非正式渊源的划分对各种法的渊源进行介绍。

二、法的渊源的分类

（一）法的正式渊源

1. 习惯法

在人类文明的早期，由于社会关系简单，文明不发达，立法经验缺乏，使得早期的法律大都表现为不成文的习惯法，因而习惯法是最早的法律渊源。在成文法出现以后的法律发展过程中，习惯法逐渐让位于成文法。但是即使到现代社

---

❶ ［美］博登海默. 法理学：法律哲学与法律方法［M］. 邓正来，译. 北京：中国政法大学出版社，1999：414—415.

会，习惯法有时还会起作用。"除了法律（包括部分由行政机关根据被授予的立法权所颁布的法律）和行政法规外，大陆法系国家还普遍承认习惯是第三个法律渊源。当人们依照被推定为法律的习惯从事某种行为时，只要不违背适用的法律或法规，许多大陆法系国家就承认这是法律行为。"❶ 英美法系的英国，普通法形成以前，所谓法律主要是习惯法。以后巡回法官通过判例创立的普通法，仍然是建立在无数习惯基础之上的。但是，在现代社会，"由于习惯在很大程度上已被纳入立法性法律与司法性法律之中，所以习惯在当今文明社会中作为法律渊源的作用已日益减小"。❷ 如今国外习惯法主要被保留在民事商事法律中，以及一些国际惯例中。在中国内地目前的法律实践中，基本上不承认习惯法的法律效力；只是在某些法律如婚姻家庭法中，还保留着传统习惯的一些要求。

2. 制定法

从不成文法到成文法是法律发展的一个形式规律。随着文字的出现以及国家职能的强化，成文法逐渐成为占主导地位的法律渊源。在西方法律发展史上，最能代表这一时代来临的，当属古罗马时期。罗马法是古代最发达的法律。在古罗马，法的渊源多种多样，而最重要的有五种：具有立法权的民众大会和平民大会制定的法律、元老院的决议、皇帝敕令、高级行政长官和裁判官发布的告示和法学家的解答著述。除了最后一种外，其他四种都是制定法。近代资产阶级革命以后，欧洲大部分国家建立了议会民主制，议会作为主要立法机关的地位逐步确立，议会立法大大增加；特别是1804年《法国民法典》和1900年《德国民法典》的出台，标志着制定法进入了一个成熟发展的新阶段。时至今日，制定法已经是世界各国使用最为广泛的法律渊源。在英美法系国家，传统判例法仍然是较制定法而言更重要的法律渊源；不过在这些国家，制定法的数量和地位也都是呈上升趋势的。

中国在历史上也是一个具有深厚制定法传统的国家，历代封建王朝法的渊源总地来说是以制定法为主的。清末沈家本等修律，袭沿大陆法系的成文法传统，传统以刑律为主导的法律模式被西方的宪法、法律、行政法规所代替。中华人民共和国建立后，全国人民代表大会成为国家立法机关，我国法的渊源也就主要表现为由全国人民代表大会及其常委会制定的法律。澳门特别行政区在回归之前，

---

❶ ［美］约翰·亨利·梅里曼. 大陆法系（第二版）［M］. 顾培东，禄正平，译. 李浩，校. 北京：法律出版社，2004：23.

❷ ［美］博登海默. 法理学：法律哲学与法律方法［M］. 邓正来，译. 北京：中国政法大学出版社，1999：472.

沿袭的是葡萄牙的法律制度，所以总体上坚持大陆法系的传统，以制定法为主要法律渊源。这一点与香港特别行政区差别比较大。

【阅读材料1】

制定法发展史上的几个"第一"

公元前18世纪古代巴比伦王国制定的《汉穆拉比法典》是世界上迄今为止保存最为完整的第一部成文法。

公元前5世纪罗马共和国时期制定的《十二铜表法》是第一部罗马成文法。

1787年制定的美利坚合众国宪法是历史上第一部成文宪法。

1804年拿破仑组织制定的《法国民法典》是历史上第一部资产阶级民法典。

公元前536年郑国子产所铸"刑鼎"是中国有史记载的第一部成文法。

公元前412年战国时期魏相李悝制定的《法经》是中国第一部比较完整的法典。

3. 判例法

所谓判例法，一般而言，是指高级法院的判决，确切地说，是指一个判决中所含有的法律原则或规则，对其他法院（或甚至对本院）以后的审判来说，具有作为一种前例的约束力或说服力。判例法体系最初起源于英国。在近代以来随着"日不落"帝国的坚船利炮而被推广到世界各地，再加上同样以判例法为主要法律渊源的美国的强大影响力，判例法成为近现代以来唯一能与制定法相抗衡的法的渊源，以判例法为主要标志的英美法系也即成为世界两大法系之一。判例法与制定法的主要区别在于判例法是具体诉讼案件的结果，是"法官创造的法律"（judge-made law）；而制定法产生于事先的构造，是立法机关或其他授权机关制定的法律。判例法形成于具体案件的各种不同判决，规则的形成显得无序和随意，而制定法则是人们有意识规划、制定出来的。判例法的承载形式是判决书，而制定法是以条文形式表现出来的规范性文件。

4. 条约

在国际法上，条约有广狭不同的两种定义。狭义的条约是指以"条约"为名称的国家之间的协定。广义的条约，按照1969年《维也纳条约法公约》的规定，是指"国家间所缔结而以国际法为准之国际书面协定，不论其载于一项单独文书或两项以上相互有关之文书内，亦不论其特定名称如何"。国际条约有多种类型、名称和功能。按其法律性质考察，可分为契约性条约和造法性条约。契约性条约是规定国家之间关于特定事项的权利义务的条约，一般采取双边条约的形式，如两国之间的贸易、交通条约。造法性条约是多个国家参加的、以制定某种共同行为规则为目的并以这种规则为内容的条约。这种条约被认为创立了国际法的原则和规则,一般采取多边条约和一般条约的形式,如《外交关系法公约》《海洋法公约》《联合国宪章》。按照"条约只拘束缔约国"的国际法原则,不论是契约性条约还是造法性条约,一般情况下都只适用于缔约国。

(二) 法的非正式渊源

1. 法律理论

法律理论或法学理论主要是指法学家对法的各种学理性说明、解释和理论阐发。在人类法律发展史上,法理不仅是十分重要的非正式法律渊源,而且曾经还是重要的正式的法的渊源。这主要就是指在古罗马时期,东罗马帝国皇帝狄奥多西二世(Theodosius Ⅱ)和西罗马皇帝瓦伦提尼三世(Valentinian Ⅲ)发布《引证法》(Law of Citation),规定伯比尼安(Papinian)、保罗(Paul)、莫特斯蒂努斯(Modestianus)、乌尔比安(Ulpian)、盖尤斯(Gaius)五位法学家的法律解答具有法律效力,从而使法学家的法学理论成为一种重要的法律渊源。而在我国古代,汉代以后也出现过以孔子所作《春秋》的经义附会法律规定定罪判刑的"春秋决狱"的情况。近现代以来,在世界各国的法律制度特别是大陆法系中,随着法典编纂的兴起和立法者作用的日益突出,法律理论作为法的渊源的作用逐渐减小,一般都是作为一种辅助、补充性质的渊源而起作用,但也有少数国家和地区的法律中还把法理明确规定为一种法的渊源,如 1942 年《意大利民法典》规定,只要法官用其他法律无法解决案件时,必须"依照本国法学界的一般原理处理"。而在英美法系,虽然法律中并未明确规定法律理论的地位,但由于其特殊的判例法制度,一些著名法学家的法律理论,在事实上对法官的裁决起着巨大的影响作用。❶

2. 习惯及道德或正义观念

作为一种社会调整手段,习惯是由于同一种行为方式的不断重复而被人们习以为常地接受的行为规范。这里说的习惯是指还没有被国家接受为法律的行为方式,不同于习惯法。习惯的形成一般是一种自发的过程,整合了特定群体中分散个人的知识和理性,经过长期积淀而最后形成有固定内容的行为规则。"所以从历史的、已有生活的角度看,习惯往往是具有内在合理性的规则。"❷ 在古代社会,习惯是法律、宗教、道德的源头,并以习惯法的形态进入司法之中。在现代

---

❶ 杨春福. 法理学 [M]. 北京:清华大学出版社, 2009:86.
❷ 舒国滢. 法理学阶梯 [M]. 北京:清华大学出版社, 2006:42.

社会中，习惯仍然具有重要地位，当法律存在漏洞或意识模糊时，习惯可以作为一种非正式的渊源，帮助人们理解法律。

与习惯密切相关的是道德、正义观念，因为习惯在思维中经常表现为一种道德、正义观念。在西方法律思想史上，道德、正义观念，比如自然法、人权观念，一直被当做一种至高的法律理想和标准而为人们所重视，成为衡量法律好坏的依据。不过近代以来，在司法实践中，直接应用这种"高级观念"进行裁决的比较少，更多是依赖制定法或判例法。但是，在司法实践中，法律职业者经常依据公认的道德规范或正义观念作为理解、阐述法律的依据，从而使得道德规范或正义观念成为法律的源头。

3. 政策

所谓政策是指一定的社会集团为了实现某种利益，达到某种政治、经济或社会的目的，根据社会发展情况而制定的行动方案。❶ 在现代政治国家中，政党、国家的政策与法律之间有着十分密切的联系，有些政策的出台成为法律制定的先声，有些政策指导着法律的制定和实施，还有些政策直接通过立法程序进入法律条文，成为法律的组成部分。但是，法律与政策之间还是有很大差别的，两者不可互相替代。我们认为，作为已明确规定于法律之中的政策，其本身已是法律的组成部分，而我们此处所说的作为法的非正式渊源的政策主要就是指"公共政策"。我国也有法律明确规定了政策弥补法的正式渊源之不足的辅助地位，如《民法通则》第6条规定："民事活动必须遵守法律，法律没有规定的，应当遵守国家政策。"但在中国目前的法治环境下，我们倾向于反对将政策作为法律的正式渊源，如果法律出现漏洞，应及时制定、修改法律，而不是用政策来替代法律。

4. 外国法

外国法是指非本国制定而由其他国家创制的法律。一般而言，一国的法律只能在其本国主权范围内发挥效力，他国并无接受的义务。但在各国法律借鉴、学习普遍化以及经常面临共同问题的现代社会，外国法律可以成为理解、阐述问题的理论依据，成为非正式法律渊源。

三、当代中国法的正式渊源

中国自古以来就形成了很强的成文法传统，近代法律变革主要以大陆法系为

---

❶ 徐永康. 法理学［M］. 上海：上海人民出版社，2003：209.

依照,新中国成立后又移植了苏联的法律制度。而大陆法系和苏联的法律制度同样也具有很强的法典化倾向,所以,我国法的渊源基本上是以制定法为主的,这一情形延续至今。当然,中国目前施行特别行政区制度,香港与澳门、内地的法律正式渊源存在一定的差别。在内地法的正式渊源以宪法效力为最高,其他制定法的效力则在宪法之下,以此排列形成一个类似于金字塔模式的效力序列。

(一) 宪法

宪法是国家的根本大法,在法的渊源中居于核心地位。宪法规定了当代中国的最根本的政治、经济和社会制度,国家的根本任务,公民的基本权利和基本义务,国家机关的组织结构和活动原则等国家和社会生活中最基本、最重要的问题。宪法是其他各种法律、法规的"母法";其他法律、法规的规定,是宪法这一根本法的具体化,是宪法的"子法"。我国现行《宪法》是1982年11月23日由第五届全国人大第五次会议审议通过,并于同年12月4日施行的。而在此之前,我国先后于1954年、1975年、1978年制定过三部宪法,而在此之后,为适应社会主义市场经济建设和法制建设的需要,我国又先后于1988年、1993年、1999年、2004年出台了四个宪法修正案。《宪法》的修改相对于其他法律来说更加严格,必须由全国人民代表大会全体代表的2/3以上多数通过才可以。作为正式的法律渊源,宪法当然具有法的效力,并且能够成为法官处理案件的依据。不过,由于宪法的概括性、原则性和无惩罚性特征。在实践中我国法院很少直接诉诸宪法审理案件。我国也出现过引用宪法审理案件的情形,对此在理论界争议很大,实践经验还不成熟。

【阅读材料2】

齐玉苓诉陈晓琪侵犯教育权案

齐玉苓与陈晓琪均为山东省滕州市第八中学1990年应届初中毕业生。在当年的中考中,齐玉苓达到了委培生的录取分数线。当年录取工作结束后,济宁商校发出了录取齐玉苓为该校1990级财会专业委培生的通知书,该通知书由滕州市第八中学转交。陈晓琪在1990年中专预选考试中,因成绩不合格,不能参加随后的统考。在中考以后,陈晓琪从滕州八中将齐玉苓的录取通知书领走。陈晓琪之父陈克政为此联系了滕州市鲍沟镇政府作陈晓琪的委培单位。陈晓琪持齐玉苓的录取通知书到被告济宁商校报到,以齐玉苓的名义在济宁商校就读。陈晓琪读书期间,陈克政将原为陈晓琪联系的委培单位变更为中国银行滕州支行。1993年,陈晓琪从济宁商校毕业,自带档案到委培单位中国银行滕州支行参加工作。

1999年8月,齐玉苓以侵犯姓名权和受教育权为由,在山东省枣庄市人民法院对陈晓琪、陈晓琪之父陈克政以及山东省济宁市商业学校、山东省滕州市第八中学、山东滕州市教育委员会提起诉讼。上列被告侵犯了其姓名权和受教育权，请求其赔偿经济损失16万元和精神损失40万元。被告陈晓琪认为，本人顶替齐玉苓上学，不侵犯其受教育权。受教育权不是《民法通则》规定的民事权利，齐玉苓据此主张赔偿，没有相关法律依据，而且其诉讼请求已明显超过了《民法通则》规定的2年诉讼时效。一审法院在审理案件后认定：原告姓名权被侵犯，陈晓琪和其父应负主要责任，其他被告也应承担责任。原告主张的受教育权是一般人格权范畴，本案证据表明原告放弃了此项权利，侵权不能成立。法院判决：被告陈晓琪停止对原告姓名权的侵害，各被告向原告赔礼道歉并赔偿35 000元精神损害费。

原告齐玉苓不服一审判决，向山东省高级人民法院提起上诉；理由是其受教育权也被侵害，应当得到赔偿。山东省高级人民法院认为本案存在适用法律方面的疑难问题，因此依照《中华人民共和国人民法院组织法》第33条的规定，报请最高人民法院进行解释。最高人民法院对本案研究后认为：当事人齐玉苓主张的受教育权，来源于我国《宪法》第46条第1款的规定。根据本案事实，陈晓琪等以侵犯姓名权的手段，侵犯了齐玉苓依据《宪法》规定所享有的受教育的基本权利，并造成了具体的损害后果，应承担相应的民事责任。这样，最高人民法院作出了〔2001〕法释25号批复。2001年8月23日，山东省高级人民法院据批复，依《宪法》第46条判决：被上诉人陈晓琪、陈克政赔偿上诉人齐玉苓因受教育的权利被侵犯造成的直接经济损失7000元，被上诉人济宁商校、滕州八中、滕州教委承担连带赔偿责任；被上诉人陈晓琪、陈克政赔偿上诉人齐玉苓因受教育的权利被侵犯造成的间接经济损失共计41 045元，被上诉人济宁商校、滕州八中、滕州教委承担连带赔偿责任；被上诉人陈晓琪、陈克政、济宁商校、滕州八中、滕州教委赔偿上诉人齐玉苓精神损害费50 000元。

这是当年我国著名的"宪法司法化第一案"，法院首次根据《宪法》关于公民基本权利的规定作出案件判决。但最高人民法院在2009年底又撤销了自己所作出的批复，中国的宪法司法化还有很多问题要解决。

（二）法律

此处所说的"法律"，如第一章第一节中所说，是狭义上的法律，指由全国人大及其常委会制定的规范性法律文件。根据《宪法》和《立法法》的规定，法律可以分为基本法律和基本法律以外的法律（非基本法律）。基本法律由全国人民代表大会制定和修改，内容涉及国家和社会生活某一方面的最基本的问题，如刑法、民法、诉讼法以及有关国家机构的和其他的法律；基本法律以外的法律由全国人民代表大会常务委员会制定和修改，内容涉及"除应当由全国人民代表大会制定的法律以外的其他法律"，主要是关于国家和社会生活某一方面具体问题的关系的法律。如调整整个民事关系的《中华人民共和国民法通则》是由全国人大制定的，是一种基本法律，而作为民事关系中一部分的具体的知识产权制度，如《中华人民共和国著作权法》《中华人民共和国专利法》《中华人民共和国商标法》，则是由全国人民代表大会常务委员会制定的。当然这种划分不是绝对的，有些重要的非基本法律也是由全国人大制定。

（三）行政法规和部门规章

在当代中国法的渊源中，行政法规也是一种主要的法的渊源。它是指最高行政机关也就是国务院根据宪法和法律制定的一种规范性文件，其法律地位和法律效力仅次于宪法和法律。按照《宪法》的规定，国务院作为最高国家行政机关，为了履行其最高行政管理职责，经常也发布一些带有规范性内容和性质的决定和命令，这些就是行政法规。在我国，国务院不是西方国家那种与议会平行的中央政府，而是作为最高国家权力机关——全国人民代表大会的执行机关而存在。这决定了国务院的立法活动应从属于全国人大及其常委会的立法活动，行政法规的效力可以及于全国。根据2001年11月国务院发布的《行政法规制定程序条例》第4条的规定，我国行政法规的名称为"条例""规定""办法"。按照宪法的规定，国务院所属各部、各委员会，有权根据法律和国务院的行政法规、决定、命令，在本部门的权限内可以制定规章，称为"部门规章"，它们的法律地位和法律效力低于宪法、法律和行政法规。

（四）地方性法规和地方政府规章

地方性法规是指地方国家权力机关及其常设机关即地方人民代表大会及其常务委员会，为保证宪法、法律和行政法规的遵守和执行，结合本行政区内的具体情况和实际需要，依照法律规定的权限，通过和发布的规范性法律文件。这里最为重要的一点是，并不是所有地方人民代表大会及其常务委员会都享有制定地方性法规的权力。根据《立法法》，只有省、自治区、直辖市以及较大的市的人民代表大会及其常务委员会才有权制定地方性法规。其中，所谓"较大的市"，是指省、自治区人民政府所在地的市、经济特区所在地的市和经国务院批准的较大的市。地方政府规章是指地方国家行政机关即地方人民政府为保证宪法、法律、行政法规以及本行政区的地方性法规的遵守和执行，结合本行政区内的具体情况和实际需要，依照法律规定的权限，通过和发布的规范性法律文件。同样，享有地方政府规章制定权的地方政府，仅指省、自治区、直辖市以及较大的市的人民政府。从行政区划上说，香港和澳门的立法也属于我国的地方性立法，两个特别行政区的法律体系具有更强的独立性。

（五）自治条例和单行条例

民族区域自治制度是我国的一项基本制度，其在立法领域就体现为赋予民族自治地方一定的立法权限。根据《宪法》的规定，民族自治地方的人民代表大会有权依照当地民族的政治、经济和文化特点制定自治条例和单行条例。其中，自治条例主要对本自治区实行的区域自治的基本组织原则、机构设置、自治机关的职权、工作制度以及其他比较重大的问题作出规定。单行条例主要是根据宪法规定和本自治区的实际情况，对于国家法律、法规作出变通或者补充的规定，或者是对本自治区某一具体事项作出规定。

（六）国际条约与国际惯例

这里所讲的国际条约是指我国同外国缔结的双边和多边条约、协定和其他具有条约、协定性质的文件。国际条约虽然是国际法而不是国内法，但根据"条约必须遵守"的国际准则，我国缔结和加入的国际条约同国内法一样具有适用于我国的法律效力，因此，也属于我国法的渊源之一。根据1990年全国人大常委会通过的《中华人民共和国缔结条约程序法》的规定，国务院同外国缔结条约和协定，全国人大常委会决定同外国缔结的条约和重要协定的批准和废除，中华人民共和国主席根据全国人大常委会的决定，批准和废除同外国缔结的条约和重要协定。国际惯例是指根据国际法院等各种国际裁决机构的判例所体现或确认出来的国际法规则以及国际交往中形成的共同遵守的不成文习惯。国际惯例是国际条约的重要补充，同样是法的正式渊源，一些国际惯例中国同样遵守。

（七）特别行政区的各种法律

特别行政区的制定法包括两部分内容。根据《香港特别行政区基本法》和《澳门特别行政区基本法》的规定，香港、澳门的原有法律，除同基本法相抵触或者经特别行政区立法机关作出修改的以外，均予保留。据此，在特别行政区成立以前在香港施行的条例、附属立法和在澳门施行的法律、法令和行政法规等规范性法律文件构成特别行政区制定法之一部分。同时，根据两个特别行政区基本法，香港、澳门分别设立了立法会，作为特别行政区的立法机关行使立法权。在特别行政区成立以后，由特别行政区立法会所制定的法律构成特别行政区制定法的另一部分。

最后补充一点关于判例的看法。由于我国的法律制度主要仿效的是大陆法系和苏联的法律制度，因此，判例在一般情况下并不是我国法的正式渊源，甚至在很长一段时间内连判例的非正式渊源作用都予以否认。但是，就我国目前的法律实践来看，我们实有必要转变这种态度。首先，在我国也存在判例作为法的正式渊源的情况，这就是在香港特别行政区实施的判例法。因为《香港特别行政区基本法》第8条规定："香港原有法律，即普通法、衡平法、条例、附属立法和习惯法，除同本法相抵触或经香港特别行政区的立法机关作出修改者外，予以保留。"其中，普通法、衡平法都是判例法。可见，香港回归后，其原先适用的英国普通法、衡平法这些判例法仍构成法的正式渊源之一部分。其次，在我国目前的司法实践中，判例特别是上级法院的判例，往往起着非正式法的渊源的作用，在事实上指导着下级法院的司法活动，这在碰到疑难案件和法律缺乏明确规定的情况下犹然。当前，对于我国是否应当建立判例法制度尚有争论，但对于借鉴判例法的经验，充分发挥判例在指导司法活动、提高司法水平、确保司法公正方面的积极作用，学界和实务界已有了广泛的共识。

第二节 法的效力

一、法的效力的含义

【阅读材料3】
法官是否有权认定法律的效力

2003年1月25日，河南省洛阳市中级人民法院开庭审理了伊川县种子公司委托汝阳县种子公司代为繁殖"农大108"玉米杂交种子的纠纷，此案的审判长为30岁的女法官李慧娟。在案件事实认定上双方没有分歧。而在赔偿问题上，根据《河南省种子条例》第36条的规定，"种子的收购和销售必须严格执行省内统一价格，不得随意提价"，而根据《中华人民共和国种子法》的立法精神，种子价格应由市场决定，法规之间的冲突使两者的赔偿相差了几十万元。此案经过法院、市人大等有关单位的协调，法院根据上位法作出了判决。然而，判决书中的一段话却引出了大问题："《种子法》实施后，玉米种子的价格已由市场调节，《河南省农作物种子管理条例》作为法律阶位较低的地方性法规，其与《种子法》相冲突的条（原文如此）自然无效……"此案的判决书在当地人大和法院系统引起了很大的反响。为此，河南省高级人民法院在关于此事的通报上指出，人民法院依法行使审判权,无权对人大及其常委会通过的地方性法规的效力进行评判。

在此案中,我们注意到决定案件结果的一个关键词——无效。当时的主审法官作出判决的理由是《河南省农作物种子管理条例》因与《种子法》抵触而无效,而河南省高级人民法院通报中对于主审法官行为定性的理由则是主审法官作为一个法官,只能依法行使审判权,而无权对法律的是否无效进行评判。法律是否无效就是关涉到法的效力问题。一般来说,效力是指某一事物对其他事物产生影响的力量。法的效力是指法律对法律主体的约束力或拘束力。法理学上讲的法律效力,是指正式的法律渊源尤其是规范性法律文件所具有的一般的效力。任何现行有效的法律都必然具有法律效力,法律主体必须遵守、执行或者适用法律,不得违反。法的这种普遍的和强制的约束力是法律区别于其他社会规范的重要特征。

【阅读材料4】

法律是有牙齿的,必要的时候它会咬人。

——西方法谚

一旦法律丧失了力量,一切就都告绝望了;只要法律不再有力量,一切合法的东西也都不会再有力量。

——[法]卢梭

法的效力通常涉及法的效力等级和法的效力范围两个方面问题。法的效力等级反映在一个国家的法律体系中不同形式的法律之间的效力等级关系。而法的效力范围则反映法的作用力所涉及的对象的时空范围,具体又分为法的空间效力、法律的时间效力以及法的对象效力。法律效力的决定因素包括国家强制力和法律规范本身的合法性。

二、法的效力等级

(一)法的效力等级的一般原则

1. 高位法优于低位法原则

根据我们上面所说的法律的形式,我们可以发现,高层次的法律(又称为上位法)的效力要高于低层次的法律(下位法),低层次的法律不能和高层次的法律相冲突。在中国,这个问题可以概括为两句话:"宪法高于一切法""上位法优于下位法"。在中国,宪法是最高的;全国人大制定的法律高于国务院的行政法规、省级人大制定的地方性法规以及部门规章;行政法规的效力高于地方性法规、部门规章和政府规章的效力。当下位法和上位法冲突时,下位法无效。

2. 特别法优于一般法原则

同一等级的法律适用中，特别法优于一般法。所谓特别法是指针对特定的人和事，在特定地区、时间内有效的法律。一般法是没有特殊对象和时间、地域限制法律。当不同的法律处于同一等级的情况下可以适用此原则，如果不同等级的法律在一起，不能违背高位法优于低位法的原则。澳门、香港特别行政区的立法就是属于特别法，因为在中国的领域内，澳门、香港立法会制定的法律仅适用于特定地区。

3. 新法优于旧法原则

一般情况下，新法律颁布之后，旧法律自然失效。但如果前面的法是特别法，后面的法是一般法，则由于新法之规定非以旧法所规定之事项为目的，前法仍然有效。

4. 国际法优先原则

前面讲的三个原则都是针对一国范围内的法律。如果涉及国际法，就会产生国内法和国际法谁的效力优先问题。目前我国的一般做法是国际法优先于国内法，但国内法有所保留的情形除外。

（二）法律冲突问题

在比较理想的状态下，一个国家内各种不同法律之间应该是一个和谐统一的整体，不存在矛盾。但事实上，在各个国家内部，法律冲突经常出现。本节开始的阅读材料就反映了一种法律冲突现象。法律冲突经常表现为不同级别法律之间的冲突，有时也会表现为不同地区之间法律的冲突。

【阅读材料5】

2003年7月30日，国务院出台了《婚姻登记条例》，该行政法规根据2001年4月28日修订的《婚姻法》的有关规定，取消了婚姻登记中的强制婚检制度。但有人研究当时有效的法律就发现，1994年的《母婴保健法》第12条要求："男女双方在结婚登记时，应当持有婚前医学检查证明或者医学鉴定证明。"这说明，两部法律在婚姻登记是否应该进行婚检的问题上发生了冲突。

对于法律冲突问题的解决，2000年颁布的《立法法》设计了一些解决机制。首先，《立法法》确立了立法过程中的批准和备案制度，从立法的源头上努力消除冲突。其次，《立法法》确立的法律冲突的审查和处理制度，主要的审查机构是全国人民代表大会常务委员会。最后，《立法法》确立了法律适用过程中处理法律效力冲突的基本原则和裁决机制。基本原则就是三个方面：上位法优于下位法，新法优于旧法，特别法优于一般法。在出现特殊情况时，可以由全国人大常委会或国务院进行裁决。

值得注意的是,在我国,还有一种比较特殊的法律冲突,那就是法律的区际冲突。区际法律冲突概括地讲是指一国之内具有独特法律制度的不同法域之间的法律冲突。所谓法域是指法律效力所及的空间范围或具有独特法律制度的地区。由于各个法域法律制度不同,具体法律规定必有不同,在调整不同法域之间形成的法律关系时使用不同法域的法律就会导致不同的后果,形成区际法律冲突。在我国,香港特别行政区坚持了英国的普通法传统,在法律制度上与内地差异颇多;澳门特别行政区虽然和内地同属于大陆法传统,但在具体制度上也有不同。这样,区际法律冲突在所难免。理论上说,区际法律冲突有可能是民商法等私法之间的冲突,或者是刑法、行政法等公法之间的冲突。一般认为公法具有很强的属地性,各法域原则上只适用内法域的公法,即不承认其他法域公法在本法域的效力,因此公法产生的冲突很少。而各法域之间民商事法律关系是大量存在的,所以各法域普遍承认外法域私法在内法域的效力,比较容易产生冲突。通常所指区际法律冲突主要是指民商事法律冲突。解决区际法律冲突有多种方法,比如可以通过签订协议的解决,如1999年1月14日,最高人民法院和香港特别行政区高等法院在深圳签署了《关于内地与香港特别行政区法院相互委托送达民商司法文书的安排》就是这种做法体现,也可以通过制定统一的冲突法来解决。区际法律冲突的解决是国际私法研究中的一个重要问题,本书这里不做详细的解决方案说明,只是指出这样一个问题的存在。

【阅读材料6】
《澳门特别行政区民法典》节录
第十五条 指引澳门以外之法律;一般原则
一、冲突规范指引澳门以外之法律时,如无相反规定,仅适用该法律之域内法。
二、为着本章规定之效力,域内法系指实体法,而不包括冲突规范。
第十六条 反致
一、然而,澳门冲突规范所指引之法律之冲突法援引另一法律时,而该法律认为本身为规范有关情况之准据法者,应适用该法律之内国法。
二、冲突规范所指定之法律之冲突法引用澳门域内法时,澳门域内法为适用之法律。
第十七条 不接纳反致之情况
一、适用上条规定将引致按第十五条之规定原为有效或产生效力之法律行为变为非有效或不产生效力,或使原为正当身分状况变为不正当身分状况时,即不适用上条之规定。

二、在容许当事人指定适用法律之情况下,当事人已指定法律者,亦不适用上条之规定。

三、法的效力范围

（一）法律的空间效力

法的空间效力指法律在地域范围上的效力,即法在什么地方发生约束力。法律的空间效力范围的一般原则是域内效力原则,即法律的效力及于制定该法律的机关所管辖的范围。法的空间效力是国家主权的重要象征。根据国家主权原则,一个主权国家的法律适用于其所辖的全部领土范围,包括陆地、水域以及陆地和水域的地下及上空。法的空间效力可以划分为以下三种:

(1) 全国性法律的效力。全国性法律的效力范围是国家主权范围,包括陆地、水域及其底土和上空,还包括延伸意义上的领土,即驻外使馆和本国在外国的交通工具如船舶、飞机（拟制领土）。

(2) 地区性法律的效力。地区性法律只适用于特定的地区,如地方性法规、民族自治条例、特别行政区制定的法律。当然,需要注意,《澳门特别行政区基本法》和《香港特别行政区基本法》都是由全国人民代表大会制定的,是全国性的法律,在全国有效,不能理解为只在特别行政区有效,只是在适用上不适用于其他地区。当然,特别行政区立法会根据基本法再制定的法律就是地区性法律。

(3) 具有域外效力的法律。在特殊情况下,某些法律不但在国内有效,还在本国境外有效,如涉及贸易、婚姻方面的法律。这方面的法律也比较容易产生法律冲突;既包括不同国家之间的法律冲突,也包括一国之内的区际法律冲突。

【阅读材料7】

中国公民王某,1985年与妻子离婚,所生两个子女由前妻抚养。1990年,王某到西班牙经商。1992年与一西班牙女子按照天主教仪式举行了婚礼。按照西班牙婚姻法的规定,天主教徒到天主教堂举行结婚仪式为双方缔结婚姻的形式要件。婚后不久,王某将在西班牙经商所获部分利润作为投资,回国内办厂,并购有楼房一栋,另有一些银行存款。1995年2月,王某因车祸去世,未留下遗嘱,他的子女与他在西班牙的妻子之间对于遗产继承发生争执。王某的子女认为王某在西班牙婚姻他们一无所知,王某的婚姻未登记,不符合我国婚姻法的规定，婚姻是无效的，王某的西班牙妻子不是王某的继承人。问题的争议就在于王某在西班牙的婚姻是否有效。我国对涉外婚姻的法律适用问题的规定为，中国公民和外国人结婚适用婚姻缔结地法律。无论中国公民同在境外的外国人结婚或同在华的外国人结婚，均依该婚姻缔结地的法律。本案中，在西班牙，天主教徒在教堂举行结婚仪式为婚姻成立的形式要件，王某按照要求举行了婚礼，其婚姻符合婚姻缔结地即西班牙的法律，因此应认定他们之间的婚姻有效。王某的西班牙妻子有继承权。

这个材料中，中国承认西班牙婚姻的效力，西班牙的法律实际上是在中国发生了效力。有时中国的法律在其他国家也可能发生效力，如《刑法》第7条规定："中华人民共和国公民在中华人民共和国领域外犯本法规定之罪的，适用本法，但是按本法规定的最高刑为三年以下有期徒刑的，可以不予追究。中华人民共和国国家工作人员和军人在中华人民共和国领域外犯本法规定之罪的，适用本法。"这种规定就会产生法律的域外效力问题。

（二）法的时间效力

法律的时间效力是指法律效力的起止时限以及法律对其颁布实施前的事件和行为是否具有溯及力的问题。

1. 法律的生效

法律生效意味着法律约束力的开始。一般根据法律的具体性质和实际需要来决定，主要有以下几种情形：（1）自法律颁布之日起生效；（2）由该法律规定具体生效时间；（3）规定法律公布一段时间以后生效。一般来说，法律公布以后，都会明确规定生效的具体日期，而且是通过先公布，经过一段时间后再生效，其目的是为了使社会上各类人和组织做好实施新法的准备工作。

2. 法律的失效

在一个国家内，正常的情况下，一个法律生效，也意味着其他法律的失效。法律失效的意思是法律约束力的停止，因此法律的失效又叫法律的废止，主要有明示废止和默示废止两种。具体包括以下几种情形：（1）新的法律颁布，原有的法律自动失去效力，这是典型的默示废止；（2）由新法宣布旧法废止，这是比较通用的做法；（3）法律本身规定的有效期届满，这比较少见；（4）有关机关颁发具体文件废止某个法律，比如新中国成立后中央政府宣布废除国民党的统治时期的法律；（5）法律已完成历史任务而自行失效；（6）修订，使法律部分废除。

3. 法的溯及力

法的溯及力，又称法溯及既往的效力，是指新法颁布以后，对其生效以前的事件和行为是否可以适用的问题：如果可以适用于法律颁布以前的行为和事件，则法具有溯及力；如果不可以适用，则法没有溯及力。

【阅读材料8】

1987年12月《中国法制报》（现在的《法制日报》）刊登了一起侵犯肖像权的案件。1986年10月，北京市电影公司在自己所办的杂志《北京影坛》1986年第10期上刊登一则广告，广告的产品是某种保健品，广告使用了北京女子举重队教练郭某的照片。郭某曾是举重运动员，身体十分健壮。此前，郭某仅同意《中国卫生画刊》刊登其照片。郭某发现北京市电影公司利用其照片后，将北京市电影公司起诉至法院。法院判决，北京市电影公司为郭某消除影响、恢复名誉，并赔偿损失。法院认为，虽然被告的行为发生在《民法通则》生效之前，但是，根据有关法律，仍应参照《民法通则》处理。

《民法通则》是1986年4月13日通过的，于1987年1月1日生效。案件中的侵权行为发生在《民法通则》生效之前，法院将《民法通则》适用于该法生效前的侵权行为，使得《民法通则》具有了溯及效力。

在法律的溯及力上，不同的国家或相同国家的不同时期，往往有不同的规定。概括起来，大体上有以下几种原则：（1）从旧原则，也是法律不具有溯及力。（2）从新原则，即法律具有溯及力。（3）从轻原则。新法与旧法比较，如果新法处理较轻，则新法有溯及力；如果旧法处理较轻，则按旧法办理，新法没有溯及力。（4）从新兼从轻原则，新法原则上具有溯及力；但旧法处理较轻时，按照旧法处理。（5）从旧兼从轻原则。新法原则上没有溯及力，但新法处理较轻是具有溯及力。

现代国家通行的原则有两个：首先是法不溯及既往原则，即不能用现在制定的法律指导人们过去的行为，更不能由于人们过去实施了某种当时合法但现在看来违法的行为而依照现在的法律处罚他们。另外，多数国家还坚持从旧兼从轻的原则，又称为有利追溯，原则上坚持按照旧的法律处理，如果新的法律处理较轻，从有利于当事人的角度，按照新法处理。这样处理反映了法律的人道主义关怀，人类社会的法律总体上是在不断地完善、不断更加人性化。

（三）法律的对象效力

法律的空间效力十分重要，但是，法律效力最终是针对人的行为而言的。对于空间来说，人员的流动是不可避免的，而且日益增多。一个国家的人，会到另外一个国家去，在世界上不同国家或地区穿行，对于很多人来说是正常的事情。于是，国家的法律将不得不考虑对人或组织的效力，空间效力必须进一步落实到对象效力上。

各国法律在对象效力上有不同的原则：(1) 有的国家只关注有本国国籍的个人或组织，不论本国个人或组织是在国内还是国外，都使法律对其具有约束力。在法学上，这叫做属人原则。(2) 有的国家只关注地域亦即本国领土，只要在本国领土范围内，不论是否为本国的个人或组织，都使法律对其具有约束力。在法学上，这叫做属地原则。(3) 有的国家既不考虑领土问题，也不考虑国籍问题，只考虑本国的利益，从本国利益出发决定法律的约束力。这叫做保护原则。(4) 有的国家将前三项进行折中，采取中庸之道。这叫综合原则。具体说，综合原则是以属地主义原则为基础，同时结合属人原则和保护原则。目前多数国家采取这一原则以加强对本国和本国公民利益的保护，我国也是这样。

中国公民在国内一律适用中国法律，在国外仍受中国法的保护并履行法律规定的义务。当中国公民居住在国外，中国法律与居住地法律不一致时，应区别不同的情况，并根据有关国际条约、国际惯例和国内法律的规定来确定所适用的法律。

外国人在中国领域内，除了法律有特殊规定外，一律适用中国法律。外国人在中国领域外，危害中国国家或公民利益的，可以根据情况适用中国法律。如《刑法》第8条规定："外国人在中国领域外对中国或中国公民、法人犯罪，按中国刑法规定的最低刑为三年以上有期徒刑的，可以适用中国刑法，但按照犯罪地的刑法不受处罚的除外。"

【阅读材料9】

宁红与华大强（两人均是化名）共同供职于四川省某建筑工程公司科威特海外工程部。1990年元月某日，两人因琐事发生争执，进而发展到持械殴斗。宁红凭着人高马大，用砍刀把华大强砍成重伤，华大强被送回国内治疗，宁红被科威特警方拘留。案发后中国外交、司法机关同科威特外交、司法机关协商后同意宁红由科威特司法机关适用科威特刑法进行定罪量刑。宁红经科威特司法机关审判后被判处有期徒刑8年，并被关押在科威特监狱服刑。如果这个案件到此为止，只不过是一宗发生在海外的普通刑事案件，然而接下来的事情却令人惊奇不已。

1990年8月2日，伊拉克十几万军队在坦克大炮掩护下向邻国科威特发动了猛烈的进攻，只有2万军队的科威特不到3小时就被伊拉克军队占领。在这3小时狂轰滥炸的过程中,关押宁红的监狱也没有幸免,监狱被炸得只剩下残垣断壁,所有犯人四散而逃,宁红也随其他犯人逃出监狱。这时我国政府派出民航飞机在约旦接中国公民回国,宁红也搭上该航班,安全抵达中国。

1990年10月某日,华大强在北京城闲逛,突然他发现不远处的宁红,他以为自己认错了人,仔细一看,果然是宁红。他秘密跟踪至宁红住的旅社,然后赶到北京市公安局报案。北京市公安局经过侦查讯问,证明华大强所述事实真实,经向北京市检察机关提请,将宁红依法逮捕。之后,检察机关起诉和出庭支持公诉,人民法院判决,宁红被判处有期徒刑7年,判决生效后送往监狱服刑。

该案件涉及法律效力问题。具体指中华人民共和国法律对中国公民的效力问题。在本案中宁红、华大强均为中国公民,但是宁红砍伤华大强的犯罪行为发生在中国领域外的科威特国,根据以属地原则为主,与属人主义、保护主义相结合的原则,在维护我国利益、坚持我国主权的同时,也要尊重科威特国的主权。因为该案件发生在科威特国,因此科威特对发生在本国领域的犯罪案件有刑事管辖权,另外也为了照顾法律适用中的实际可能性,所以我们通过与科威特协商,由科威特行使对该案件的管辖权。

因此,当宁红被科威特司法机关审判后在监狱服刑,后因伊拉克入侵科威特而侥幸脱离科威特监狱,但是他曾经触犯刑律,致人重伤害的犯罪事实不因为其有如此离奇经历而抹杀,同样要受到国家法律的惩处。当然对其在科威特接受过审判和在监狱服刑这些事实也会在量刑时作为从轻或减轻的情节。

第三节 法的分类

为了加深对法的认识,需要从不同的角度对法进行划分。这里分类是根据法的某些外部特征从不同的标准、角度出发,将法划分为不同的类别,而且是国内外理论上比较常见的划分方法。

一、国内法和国际法

按照法的创制主体和适用范围的不同为标准,可将法分为国内法和国际法。国内法是本国制定或认可并适用于本国主权所及范围内的法律。全国人大及其常委会制定的法律都是国内法。国际法是在不同国家之间通过协议或认可的基础上产生的,适用主体是国家。它是规定国与国之间双边或多边关系的法律,比如

《联合国海洋法公约》。

二、成文法和不成文法

按照法的创制方式和表达形式的不同为标准,可将法分为成文法和不成文法。简单来说,成文法是国家制定公布的文字法律。具体来说,成文法是指国家机关依照法定的程序制定和公布的,以法律条文形式出现的法,又称为制定法(这里的制定法主要强调法的产生过程)。我们国家的法律基本上都是成文法。不成文法是指国家机关认可其具有法律效力但不具有条文形式的法律。因其源于习惯,又成为习惯法。

【阅读材料10】

1868年,英国上议院(英国的最高司法机构)审理了一起侵权纠纷案——赖兰兹诉弗莱切尔案。案情并不复杂。弗莱切尔与建筑工人签订了一个合同修建一个蓄水池。建好后,蓄水池出现渗水现象。而赖兰兹在地下有自己的矿井,蓄水池里渗出来的水流入赖兰兹的矿井,并将矿井淹没。经过调查后发现,弗莱切尔的水池有裂缝导致渗水。而蓄水池的裂缝,很明显是由于工人施工中的疏忽造成的。赖兰兹认为,水池属于弗莱切尔,于是将弗莱切尔告上法庭。弗莱切尔声称自己没有责任,责任是施工工人的。而施工的工人认为,自己只对水池的质量负责,对矿井的淹没没有责任,而且,如果弗莱切尔不雇用自己施工,也就不会出现淹没矿井的现象。

当时,英国针对这类问题没有成文的法律规定。上议院在审理这一案件过程中,考虑了情理、习惯以及法理等相关因素,作出了弗莱切尔败诉的判决。上议院指出,无论是本人施工完成的蓄水池,还是请别人施工修建的蓄水池,也不论是因为谁的原因造成渗水,只要是由于自己的所有物渗水造成别人损失,本人都负有严格的民事责任。英国上议院的这一判决十分重要,它后来成为英国法院审理类似案件的依据。

英国的法院对案件的审判是遵循先例。在英国,上级法官认为应该遵循同级法院法官以前的判决,下级法官认为应该遵循上级法官以前的判决。于是,英国成为了独特的判例法国家。而且在英国,地位较高的法官在没有成文法律规定的情况下,创制判例,自行判决。而且这个判决对以后的法官或者下级法官有约束力,要遵循,仿佛先例之中已经存在了文字化的法律规则。作为最高司法机构的上议院当然可以创造判例。

在学术中,一般用判例法来和成文法相对称。判例法是指由法院通过判案所创制的法律。相对于文字制定出来的法律规则，判例就显得不成文。这是一种特定意义上的习惯法。应该说，判例法也是以文字表达出来的，但和成文法相比产生的过程和具体形态不同。

三、根本法与普通法

按照法的内容、效力、地位和制定程序的不同为标准，可将法分为根本法和普通法。根本法一般指是宪法，是指由制宪会议或一般立法机关依照特别程序制定和颁布的具有最高法律效力的法律文件。宪法的内容具有根本性，通常规定国家基本的政治、经济制度、公民权利、政府的组织、权限和活动的基本原则，在一国法律体系中拥有最高法律地位和效力，制定主体和制定修改的程序不用于普通法，有更为严格的法律程序。

普通法是宪法以外的其他法律，它指具有立法权的国家机关通过立法程序制定和颁布的规范性文件，它通常规定社会某一或某些方面的关系。效力和地位低于根本法，以根本法为效力依据，制定程序也不严格和复杂。需要注意，在英国有衡平法和普通法的划分，这两种普通法是不同的。这里的普通法与根本法只适用于成文宪法国家。

四、实体法与程序法

按照法所规定的内容的不同，可以分为实体和程序法。实体法是具体规定人们在政治、经济、文化和婚姻家庭等实际关系中的权利和义务的法律。如宪法、民法、刑法等。实体法又称主法、主体法。程序法是规定实现实体法的过程中有关诉讼程序或手续的的法律。如刑事诉讼法、民事诉讼法等。程序法又称助法、诉讼法。

【阅读材料11】

1996年10月28日，某市标准计量局到鑫鑫肉食店进行计量检查。该店自8月1日起使用新的计量器具。计量检查员检查了5位顾客，发现4.5千克中共缺少225克，确认缺斤少两是人为的，属故意破坏计量器具的准确度。随后，市标准计量局又检查了该肉食店自1996年8月1日至10月28日的售货账目，以平均每千克短少50克为依据，推算共违法所得952.03元。根据《中华人民共和国计量法实施细则》第51条规定，市标准计量局作出处罚决定：没收该店1996年8月1日至10月28日出售肉制品过程中的违法所得952.03元，并处罚款2000元。鑫鑫肉食店对处罚不服，认为计量局"用推理算账的方法没收1996年8月1

日至10月28日出售肉制品过程中的违法所得缺乏证据"。1996年11月10日鑫鑫肉食店向区法院提起行政诉讼，请求区法院撤销市标准计量局作出的处罚决定。法院在开庭审理前，原告申请撤诉，理由是肉食店本身有过错，开庭审理会影响与计量局的关系，也会影响自己的声誉，因而服从处罚，申请撤回起诉。区法院裁定不准撤诉，继续审理。

本案中计量局对肉食店的短斤少两的行为进行处罚，肉食店不服，向法院起诉。这是一起普通的行政诉讼。根据行政诉讼法，肉食店可以直接以计量局为被告，向基层人民法院也就是区法院提起行政诉讼。本案中区法院裁定不准撤诉是为了监督行政机关依法行政，是因为被告的处罚决定主要证据不足，被告的行为是应当予以撤销的具体行政行为。1996年10月28日，计量局所检查的4.5千克肉制品共缺少225克，事实清楚，但这一事实只能证明计量局所检查的5位消费者购买肉制品缺少的事实，而不能证明每一位消费者都有缺少的情况，更不能证明从1996年8月1日至10月28日，每日所售肉制品都缺斤少两。因此，被告作出的具体行政行为证据不足。

这个材料中，有些问题，比如计量局是否有权进行处罚、依据什么作出处罚、可以作出什么样的处罚、肉食店不服是否可以处罚、是否可以撤诉，涉及法律上的对错及权利义务问题。这种关于权利义务的法律，就是实体法。而计量局如何作出处罚、经过哪些步骤、肉食店如何进行起诉、法院是否有管辖权、法院审理要经过哪些步骤等问题就是程序性的问题，这些问题不直接涉及计量局的是否有权处罚、肉食店是否违法，这些就是程序问题，涉及这方面的法律就是程序性法律。

五、一般法和特别法

按照法的效力范围不同划分，可将法分为一般法和特别法。一般法是指在一国范围内，对一般的人和事，在不特别限定的期间均有效的法，如常见的民法、刑法。特别法是指针对特定类别的人或特别事项，在特定区域和期间有效的法，如香港特别行政区的法律、民族区域自治法。这种划分具有一定的相对性：在不同的参照关系中，一项法律可能是一般法，也可能是特别法。如民法相对于合同法、婚姻法就是一般法，而合同法、婚姻法就是特别法。这种分类对法律的适用具有重要意义。

对法的分类，除了上面介绍的这几种常见的理论上分类之外，还存在一些特殊分类方法：（1）公法与私法。这种划分在古罗马就产生，通常适用于大陆法系国家，比如德国、法国、中国。古罗马法学家乌尔比安提出，"公法是关于罗马国家的法律，私法是关于个人利益的法律"。一般认为，宪法、刑法、行政法属于公法，而民法、商法属于私法。诉讼法的性质依其立法而定，也有人主张诉讼法属于公法。目前各国都存在许多兼具有公法和私法性质的法律，比如市场管理系列的《消费者权益保护法》《反不正当竞争法》，都是双重性的。(2) 普通法与衡平法。这种划分主要适用于普通法系国家（英美法系）。普通法主要是指英国14世纪以后依据法院的判例逐步形成的法律。衡平法是在14世纪以后作为对普通法的补充和修正而形成的法律。(3) 联邦法和联邦成员法。这种分类是联邦国家所特有的，在单一制国家则不存在。联邦法是指整个联邦立法机关制定和在全联邦实施的法律。联邦成员法指联邦成员国立法机关制定和在该成员国内实施的法律。由于联邦制国家的内部机构、法律关系各不相同，所以关于联邦法和联邦成员法的法律地位、适用情况、效力等没有统一的模式。典型的联邦制国家是美国。

思考题

1. 英美法系国家实行判例法制度，法官的判决本身具有立法的意义，并对以后处理类似案件具有拘束力。我国主要以成文法律及司法解释作为审判案件的依据，同时最高人民法院也通过公布案例指导审判实践。请围绕"判例、案例与司法解释"谈谈你的看法。(2005年统一司法考试试题)

2. 谢某、阮某与曾某在曾某经营的"皇太极"酒吧喝酒，离开时谢某从楼梯摔下，被扶起后要求在酒吧休息，第二天被发现已死亡。经鉴定，谢某系"醉酒后猝死"。该案审理中，合议庭对"餐饮经营者对醉酒者是否负有义务"产生争议。刘法官认为，我国相关法律对此没有明确规定，但根据德国、奥地利、芬兰等国判例，餐饮经营者负有确保醉酒顾客安全的义务，认定曾某负赔偿责任符合法律保护弱者的立法潮流。依据法学原理，下列哪一说法是正确的？(2010年统一司法考试试题)

　　A. 刘法官的解释属于我国正式法律解释体制中的司法解释

　　B. 刘法官在该案的论证中运用了有关法的非正式渊源的知识

　　C. 从法律推理角度看，"经鉴定，谢某系醉酒后猝死"是推理的大前提

　　D. 从德国、奥地利、芬兰等国存在判例的情形看，这些国家的法律属于判例法系

3.《中华人民共和国民法通则》第7条规定："民事活动应当尊重社会公

德……"《中华人民共和国合同法》第7条规定:"当事人订立、履行合同,应当遵守法律、行政法规,尊重社会公德……"某县法院的法官在审理一起合同纠纷时认为该合同内容违反了社会公德,因此判定该合同无效。关于本案,下列哪些选项是正确的?(2008年统一司法考试四川试题)

  A. 法律、行政法规、社会公德都是法的渊源

  B. 在本案审判中,法官的解释具有一定的价值取向性

  C. 判决的可接受性是法官在判案过程所考量的因素

  D. 违反公共道德的民事行为也可能被法院判为无效,这说明在司法审判中,道德规范具有和法律规则同等的法律效力

  4. 运用语义分析方法对"法的渊源"和"法的形式"进行概念上的界分。

  5. 法的效力范围是什么?包括哪些情形?

第四章 权利和义务

导读

　　前面我们从法的概念入手，从法的内容讲到法的形式，经由法的形式进一步阐述了法的效力。现在，为了深入理解法的内涵，必须再从形式回到实体内容上。在法的要素里提到了行为模式，也就是法律规定的可以、不得和必须等行为要求。这些要求是法律的重要的组成部分，也就是我们常说的权利和义务，本章的内容就是探讨权利和义务的基本含义。在法学史上对权利和义务的理解有很多不同的观点，这些观点反映对问题所持的不同视角。权利和义务是法学的基本概念，法学的其他诸多理论都以二者为基础展开，所以必须认真对待。权利和权力是两个既有联系又有明确区分的概念，不可混淆。对权利和义务也可以从不同的角度进行分类。

第一节　权利和权力

　　法律，从概念上来说，是国家调整人们行为的规则，是国家对人们行为的约束力量，也是国家权力的象征和体现。对于普通公民来说，法律既是自己的行为准则，也是保护自己的利益的工具。在国家约束力和公民自我保护力之间，我们会发现有一种紧张关系存在，在公民与公民的交往中，我们也会发现各种冲突的存在。国家对公民进行管理，国家说我有权力、有力量，公民说我也有不服从的权利，虽然我的力量很弱小。在公民与公民的交往中，一个人会对另一个人说，你不能侵犯我的权利，虽然你比我力量大，但我有权利不受侵犯。当公民真的受到侵犯以后，他可能会说，我还有权利到法院起诉你，你必须对我的权利进行补偿。从这些普通的语词使用中，我们会发现两个很重要的概念：权利和权力。我们先从权利谈起。

一、何谓权利

【阅读材料1】

　　一人爱洁净，将其房屋墙壁刷白，为防止别人弄脏墙壁，遂写下几个字，"请勿涂抹刻画"。第二天，有好事者在下面加了一句，"你已涂抹刻画"。主人不悦，在该句下面注曰："此墙只许我用。"复一日，有人加一句，"你能刻画为何我不能刻画"？主人大怒，又加一句，"此墙为我所有"。又一日，有人回答："我就刻画你奈我何？"主人答复："抓住涂抹刻画者将扭送警察局。"又有人总结一句"你们都在涂抹刻画"。此时墙已涂满。这个故事本来很简单，人经常会犯自以为聪明的错误。笔者将这个故事延伸一下。

　　墙的主人见这样无法保护墙壁，就把墙壁重新粉刷，并在墙壁前面自己的土地上种草坪。但主人又担心人会穿过草坪，走到墙边乱写乱画。于是在草坪前面立了一块牌子，上书"私人草坪，请勿入内"。但是，主人立了牌子之后，还是担心有人进入草坪，既破坏了墙壁又践踏草坪。主人又在草坪周围立下栏杆，先是低矮的木头栏杆，后换成高大的金属栅栏，最后又养起一条大狗，写了一个牌子，注明"内有恶犬，小心勿入"。主人终于可以好好地保护这片洁净的墙壁，同时又拥有了一片绿绿的草坪。而且他还会经常在这里和朋友聚会，搞个烛光派对。但过了没多久，政府根据建设需要进行征地，所有的一切全都被拆迁，这里最后变成了一片工业区。

故事到这里总算有了结局，我们来分析这个故事里所包含的法理，也就是权利的基本内涵。

故事的主人拥有房屋，也拥有洁白的墙壁，因为是主人拥有，所以他可以在墙壁上自由的写字，墙壁前的地是他的，他可以自由的种上草坪，并立起牌子，进而安装栅栏。实际上，当这个主人觉得这些都不能让他满意的时候，他甚至可以把房子连同草坪栅栏一起卖掉。这些都是他的自由，别人无法干涉。这里的"拥有"是一种状态，而且是一种包含着各种自由的状态。自由就是体现了权利的一个方面：你可以自由选择去做一些事情，别人不能非法干涉，而且你可以要求别人不做一些你不喜欢的事情。但是自由也有一定的限度，他可以在自己的土地上种草、安栅栏，但不能到别人的土地上种草、安栅栏。这些限度的存在，实际上是相关社会规范对权利的一些限制。所以权利的第一个方面意思是，它是一种有边界的自由。

主人可以立栅栏、养狗，这是他的自由，当然别人也有种草、立栅栏、养狗的自由，只是不能在这个人的土地上进行。如果别人在这个主人的草地上立栅栏、养狗进行看护草地，我们觉得这个人是"狗拿耗子多管闲事"。所以我们换个角度来看，在这草坪周围，似乎只有这个主人有资格进行这些活动，别人却没有资格这么做。因为别人对墙壁和土地没有"拥有"，也就是没有所有权，缺乏主人的"身份"，所以没有资格，也就没有自由。这里反映权利的第二个方面意思，权利是一种从事某种活动的资格。这里需要注意，权利是一种资格不代表权利就不是自由，只是从不同的角度去理解而已。

再换个角度来看。房屋的主人不让别人在墙壁上刻画，而且声明如果抓住刻画的人将把此人扭送警察部门。房屋的主人敢这样说，是因为，社会规范赋予他这样做的能力。后来，房屋的主人安装栅栏，也就是不让别人随意进入他的土地，不愿意别人去破坏他的墙壁。但是，这不代表别人永远不能进入他的土地。在主人高兴的时候，他可以邀请朋友到草地上来举行派对，他有能力这么做。相应地，别人则没有能力这样做。主人还可以将房屋和草地出租出去，每个月收取租金，他也有能力这么做。这种能力，是以资格作为条件，但又不同于资格。主人的这个能力，包含着社会规范的同意，社会其他的人和国家确认着他的这种能力。所以，权利的第三个方面的意思是，权利是一种社会规范确认的能力。

再进一步思考，为什么房屋的主人可以不让别人破坏他的墙壁，可以种植草坪、安装栅栏、养狗？我们可以说，房屋和土地都是属于他所有。房屋的主人拥有土地和房屋，他可以享受洁白的墙壁带来的快乐，可以欣赏绿色的草坪，可以收取出租房屋和土地的租金，房屋最终被拆迁后，他拿到的是政府的征地补偿款。所有这些说明，主人实际上拥有的是一种利益。如果没有这种利益的存在，主人的一切资格、自由、能力都会失去实际的意义。按照经济学的理论，人是理性的动物，没有利益的存在，人的行动就失去了基础。所以权利的第四层意思是，权利是一种利益。我们甚至还可以再进行分析，房屋的主人可以声明不许别人在墙壁上刻画，这是一种"主张"，而且是合法的、正当的、可执行的主张。他的主张里还体现出了一种"可能性"，别人如果真地被主人抓住，主人可能就会把他送到警察那里。主人安装了栅栏后，允许朋友到家里来聚会，这又是一种"许可"。

权利作为人类社会的一种文化现象，在历史上不断地被不同的思想家依据各自不同的哲学方法和政治法律倾向作出解释。西方法律思想史上关于权利的定义有很多种。20世纪以后，权利问题更成为西方伦理学、政治学尤其是法学所关注的重点。在西方政治学理论和法学理论中，影响较大的权利定义主要有利益论、资格论、自由论、要求论和选择论等。

为了加深理解，有必要简单介绍一下各种权利理论：（1）利益论认为权利就是法律所保护的一种利益，所有的利益并不都是权利，只有为法律所承认和保障的利益才是权利。他们认为权利的不可缺少的要素是法律保护或促进一个人的利益，使之免受他人和社会的侵犯，办法是为后者设定对权利主体的义务和责任。（2）资格论认为权利是人的一种行为资格。荷兰法学家格老秀斯在他的著作《战争与和平法》中提出这种观点，他从自然权利的理论出发，把权利看做一种品质，认为权利是人作为一种理性动物所固有的一种道德品质。（3）自由论认为权利是人的一种行为自由。它表明了权利主体的意志自由和行动自由，权利人为或不为一定行为不受他人的干预或胁迫。但自由说只讨论自由本身，没有讨论权利主体如何来实现自由、实现权利。（4）要求论或主张论认为权利是人对别人的一种要求或主张。这种学说强调了权利的相对性与关系性的一面，使人们注意到了权利与义务的相关性。对于每项权利来说，必然存在某项与此相关的义务，如果某人的主张无人应答或不能应答，则他的主张就不能成为权利。（5）意志论或选择论认为权利意味着在特定的人际关系中，法律规则承认一个人（权利主体）的选择优于他人（义务主体）的选择或意志。换言之，某人之所以有某项权利，取决于法律承认它对于某一标的物或特定关系的选择优越于其他人的选择。（6）法力说认为权利是法律赋予权利主体的一种用以享有或维护特定利益的力量,义务则是对这种法力的服从。(7)许可论认为权利是权利主体能够作出或不作出一定行为,以及要求他人相应地作出或不作出一定行为的许可与保障。

所有这些都是对权利的理解,只不过我们观察的角度不同而已。我们认为,权利是社会规范赋予社会主体所具有的以相对自由的作为或不作为方式满足自己某种利益的能动的手段。对于这个概念,可以从以下几个方面理解:(1)权利是一个关系概念。权利在社会中人与人的关系中体现出来,而且由社会规范来确认。社会规范包括法律规范,但不限于法律规范,比如日常语言中常用到的"道德权利""政治权利"等。(2)权利是一个实践性的概念。权利的行使和实现需要权利主体的相应的法律实践,没有相应的法律实践,权利主体的权利就是空洞的、抽象的。(3)权利是一个综合性的概念。从一定的角度看,权利总会涉及某种利益、意味某种资格、代表某种自由、表明某种主张、隐含某种选择,也预示某种可能。所以有人认为应该综合这些要素来看待权利。(4)权利是一种手段,是实现某种利益、自由的手段。(5)权利具有能动性,权利主体可以在法定的范围内作出选择、从事一定的活动,甚至放弃或转让权利。

二、何谓权力

谈论权利,不能忽略另一个词——权力。本章开头,我们提到国家通过法律约束人们的行为,这是国家权力的体现。父母在管理自己的子女时,会说"我有权力管你",上级对下级作出命令时,也会认为这是他的权力。我们可以发现权力的最大特征是有一股可以控制别人行为的约束力量或要求能力的存在。在社会的各种组织或关系中,掌握某种资源(财富、机会、强力等)的一方会把意志强加给受其行为控制约束的一方,我们把这其中的力量称为权力。这是广义上的权力含义。从狭义上讲,权力被用来特指国家的权力,也就是国家、国家机关及其工作人员凭借和利用对资源的控制,以使公民、法人或其他组织服从其意志的一种特殊力量或影响力。❶ 权力一词在表示"国家权力"时,与"职权"的含义基本相同,我们这里关注的是狭义的权力。国家权力具有以下特征。

(1)支配性。权力是和职位、组织机构结合起来而形成的一种相对稳定的社会意志,代表着一定的阶层及其成员对社会的控制能力,具有权威性和影响力,权力的本质是权力主体控制和影响他人的支配力。

---

❶ 公丕祥. 法理学 [M]. 上海:复旦大学出版社,2002:199.

(2) 不平等性。权力是通过表面平等的社会机制而确立起来的一种不平等的命令与服从的社会关系。命令与服从既是权力的本质特征，也是权力实际存在的重要条件。

(3) 强制性。权力行使者控制着特定的社会资源，通过权力实现自己的意志、目标和利益，所以权力必须带有强制性，否则就无法实现主体之间的命令与服从关系。

(4) 可能性。权力的实现只是一种可能，权力必须具备若干要素才能构成完整的权力体系，包括权力主体、权力对象、权力目的、权力手段、权力结果。权力主体必须拥有和充分利用各方面要素才能实现自己的意志。❶

三、权利和权力的区别与联系

(一) 权利与权力的区别

从语言上讲，英语中的 right（权利）与 power（权力）一般是分开的。美国1776年的《独立宣言》和1787年的《宪法》及其修正案中广泛使用这两个词，而且含义很明确，人民享有权利，政府行使权力。但是这两个词在中西方的语言中都存在而且确实可以通用的现象，尤其是从字面上讲，权力与权利一样都可以理解为法律关系主体具有自己这样行为或不这样行为，要求他人应这样行为或不这样行为的能力或资格。不过，在现代汉语中，权力和权利的区别已经基本达成共识，法律语言上的权利一般是指公民的权利，而权力则是指国家的公权力。权利与权力的互动与紧张关系是法学中的一个基本问题，下文阅读材料中法国的《人权宣言》就是权利反抗权力的典型体现。这两个词的主要区别有：

(1) 主体不同。权利的主体是一般的平等主体，主要包括公民、法人和其他组织；权力的行使主体则是被授予权力的国家机关及其工作人员。

(2) 法律要求不同。一般情况下，法律允许放弃或转让权利，特殊情况除外（比如生命权不可转让），享有权利并不意味着必须承担责任；而权力必须依法行使，不得放弃或转让，并且权力伴随着责任的存在。

(3) 运行方式不同。权利的运行是一种自觉、自愿的行为，一般不涉及国家强制力的运用；而权力的行使则始终与国家的强制力相伴。

(4) 表现形式不同。权利表现为各种资格、利益、自由等，与义务相对应；而权力则表现为职权和权限，与责任相对应。

---

❶ 孙笑侠，夏立安．法理学导论［M］．北京：高等教育出版社，2004：120—121．

【阅读材料 2】

《人权宣言》，法国国民议会 1789 年 8 月 26 日颁布，起草者：穆尼埃

不满路易十六召开的三级会议的人们愤而组成国民议会，并提出制定宪法的要求，路易十六却强令解散议会，并且调集大批军队集结巴黎附近。民众们推翻了国王，并且开始以新的理想来设计国家的方向。代表认为，无视、遗忘或蔑视人权是公众不幸和政府腐败的唯一原因，所以决定把自然的、不可剥夺的和神圣的人权阐明于庄严的宣言之中，以便本宣言可以经常呈现在社会各个成员之前，使他们不断地想到他们的权利和义务；以便立法权的决议和行政权的决定能随时和整个政治机构的目标两相比较，从而能更加受到他们的尊重；以便公民们今后以简单而无可争辩的原则为根据的那些要求能确保宪法与全体幸福之维护。

因此，国民议会在上帝面前并在他的庇护之下确认了十七条权利，它庄严宣布。

第一条　在权利方面，人们生来是而且始终是自由平等的。只有在公共利用上面才显出社会上的差别。

第二条　任何政治结合的目的都在于保存人的自然的和不可动摇的权利。这些权利就是自由、财产、安全和反抗压迫。

第三条　整个主权的本原主要是寄托于国民。任何团体、任何个人都不得行使主权所未明白授予的权力。

第四条　自由就是指有权从事一切无害于他人的行为。因此，各人的自然权利的行使，只以保证社会上其他成员能享有同样权利为限制。此等限制仅得由法律规定之。

第五条　法律仅有权禁止有害于社会的行为。凡未经法律禁止的行为即不得受到妨碍，而且任何人都不得被迫从事法律所未规定的行为。

第六条　法律是公共意志的表现。全国公民都有权亲身或经由其代表参与法律的制定。法律对于所有的人，无论是施行保护或处罚都是一样的。在法律面前，所有的公民都是平等的，故他们都能平等地按其能力担任一切官职，公共职位和职务，除德行和才能上的差别外不得有其他差别。

第七条　除非在法律所规定的情况下并按照法律所指示的手续，不得控告、逮捕或拘留任何人。凡动议、发布、执行或令人执行专断命令者应受处罚；但根据法律而被传唤或被扣押的公民应当立即服从；抗拒则构成犯罪。

第八条　法律只应规定确实需要和显然不可少的刑罚，而且除非根据在犯法前已经制定和公布的且系依法施行的法律以外，不得处罚任何人。

第九条 任何人在其未被宣告犯罪以前应被推定为无罪,即使认为必须予以逮捕,但为扣留其人身所不需要的各种残酷行为都应受到法律的严厉制裁。

第十条 意见的发表只要不扰乱法律所规定的公共秩序,任何人都不得因其意见、甚至信教的意见而遭受干涉。

第十一条 自由传达思想和意见是人类最宝贵的权利之一;因此,各个公民都有言论、著述和出版的自由,但在法律所规定的情况下,应对滥用此项自由负担责任。

第十二条 人权的保障需要有武装的力量;因此,这种力量是为了全体的利益而不是为了此种力量的受任人的个人利益而设立的。

第十三条 为了武装力量的维持和行政管理的支出,公共赋税就成为必不可少的;赋税应在全体公民之间按其能力作平等的分摊。

第十四条 所有公民都有权亲身或由其代表来确定赋税的必要性,自由地加以认可注意其用途,决定税额、税率、客体、征收方式和时期。

第十五条 社会有权要求机关公务人员报告其工作。

第十六条 凡权利无保障和分权未确立的社会,就没有宪法。

第十七条 财产是神圣不可侵犯的权利,除非当合法认定的公共需要所显然必需时,且在公平而预先赔偿的条件下,任何人的财产不得受到剥夺。

(二) 权利和权力的联系

(1) 从权力的来源看,权力来源于权利。按照现代民主观念,国家权力的来源于公民的权利。现代民主社会的一个基本原则就是"人民主权",强调权力来源于人民的意志,在上面的《人权宣言》中这一点就已经有了明确的表述。我国《宪法》第2条第1~2款规定:"中华人民共和国的一切权力属于人民。人民行使国家权力的机关是全国人民代表大会和地方各级人民代表大会。"

(2) 权力服务于权利。权利的现实形态是以权力因素为必要条件,如果脱离权力因素来谈权利,权利就不具有真实的意义,只是空洞的概念。所谓权利,就是一种被修正了的力量,一种被认为正当的权力。在这种意义上,权力的运用只是为了服务于权利的实现。《人权宣言》第2条就强调"任何政治结合的目的都在于保存人的自然的和不可动摇的权利。这些权利就是自由、财产、安全和反抗压迫"。这是对公权力行使目的所做的明确规定。

(3) 权力必须由权利制约。权力来源于权利,而根据历史的经验,权力总会导致滥用,必须加以制约。制约权力的根本力量在于公民的权利,所以现代法治的核心价值目标是保障公民权利。

【阅读材料3】

一位交通民警,看见一个骑自行车的人闯红灯,于是将其拦住,开出5元钱的罚单。当开出罚款单的时候,交通民警问违章者是否要收下罚款单,违章者声称不要。随后,该交警将罚款单扔在地上,准备扬长而去。这时,违章者掏出证件,表明自己是卫生监督员,认为交警随便丢垃圾,然后理直气壮地开出了10元钱的罚款单。

这个材料中反映了一种有趣的权力行使现象或者说职权行使现象,人们容易记住手中的权力,但忘记自己的义务。职权性规则涉及明显的权力的行使,权力的行使不需要另外的保护力量,单方面的意志和力量就可以实现,但权利的实现却需要另外的保护力量。权力隐含着控制和管理的力量,所以权力往往和职责一起存在。交警对违章者开罚单是他的职责,卫生监督员对交警开罚单同样也是职责。

第二节 义 务

一、义务导读

【阅读材料4】

《中华人民共和国宪法》节录

第五十一条 中华人民共和国公民在行使自由和权利的时候,不得损害国家的、社会的、集体的利益和其他公民的合法的自由和权利。

第五十三条 中华人民共和国公民必须遵守宪法和法律,保守国家秘密,爱护公共财产,遵守劳动纪律,遵守公共秩序,尊重社会公德。

第五十六条 中华人民共和国公民有依照法律纳税的义务。

分析上面所引述的宪法条文,可以看出,《宪法》规定公民行使自己的权利时不得损坏其他公民或组织的权利,这是一种对我们行为的约束,这种约束来源于外界的国家的强制力。我们有时还会感到来自内心的约束,比如我们应该孝敬父母,这种约束既有国家的法律依据,但更多的时候,我们感觉到这是发自内心的要求。所以很多人认为,在法律上,义务其实是社会通过法律确认的一种要求。

《宪法》规定,公民要爱护公共财产,要依法纳税,我们一般的理解是公民必须爱护公共财物，必须纳税，这是国家对我们的要求。这种要求包含着对我们行为的约束和控制，而且指引着我们如何行为。这种指引我们不能够违反，违反了就会受到惩罚。所以，在法律上，义务也是一种必须服从的要求。对于义务，除了法律的视角，还有非法律的视角，我们先研究非法律上的义务。

二、非法律上的义务

（一）道德义务

在我们的日常用语中，除了会提及法律上的各种义务以外，所谓"道德上的义务"或者"道义上的义务"也经常被人提及。

【阅读材料5】

在2008年的5月12日汶川大地震过程中，四川省都江堰市某教师在发现有地震后，就喊了一声"地震了"，然后就率先跑出教室。5月22日，该教师在其博文《那一刻地动山摇——汶川地震亲历记》中为自己的逃跑行为辩护，说自己是"一个追求自由和公正的人，却不是先人后己勇于牺牲自我的人"。之后，他又发表了一篇文章，在文章中，他说："你有救助别人的义务，但你没有冒着极大生命危险救助的义务，如果别人这么做了，是他的自愿选择，无所谓高尚！如果你没有这么做，也是你的自由，你没有错！先人后己和牺牲是一种选择，但不是美德！"他的言论遭到网民的强烈谴责。

那么如何看待该教师的行为？有人认为，在面对灾难的时候，一个教师在逃跑时没有履行先人后己的法律义务。但在此情形下，要求教师先救人有法律依据吗？很多人认为先人后己也只是每一个教师应该承担的一种道义上的义务。在生活中，经常遇到这种特殊的情况，对于有困难的人，我们有一种道义上救助的义务，但对方却不能因此要求别人负有提供帮助的义务。义务是一种"规范"上的拘束力，而此处的规范可能是法律规范，也可能仅仅是社会道德规范。唯有当此种规范是一种法律规范时，相关义务才能被认定为法律义务。

（二）习俗义务

【阅读材料6】

古诗《元日》赏析

我国北宋著名政治家、诗人王安石在《元日》一诗中写道："爆竹声中一岁除，春风送暖入屠苏。千门万户曈曈日，总把新桃换旧符。"翻译成现代文就是，在噼噼啪啪的爆竹声中，人们送走了旧年迎来了新年。伴随着新年的来临，在煦暖的春风中，人们饮美味的屠苏酒，好不惬意！新年的太阳高高升起，家家户户都取下了旧桃符,换上新桃符,迎接新春。这是对中国传统习俗过年的一个描写。按照中国传统习俗,过年总会进行各种庆祝活动,而且还要贴春联,这一习俗已有上千年的历史。

所谓习俗义务就是风俗习惯所要求的义务,在生活中广泛存在。习俗也可以说是道德规范的一部分,但是就规范性来说,习俗比道德规范更弱,不过由于习俗行为具有广泛的实际性,习俗义务有时有着更久远的历史基础和社会基础。总的来说,像日常道德规范一样,习俗的义务要多于习俗的权利。中国人在过农历新年中的各种活动就是一种习俗义务,依靠历史惯性而遵从下来。

三、法律上的义务

作为与权利相对应的范畴,义务有广义和狭义之分,广义的义务包括法律义务和其他社会领域内作为法外义务而存在的一切义务现象,比如道德义务、宗教义务、习惯义务等,狭义的义务概念则仅指法律义务。

法律义务观念随着法律的产生而产生,根据《牛津法律大辞典》的解释,在英语中,义务(duty)一词来源于拉丁语中的"债务"和法语中的"责任"。意指"负有或应当支付他人而必须履行的一种法律上的不利条件"。在汉语中,义务一词在汉代的著作中已经出现,如徐干《中论·贵验》中说:"言朋友之义务,在切直以升于善道也。"清末梁启超最早系统地阐述了"义务"理论。随着清末修律,中国人通过日本的书籍研究西方的法律,义务一词才既作为道德用语,又作为法律用语在现代汉语中流行起来。

在我国法学界,对义务的研究没有对权利那样深入,义务往往作为权利问题的陪衬而被提及。对义务的界定主要有规范说,责任说,负担说或约束说这么几种。

(1) 规范说,也称尺度说。该观点认为法律义务是满足权利人的利益需求而给义务人规定的必要行为的尺度,它具有无条件性和严格性(包括强制性)的特点。这种观点指出了义务的界限和义务的手段性,但它混淆了义务与义务规则的区别。

(2) 责任说。认为"法律义务是指法律关系的主体应从事一定行为或不从事一定行为的责任"。它表现为义务人的作为义务和不作为义务两种形式。这种观点指出了义务的内容,但从语义上进行分析,在汉语中,"责任"这个词与"义务"基本上是等同的,用责任来说明义务有逻辑重复的错误。因为在中国的法律中,很多地方责任与义务是同义的。

(3) 负担说或约束说。认为法律义务是国家规定并体现在法律关系中,人们应该和必须适应权利主体而作出或抑止一定行为的负担或约束。

我们认为，义务是指根据法律规定，法律关系主体以相对被动的作为或不作为的方式满足权利主体获得利益的一种约束和支配手段。这个定义表明了以下几点：

第一，义务是国家通过法律规定的，得到国家强制力的确认或维持，如果义务人不履行义务，就要受到强制力的制裁。

第二，义务的本质是一种约束。与权利侧重自由相比，义务更侧重约束或负担。当然义务人在符合法律规定的情况下，履行自己的义务的行为不受他人阻碍。

第三，义务同权利相比是被动的。权利具有主动性，可以放弃。但在任何情况下，义务人都不能主动放弃义务，不能拒绝履行义务。

第三节　权利与义务的关系

一、权利义务的基本关系

上面介绍了一些关于权利和义务关系的理论，这些理论对于权利和义务的相关性问题还有一些意见不一致的地方，但是对于初学者，我们并不要求对权利义务理论有很深刻的了解。

对于权利与义务的关系，我们参照国内其他学者的观点❶，认为有下面几个方面：

(1) 结构上的相关关系。权利和义务是相互关联的，即对立统一的。权利和义务一个表征利益，另一个表征负担，一个主动，一个受动，就此而言，它们是法这一事物中两个分离的、相反的成分和因素，是两个相互排斥的对立面。同时，它们又是相互依存、相互贯通的。权利和义务不可能孤立地存在和发展，它们的存在和发展都必须以另一方的存在和发展为条件。所谓"没有无义务的权利，也没有无权利的义务"。就权利和义务的联系形态来说，至少有两种情况：第一，同一主体既享有权利，又履行义务，而且两者大体相当；第二，一人享有权利，一人履行义务。

(2) 数量上的等值关系。数量上的等值关系并不是说每个主体的权利和义务绝对的等值，而是从总体来看，一个社会的权利总量和义务总量是相等的。在一

---

❶ 张文显. 法哲学范畴研究（修订版）[M]. 北京：中国政法大学出版社，2001：338—341.

个社会中，无论权利和义务怎么样分配，不管每个社会成员具体享有的权利和承担的义务怎么样，也不管规定权利和义务的法条是否相等，在数量关系上，权利和义务总是等值或等额的。

(3) 功能上的互补关系。法律以权利和义务双重机制来指引人们的行为，调节人们的社会关系，并且在权利和义务的互动中运行，权利和义务各有其独特的而总体上又是相互补充的功能。法律通过权利规定直接体现法律的价值目标，而义务则保障价值目标的实现。当法律的价值目标得以确定并且由权利加以体现之后，义务的设定就是必不可少的，单纯的权利宣告不足以保障法律价值目标的实现。这样，权利和义务相互配合共同实现对社会的调节。权利的选择和激励有利于社会自由，义务的肯定和约束有利于社会秩序的建立，这二者对于一个社会都是必不可少的。

二、权利义务的基本形态

【阅读材料7】

电影《勇敢的心》简介

1995年的影坛几乎完全被《勇敢的心》所占领。梅尔·吉卜森成为该年度的最大赢家。《勇敢的心》一举夺得了奥斯卡最佳影片、最佳导演、最佳摄影、最佳音乐、最佳化装五项大奖，并以之席卷全球，所向披靡。在影片中我们看到苏格兰的山脉、森林和村庄，凄婉的风笛和苏格兰人民在贫穷痛苦中发出凄厉的反抗呼号，人们感受到了真实的生活和历史。梅尔·吉卜森除饰演男主角外也自任导演，他在影片的结构上，没有忽视人们的欣赏心理，在刀光剑影铁血争战中，缠绵着温柔的爱情主题，让人体会到荡气回肠的铁血柔情。

故事的背景是13世纪的苏格兰大起义。主人公威廉·华莱士还是小孩子的时候，他的父亲，苏格兰的英雄马索·华莱士在与英军的斗争中牺牲了，幼小的他在父亲好友的指导下学习文化和武术。后来，英王爱德华为了巩固在苏格兰的统治，颁布法令允许英国贵族在苏格兰享有结婚新娘的初夜权，以便让贵族效忠皇室。王妃伊莎贝拉是个决断的才女，她知道这道法令会让英国贵族有意于苏格兰，但更会激起苏格兰人民的反抗。年轻的华莱士学成回到故乡，向美丽的少女梅伦求婚，愿意做一个安分守己的人。然而梅伦却被英军无理抢去，并遭杀害，华莱士终于爆发了。在广大村民高呼"英雄之后"的呼喊声中，他们揭竿而起，杀死士兵宣布起义。

苏格兰贵族罗伯想成为苏格兰领主，在其父布斯的教唆下，假意与华莱士联盟。华莱士杀败了前来进攻的英军,苏格兰贵族议会封他为爵士,任命他为苏格兰护国公。华莱士却发现这些苏格兰贵族考虑的只是自己的利益,丝毫不为人民和国家前途担心。英王爱德华为了缓和局势,派伊莎贝拉前去和谈。但由于英王根本不考虑人民的自由和平等,只想以收买华莱士为条件,和谈失败了。伊莎贝拉回去后才发觉和谈根本就是幌子,英王汇合了爱尔兰军和法军共同包围华莱士的苏格兰军队,她赶紧送信给华莱士。大军压境之下,贵族们慌作一团,华莱士领兵出战,混战一场,短兵相接中,他意外发现了罗伯竟与英王勾结,不禁备受打击。伊莎贝拉为华莱士的豪情倾倒,来到驻地向他倾吐了自己的真情,两人陶醉在爱情的幸福之中。英王再次提出和谈,华莱士明知是圈套,但为了和平着想,他依旧答应前去。在爱丁堡,布斯使用阴谋抓住华莱士,并把他送交英王。罗伯对父亲的诡计感到怒不可遏。华莱士最终被判死刑。伊莎贝拉求情不成,在英王临死前,她告诉英王她怀得不是王子的血脉,而是华莱士的,这个孩子不久将成为新的英王。

华莱士临刑前高呼"自由",震撼了所有的人。几星期后,在受封时,罗伯高呼着为华莱士报仇的口号,英勇地继承华莱士的遗志对抗英军。

权利和义务有四种主要的存在形态:应然权利义务、习惯权利义务、法定权利义务和现实权利义务。❶

(1)应然权利和应然义务。应然权利是权利的初始形态,它是特定社会的人们基于一定的物质生活条件和文化传统而产生出来的权利需要和权利要求,是主体认为或被承认应当享有的权利。广义的"应然权利"包括一切正当的权利,即法律范围内外的所有正当权利。狭义的"应然权利"特指应当有而且能够有,但还没有法律化的权利。通常人们都是在狭义上使用"应然权利"概念。由于应然权利又往往表现为道德主张,所以也被称为"道德权利"。应然权利在历史上曾经是权利的主要存在形态,现在仍然是不可缺少的形态。但是对于应然权利来说,如何证明其存在的必要性和正当性是一个很重要的问题。

应然义务是虽然未被法律明文规定,但根据社会关系的本质和法律精神应当由主体承担和履行的义务,通常以"道德义务"的形式存在,但不是纯粹的道德义务。

电影中,华莱士临死前高呼"自由",从现在的眼光回顾历史,对于那些处于奴役与压迫中的苏格兰人民来说,他们的目标是反抗英国的统治,获得独立与

---

❶ 张文显. 法哲学范畴研究(修订版)[M]. 北京:中国政法大学出版社,2001:311-316.

自由，所以自由只能是他们应该有的权利，是一种道德的理想，而为了自由而战就成为苏格兰人的应然义务。

（2）习惯权利和习惯义务。习惯权利是人们在长期的社会生活过程中形成的或从先前的社会传承下来的，或由人们约定俗成的、存在于人们的意识和社会惯常中，并表现为群体性、重复性自由行动的一种权利。西方学者认为，习惯权利是因社会的历史而形成的，故也称"历史权利"。习惯权利是未被法律明文规定的权利，比如在中世纪的西欧各国，贵族根据习惯享有自己农奴的新娘的初夜权。电影中，英王爱德华颁布法令，使这项权利成为法定的权利，而在颁布法令之前，这项特权的存在主要依靠的是习惯。

习惯权利与一个国家的文化传统与生存方式具有密切的联系，处于同一时代和同一发展阶段的各个国家，因文化传统和生存方式的不同，其境内的习惯权利及分布会有很大的差异。中国人传统的春节期间，小孩子都会有压岁钱，对于儿童来说，获得压岁钱就是一种习惯权利，而家长要给压岁钱就是习惯义务。习惯义务是在长期的社会生活中形成或传承下来的法律明文规定之外的义务，表现为观念上的习以为然和行为上的某种必要性与经常性。比如在西方国家，进入教堂男子要脱帽就是一种习惯要求或习惯义务。

（3）法定权利和法定义务。法定权利是通过实在法律明确规定或通过立法纲领、法律原则加以宣布的，以规范和观念形态存在的权利。它是社会上占支配地位的阶级（集团）的主观权利愿望、主张、意志客观化的结果。在重视法治和人权的国家，法定权利是权利的主要存在形态。有的学者认为，法定权利不限于法律明文规定的权利，也包括根据社会经济、政治和文化发展水平，依照法律精神、法律逻辑和法律经验推定出来的权利，即"推定权利"。我们认为，在现代法律中，应将推定权利归入权利的应有形态。

法定义务是法律明文规定的、以法律规范的形式存在的义务。对公民来说，法定义务一般限于法律明文规定，不得作扩大理解，即不能推定法律禁止之外还有法律义务。这是法治社会对公民权利保障的基本要求，只有明确限定了法律义务，公民才不会被随意地侵犯权利。对于国家机关来说，从限制国家机关滥用权力出发，有时有必要扩展国家机关的义务范围，从而使国家机关更好地履行职责，保障公民权利。

（4）现实权利和现实义务，也称为实在权利和实在义务。现实权利是主体实际享有与行使的权利，这种权利是通过主体的主观努力而实现的，又被称为"实有权利"。现实权利既是权利运行的终点，又是新的权利运行的起点，所以研究权利要特别注意考察法定权利形态是否转化为现实权利形态。法治的一个核心理念是对人们的基本权利的保障,对于基本权利,关键不在于法律的规定如何全面,而在于能否在现实中得以实现。从法定权利到实有权利的转化,需要权利主体的努力和国家提供更多的帮助。

现实义务或者实有义务是由主体实际承担和履行的义务,是法定义务的现实化。从社会控制的角度来看,应该高度重视法定义务向现实义务的转化。立法过程中应充分考虑义务设定的合理性、义务实现的可能性。

三、权利义务的分类

按照不同的标准,对权利义务可以作不同的分类,前面所说的权利形态也是一种分类,除此之外,权利还有多种其他的分类。这里介绍国内外当代法理学论著中比较常见的几种划分。

(一) 基本权利义务与普通权利义务

这是按照权利所体现的社会内容(社会关系)的重要性及层次性的标准而进行的分类。基本权利和义务是指人们在基本的政治、经济、文化和社会生活中的根本权利和义务。它们是人们在基本的政治关系、经济关系、文化关系和社会关系中所处地位的法律表现,通常由宪法或基本法加以确认或规定。我国公民的基本权利义务就是由《宪法》第二章所确认和规定的。《澳门特别行政区基本法》在第三章对澳门居民基本权利义务的规定也属于这种情况。普通权利和义务是指人们在普通的经济生活、文化生活和社会生活中的权利和义务,它通常由宪法以外的法律、法规加以确认和规定。除了基本权利之外,其他任何权利都可以被认为是普通权利。划分基本权利与普通权利的意义在于,当基本权利和普通权利发生冲突时,人们应当优先尊重和保护基本权利。

当然,对基本权利义务的理解在不同时代和不同国家是存在差异的。电影《勇敢的心》所描述的是苏格兰人民对英国统治者的反抗。他们之所以要反抗,是因为他们的贫穷和受压迫。贫困意味着他们的生活得不到保障,也就是没有最低的生存权利。而没有生存的权利,其他一切都无从谈起。所以,有关生存的权利是最为基本的权利。苏格兰人民还要努力争取的是自由,只有生存没有自由仍然是奴隶。从现代的观点来看,自由包括人身自由、政治自由等,这些权利不会决定人的生存问题,但会影响人们的基本生存状况,从这个意义上说,这些自由权利是与生存相关的基本权利。此外,人们为了很好地获得发展,要享有教育、要对社会资源公平占有、要有财产权的保障,这些也可以说是基本的权利,我们可以称之为与社会发展相关的基本权利。对于基本义务,我们也可以这样理解,这些义务的存在,比如维护社会的安全、保障他人的生命、纳税等,是社会存亡的前提,没有这些基本义务,社会群体就会灭亡,也就谈不上发展。

(二)公民权利义务、集体权利义务和国家权利义务

这是以主体身份为标准而作出的分类。公民权利是指公民个人依法所享有的政治权利、经济权利、文化权利和社会权利,通常又称之为个体权利。公民义务是公民依法承担的义务,包括对其他公民的义务,对集体的义务和对国家的义务。集体权利是指社会的集合体,包括阶级、民族、政党、社会团体、企业、政府机构等,依法所享有的权利,集体义务是它们依法承担的义务。国家权利是指国家作为一个整体对内和对外所享有的权利。国家义务是国家依法承担的义务,包括保护公民的合法权益,为老人、病人或丧失劳动能力的人提供物质帮助的义务等等。在这三种权利之间,我们更需要强调的是公民权利,从逻辑上看,个体权利应是集体权利和国家权利的基础和目的。

(三)原生权利义务与补救权利义务

这是从权利之间、义务之间的因果关系所作的分类。原生权利又称第一性权利,是指未经侵害就存在的法定权利或法律关系主体通过法律实践而创设的权利,如人身自由权、财产所有权、合同双方当事人所各自享有的权利等。原生义务又称"第一性义务",是由法律直接规定的义务或由法律关系主体依法通过积极活动而设定的义务,义务主体以自己的作为或不作为满足权利主体的合法主张,如宪法规定的公民的纳税义务、服兵役义务等。

补救权利又称第二性权利,是指权利主体在原生权利受到侵害时而产生的权利,如权利主体由于自身的财产所有权受到他人的不法侵害而产生的损害赔偿请求权。补救义务又称"第二性义务",其内容是违法行为发生后所应负的责任,如侵权责任、违约责任等。这种分类的意义在于更好地、更明确地保护权利人的合法权益,补救权利实际上就是权利人在向法院起诉时的诉讼请求内容。换个角度来说,明确了补救权利也就是告诫相对义务人要尊重他人的权利,不得侵犯他人的合法权益,否则将招至更多带有强制性的义务,即法律责任。

(四)绝对权利义务与相对权利义务

这是按照权利对人的效力范围所作的分类。绝对权利,又称"一般权利"或"对世权利",是指权利人无特定的义务人与之相对的权利,世上的一般人都是他的义务人,如公民的人身自由权、国家的安全权等。绝对义务,又称"一般义务"或"对世义务",其特点是无例外地适用于每个人,每个义务主体无特定的

权利人与之相对。其内容通常不是积极的作为，而是消极的不作为，如任何人不得损害他人的人身自由等。相对权利又称"对人权利"或"特定权利"，是指权利人有与之相对的特定的义务人的一种权利，如借贷法律关系中，贷款人相对于借款人的权利。相对义务，又称"对人义务"或"特定义务"，其特点是义务主体有特定的权利主体与之相对，义务主体应当根据权利主体的合法要求作出一定行为，以其给付、协助等行为使权利主体的利益得以实现，如侵权人向受害人承担的损害赔偿义务等。这种分类的意义在于权利人在行使权利时要注意有无特定的对象即义务人与之相对，当自己的权利受到不法侵害而向法院起诉时要知道自己有针对某人的相对权利，否则，没有明确的被告，法院将不予立案受理，而权利人也不能有效保护自己的合法权益。

思考题

1. 法律格言"不知自己之权利，即不知法律"。如何理解这句法律格言？
2. 如何理解权利与义务的基本关系。
3. 张女穿行马路时遇车祸，致两颗门牙缺失。交警出具的责任认定书认定司机负全责。张女因无法与肇事司机达成赔偿协议，遂提起民事诉讼，认为司机虽赔偿3000元安装假牙，但假牙影响接吻，故司机还应就她的"接吻权"受到损害予以赔偿。关于本案，下列哪一选项是正确的？（2010年统一司法考试试题）

   A. 张女与司机不存在产生法律关系的法律事实
   B. 张女主张的"接吻权"属于法定权利
   C. 交警出具的责任认定书是非规范性法律文件，具有法律效力
   D. 司机赔偿3000元是绝对义务的承担方式

4. 对上述案例中出现的"亲吻权"，谈谈你的看法。
5. 如何理解权利和义务在法学中的地位？

第五章 法的作用

导读

　　法律作用是从法律对社会的影响力来理解法律存在的价值。法是人类社会中非常重要的社会规范，因此在社会中法的作用包括两个方面，一是作为行为规范所具有的规范作用，作为由国家制定或认可的社会规范，法具有指引、评价、预测、教育和强制等规范作用；二是作为社会治理工具所具有的整合、促进作用，法律对政治、经济、文化发展具有重要影响。法的这两个方面作用既有联系又有区别。在理解法的作用的同时，需要明白法的作用的局限性，虽然法律是现代社会最主要的行为规范，但法绝不是万能的。

第一节 法的作用概述

一、法的作用的含义

【阅读材料1】

　　故以法治国,举措而已矣。法不阿贵,绳不挠曲。法之所加,智者弗能辞,勇者弗敢争。刑过不避大夫,赏善不遗匹夫。故矫上之失,诘下之邪,治乱决缪,绌羡齐非,一民之轨,莫如法。厉官威民,退淫殆,止诈伪,莫如刑。

——《韩非子·有度》

　　法的作用是法理学中一个具有重要意义的问题,如果一种法学理论不能深刻揭示法的作用并回答如何实现法的作用的问题,则就没有存在的价值,所以各个时代的法学家都曾对法的作用有所论述。如古希腊思想家伊壁鸠鲁认为,法作为一种约定的规则,应该发挥保证人们之间平等互利的作用;中世纪的奥古斯丁认为法的作用在于使人们接受上帝所安排的不平等从而实现和平与秩序;中国古代思想家管仲认为:"法者所以兴功惧暴也,律者所以定分止争也;法律政令者,吏民规矩绳墨也。"近现代的很多西方思想家认为法的作用包括:实现社会控制、促进社会正义、保护和扩大自由以及保障人权等。简单说来,法的作用就是指法律对人们的行为及社会关系和社会生活所产生的影响。法律的生命在于通过法律实施使制度性的要求在社会生活中得以实现,法律实施的过程必然对个人和社会产生这样或那样的影响,而正是在这个过程中,法律实现着对社会的调整和控制。

二、法的作用的分类

　　法的作用可以按不同的标准进行不同的分类。按照一般与特殊的逻辑关系,可分为法的一般作用与具体作用;按照法的系统与子系统或要素各自的作用范围,可分为法的整体作用和局部作用;按照人们的法律期待与法律的实际效果之间的差别,可分为法的预期作用和实际作用;按照法律所满足的主体的不同,可分为法对全社会的作用、对集团的作用和对个人的作用;按照法作用于社会关系和社会生活的途径,可以分为法的直接作用和间接作用;按照法作用于人们的行为和社会关系的形式与内容之间的区别,可分为法的规范作用和社会作用等。

对于法的作用有多种分类，这其中，最有影响力的是法的规范作用和社会作用之分。法的规范作用是指法律作为社会规范对个人的影响和作用；法的社会作用则指法律作为制度对社会整体性关系的影响。英国牛津大学的教授拉兹提出了法律的规范作用和社会作用的划分，法的规范作用是由法律作为特殊社会规范的规范属性决定的；法律的社会作用是依靠法律的遵守和适用所保障实现的。下面重点介绍法律的规范作用和社会作用。

第二节 法的规范性作用

作为由国家制定或认可的社会规范，法具有指引、评价、预测、教育和强制等规范性作用。

一、指引作用

【阅读材料2】

赵某在某市城关区经营音像店，营业执照登记为个体经营。2000年8月12日市公安局联合市文化局进行"扫黄打非"大检查活动。联合检查组的工作人员在检查赵某经营的音像店时，认为赵某出售非法盗版碟片、盗版磁带以及含有严重黄色下流情节的电影碟片，公安局和文化局联合检查组的工作人员当场对赵某店内的50张碟片和部分磁带进行了收缴，作出了处罚决定书，但决定书没有写明赵某具体的违法行为，也未告诉赵某相关的申诉权利。赵某不服，想提起行政诉讼。赵某律师事务所到一律师事务所进行咨询，了解到公安局位于本市城关区，文化局位于本市西固区，根据行政诉讼法的规定，赵某可以选择向这两个区的法院的其中一个提起行政诉讼。赵某为了便于自己参加诉讼，向本市城关区人民法院提起行政诉讼。认为公安局和文化局的联合检查组在检查中认定事实不清楚，处罚程序不合法，请求法院撤销该处罚行为。

城关区人民法院经审查认为赵某的起诉符合法律规定，法院应当受理。法院认为，公安局和文化局的联合检查组代表市公安局和文化局进行执法活动，联合检查组的行为为共同执法行为。在对赵某的处罚过程中，联合检查组作出的处罚决定书上没有写明赵某的违法事由和相关法律依据，也没有告诉赵某相关的申辩权利，在程序上违法。该行为因程序违法而无效，法院最后判决撤销市公安局和文化局联合检查组的处罚决定。

法的指引作用是指法对人的行为起到导向、引路作用,其对象是每个人自己的行为。

法律规范本身的指引模式主要有两种情况:一是确定性的指引,即通过规定法律义务,要求人们做抑制的一定行为,二是不确定的指引,即通过授予法律权利,给人们创造、选择的机会,这又称为可选择的指引。上述两种情况和法律规范被划分为义务性规范和授权性规范相一致。义务性规范是规定人们应当怎样行为和不应当(禁止)怎样行为。这种法律规范的指引就是确定性的指引,人们无法自由选择。授权性规范是规定人们可以怎样行为,给人们一种选择的机会,这种法律规范的指引就是不确定的指引或可选择的指引。上面的案件中,行政诉讼法实际上就是授予行政管理相对人一定的选择权。在有不同行政机关联合执法而且行政机关不在同一地区的情况下,行政相对人可以向其中任意一个行政机关所在地的法院提起行政诉讼。

从立法意图来说,这两种指引中所包含的两种法律后果都是人们行为时所要考虑的因素。但不同的是,就明确的指引而言,法律旨在防止人们作出违反法律指引的行为,而就不确定的指引或可选择的指引来说,法律一般旨在鼓励人们从事法律所容许的行为。总而言之,法的指引作用在于鼓励或防止某种行为。换个角度看,确定性的指引作用主要是为了建立某种秩序,而可选择的指引作用则主要是为实现某种自由。两者对于任何社会的法律制度来说都是缺一不可的。

二、评价作用

【阅读材料3】

黄某是湖南省长沙市出租车司机,2004年8月1日晚将近11点钟,两名男子拦住他的车要去当地的一家装修市场。到达目的地后,两名男子用刀子对着他,抢走了200多元现金和一部手机。下车时其中一人顺手拔下了黄某的车钥匙,离开一段距离后向车子扔出了车钥匙。黄某捡起钥匙并迅速发动汽车,想找到劫匪要回被抢的钱。黄某预计了劫匪可能经过的路线包抄过去,看见了正要上车的劫匪并继续追赶。在一个路口,其中的一个人躲到了路边的栏杆内,黄某停下车子等待,在相持了近一分钟后,持刀劫匪突然冲出了栏杆,往车子前方跑去。黄某开车就追,把持刀人撞倒,而另一名劫匪不知去向。该名劫匪被撞倒后不久因失血休克导致死亡。随后,黄某被带到附近的派出所交代情况,并被送进了长沙市看守所,理由是故意伤害而不是他料想的正当防卫。

芙蓉区公安分局认为,从相持的栏杆到撞人地点不到10米的距离,在短距离内达到如此高的车速将人撞死，不能排除黄某蓄意将别人撞死的可能性。而两个抢劫人员实施抢劫以后逃离了现场，把钥匙扔到地上，黄某又开车去追他们，这已经不是抢劫过程的延续。芙蓉区公安分局认为，正当防卫必须发生在不法侵害正当时，而黄某追向劫匪的时候不法侵害即抢劫行为早已经结束，因此黄某的行为是明显的故意伤害行为。他们向芙蓉区人民检察院递交起诉意见书，芙蓉区检察院对此做了分析后同样认定了故意伤害。

黄某及其律师认为，黄某从另一条道截住了两个劫匪，是熟悉地形而作出的正确判断，为有效追回财物和堵住劫匪争取了时间。因此抢劫并没有结束，不法侵害仍在继续，也就是说黄某仍能实施正当防卫。但是检察院却认为，黄某在被抢后两名劫匪已经脱离了案发现场，并从他的视线中消失，从时间和空间上都有断裂，从这个情况判断不法侵害已经告一段落。黄某因此丧失正当防卫权。

自从黄某撞劫匪以来，关于他的行为是正当防卫还是故意伤害的争论就没有停止过。当地的许多媒体也都纷纷予以关注。2005年3月23日，芙蓉区人民法院对这一案件进行了判决：被告人黄某犯故意伤害罪，判处有期徒刑三年六个月。法院同时判决黄某刑事附带民事赔偿被害人各项损失共计36 000多元。判决后，黄某上诉。一些出租车司机也对黄某承担刑事责任的结果表示了自己的担心。他们认为出了这种事情如果判决有罪，以后谁还敢与犯罪分子做斗争呢？2005年8月30日，长沙市中级人民法院作出判决，驳回黄某上诉请求，维持原判。

法的评价作用是指法律作为人们对他人行为的评价标准所起的作用。例如律师对当事人行为的有效性进行评价，警察对相对人的行为进行处理，一个人对他人行为的合法性进行评价等。评价作用的对象是他人的行为，通过这种评价，影响人们的价值观念和是非标准从而达到指引人们行为的效果。阅读上面的案例我们可以看见不同的评价意见。公安机关和检察机关认为黄某的行为不符合正当防卫的要求，属于故意伤害行为，而黄某的律师认为黄某符合正当防卫的要求。法院最终的判决是故意伤害。这些意见都是对黄某的行为作出的评价，并且是依据法律进行的评价。

这个案件中除了上述主体依据法律进行评价之外，媒体进行报道后，社会各方反应强烈，很多老百姓认为要鼓励同犯罪作斗争的行为，不应该认定黄某的行为是犯罪。黄某的同行更是持这种看法。这些评价的存在说明，现实生活中，法并不是评价人们行为的唯一标准。实际上，道德、宗教、社会观念、风俗习惯和政策纪律等都同样发挥着对人的行为的评价作用。但是，法所作出的评价却有着与他们不同的特点。这主要表现在：（1）法所提供的评价标准具有比较突出的客观性。也就是说，什么行为是正当的，什么行为是不正当的，什么行为是可以做的，什么行为是不可以做的，在法律规范中都有明确的规定。当然，在利用法律规范对行为进行评价时，评价者对规范内容的理解也可能发生细微的甚至是重大的差别。不过，这种差别在其他评价标准中就更为明显和经常。（2）法所提供的评价标准具有普遍有效性。道德评价不具有这种特点，它可因评价人的主观好恶而对同一行为作出不同的评价，而法的评价则不同。不论人们的主观愿望如何，只要他们的行为进入了法律行为的领域，法的评价作用对他们就是有效的。对黄某行为的评价最终是依据刑法关于正当防卫的规定作出，虽然有不同的理解，但基本是客观的，而且基本一致。

就法的评价标准来说，法的评价结果可以理解为合法与不合法、违法与不违法。这两个标准是不同的，不违法不等于合法，因为法律有时候会存在缺乏规范的情形，同样，在法律存在漏洞的情况下，可以说不合法，但不一定违法。在应用这两个标准时，对于不同的人要求是不同的。对于国家机关及其公务人员，由于强调其"依法行政""依法司法"等，所以，其公职行为必须有法律上的依据。因此，对国家机关与公务人员行为的标准就是合法与不合法。公职行为只有是合法的，才能获得法律的保护，否则就是非法，要承担相应的法律责任。对于社会普通民众来说，法律对其要求是不能违反法律，所以对他们行为的评价标准是违法与不违法。他们的行为只有违反了法律的明确规定，才会承担法律责任，否则法律就应该予以放任。

从法律的评价主体进行区分，法的评价可分为两大类，即专门的评价和社会的评价。所谓专门的评价是指经法律专门授权的国家机关、组织及其成员对人的行为所作的评价。其特点是代表国家，具有国家强制力，能产生法律的约束力，故可称为效力性的评价。阅读材料中公安机关、检察机关和法院的评价就属于专门评价。社会的评价是指普通主体以舆论的形式对他人行为所作的评价，其特点是没有国家强制力和约束力，是人们自发的行为，因此又可称为舆论性的评价，一般社会主体对黄某行为的评价就是典型的舆论性评价。

三、预测作用

【阅读材料4】

江西赣州一男子为获取死亡赔偿金、被抚养人生活费等，竟然与死人办理结婚登记，并向法院提供假结婚证，以证明其与死者系夫妻。2005年9月8日，罗某向江西瑞金市法院起诉,称其妻杜某在一起交通事故中死亡,要求肇事司机陈某支付死亡赔偿金、被抚养人生活费及精神损害抚慰金等共计16万余元。罗某同时向法院提供了结婚证原件一本,证明其与杜某系夫妻关系,发证日期为1997年11月18日。承办此案的法官在审阅案卷时发现,该结婚证上发证字号的年份和发证日期有涂改痕迹,发证机关也与一般结婚证不同。为查明事实,法官致函罗某所在地民政部门,调查罗某与杜某之间夫妻关系的真实性。经查,罗与杜两人一直同居,并生育了小孩,但并未办理结婚证。2005年7月25日,杜某在瑞金市发生的一起交通事故中死亡。为了获得死亡赔偿金等费用,罗某于7月29日赶回其老家,迅速"办理"了与杜某的结婚登记,并领取了"结婚证"。回到瑞金市后,罗某又私自将结婚证发证字号中的"2005"更改为"1997",将发证日期"2005年7月29日"更改为"1997年11月18日"。瑞金市法院最终驳回了罗某的赔偿请求。

　　法的预测作用是指人们根据法的规定,可以预先知晓、估计相互间将怎样行为以及行为的后果,进而根据这种预测对自己的行为作出安排和计划。预测作用的对象是人们相互之间的行为,包括国家机关的行为。人们只有在与他人形成社会关系的情况下才会进行行为预测,预测他人的行为与自己行为的关系,预测自己行为对他人的影响,预测自己行为及他人行为的法律后果等。法的预测作用可以减少行动的偶然性和盲目性,提高行动的实际效果。案件中罗某就是根据相关法律知道作为家属可以获得赔偿,所以根据他的预测,进行了一系列的造假活动,以达到自己的目的,只是法官发现了罗某的违法行为,使其不能得逞。

　　法之所以具有预测作用,是因为法具有规范性和确定性的特征。法律规范告诉人们可以做什么、应当做什么和禁止做什么,人们可以据此进行相互行为的预测。而且法律内容明确,并在一定时期内保持稳定,这给人们进行行为预测提供了可能的前提。在社会生活中,每个人的行为都可能对他人和社会产生影响,同时也可能受到他人行为的影响。为了避免人与人之间的互动关系的无序,每个人都应该根据法的规定预先安排自己的行为,预测行为后果,以避免风险,谋求最佳结果。

　　应当注意的是,法的预测作用与指引作用既有联系又有区别。两者的共同之处是它们对人们选择和安排自己行为的决定产生影响,而且,指引作用本身就包含着某些预测作用的因素,但是,两者的区别也是明显的。指引作用是告诉人们在选择行为时哪些行为是允许的,哪些是不允许的;而预测作用则告诉人们当他们作出了行为选择之后应怎样安排才能达到目的。

【阅读材料 5】

霍姆斯论法的预测作用❶

1897 年，美国的奥利弗·温德尔·霍姆斯大法官在他著名的演讲《法律的道路》中说：

"人们之所以付费给律师为其提供辩护或法律咨询，乃是因为在某些情形下，我们的社会把公共权力的行使托付给法官，且如果必要，国家的全部权力都被用来执行他们的判决。人们总想知道：在何种情形并在何种程度上，他们要冒风险去得罪这种比他们自身强大得多的权力。因此，弄清楚这种风险在什么时候应使人望而却步成了一种职业。我们研究法律的目的就是预测——预测借助于法院所实现的公共权力发生作用的几率。"

"如果你们仅想知道法律而不是别的，那么你们就必须从一个坏人而不是好人的角度来看法律；坏人只关心法律知识允许他预测的物质后果，而好人却从更为模糊的良知命令去寻找其行为的理由——不论在法律之内还是在之外。"

"我所知的法律，就是对法院实际会什么的预测，而不是任何更为做作的东西。"

四、教育作用

法的教育作用是法律通过其本身的存在以及运作产生广泛的社会影响，教育人们正当行为的作用。教育作用的对象是不特定的一般人的行为。法的教育作用可分为静态的教育作用和动态的教育作用。前者是指通过把国家或社会对人们行为的基本要求凝结为固定的行为模式而向人们灌输占支配地位的意识形态，使之渗透于或内化在人们的心中，并借助人们的行为进一步广泛传播。在生活中，法律知识的宣传和学习就起到这样的作用。后者是指通过法律的动态运作而对人们今后的行为产生影响。它包括两方面的内容：一是对违法行为的制裁不仅对违法者本人起到教育作用，而且可以教育人们今后谁再作出此类行为将受到同样的惩罚；二是对合法行为的鼓励、保护，可以对一般人的行为起到示范和促进作用。

五、强制作用

法的强制作用是指法律以物质暴力制止恶行、强制作为并迫使不法行为人作出赔偿、补偿或予以惩罚以维护法律秩序的作用。法的强制作用是法律生存的最

---

❶ 朱力宇．法理学原理与案例教程［M］．北京：中国人民大学出版社，2010：185．

后屏障。

法的强制作用通常包括三个方面：（1）强制社会主体作出某种行为或抑制某种行为。强制作为与不作为的主体都为义务人，如强制纳税、强制赡养老人等。（2）强令行为人对他人或社会遭受的损失予以赔偿或补偿。如侵权行为人必须对被害人予以赔偿等。（3）对违法者予以法律制裁。制裁的形式是多种多样的，如宪法中的弹劾、罢免；行政法中的警告、罚款、拘留、没收等；刑法中的管制、拘役、有期徒刑、无期徒刑、死刑等；民法中的恢复名誉、赔礼道歉、停止侵害、排除妨碍、赔偿损失等。

第三节　法的社会作用

与法的规范作用相比，法的社会作用是一个比较复杂的问题，因为规范作用是从法是一种社会规范这一特征出发来分析的，而这种特征是比较容易认识的现象。法的社会作用则是从比较隐藏的本质和目的出发来分析的，加上不同类型的法的社会作用显然是不同的，这就增加了认识的难度。对于现代社会中法的一般性社会作用，有人做过一个简单的概括，认为法的一般性作用包括三个方面：（1）法律提供了社会资源的分配方案。法律的最初目的就是将社会中的财富、机会等社会资源进行合理的分配和调剂。（2）法律提供了社会交往和国家管理的行动指南。古人云：无以规矩，不成方圆。法律是社会成员和政府的共同行为规则。（3）法律提供了权威的纠纷解决机制。法律以国家力量作为支撑，提供了最权威的纠纷解决方式。❶ 我们根据法律对社会生活各个方面的影响，把法律的社会作用详细分为法的经济作用、法的政治作用、法的文化作用和法的社会公共事务作用四个方面。

一、法的经济作用

经济制度是一个国家一定时期生产关系的总和，构成一国经济基础。经济基础对法律具有决定作用，法律对于经济制度的发展具有促进作用。法律对经济的作用有三个方面。首先，法律可以确认经济制度，将经济制度法律化，使经济制度具有严肃性、稳定性，并受到法律的保护。其次，法律可以调整社会经济运行

---

❶ 舒国滢. 法理学阶梯［M］. 北京：清华大学出版社，2006：42.

关系。法律通过自己的规范，将经济关系纳入自己调整的范围，对不同的经济关系，分别采取不同的法律措施，加以确认、保护、限制或禁止，实现经济秩序的稳定和特定经济目标。最后，法律可以促进经济发展。各国法律都将促进经济发展作为基本原则确立下来，并将一些经济政策法律化，调动社会发展经济的自觉性和创造力。

二、法的政治作用

政治与法律密不可分，法律其实是国家整体政治生活的一部分。法律的政治作用表现在：其一，法律确认国家制度，是国家制度存续的保障。通过法律确认，国家制度具有稳定性、权威性并不受侵犯。其二，法律是国家组织机构运转的根据。国家机构设立应具有合法的性质，应将法律作为组织和运转国家机构的根据。其三，法律调整对外关系，保障国家主权独立。各国总是通过国际法和国内法两个方面，为本国的对外关系确立一些最基本的准则，并用以调整自己的国际行为，处理与他国的关系。

【阅读材料6】
《中华人民共和国宪法》序言

中国是世界上历史最悠久的国家之一。中国各族人民共同创造了光辉灿烂的文化，具有光荣的革命传统。

一八四〇年以后，封建的中国逐渐变成半殖民地、半封建的国家。中国人民为国家独立、民族解放和民主自由进行了前仆后继的英勇奋斗。

二十世纪，中国发生了翻天覆地的伟大历史变革。

一九一一年孙中山先生领导的辛亥革命，废除了封建帝制，创立了中华民国。但是，中国人民反对帝国主义和封建主义的历史任务还没有完成。

一九四九年，以毛泽东主席为领袖的中国共产党领导中国各族人民，在经历了长期的艰难曲折的武装斗争和其他形式的斗争以后，终于推翻了帝国主义、封建主义和官僚资本主义的统治，取得了新民主主义革命的伟大胜利，建立了中华人民共和国。从此，中国人民掌握了国家的权力，成为国家的主人。

中华人民共和国成立以后，我国社会逐步实现了由新民主主义到社会主义的过渡。生产资料私有制的社会主义改造已经完成，人剥削人的制度已经消灭，社会主义制度已经确立。工人阶级领导的、以工农联盟为基础的人民民主专政，实质上即无产阶级专政，得到巩固和发展。中国人民和中国人民解放军战胜了帝国主义、霸权主义的侵略、破坏和武装挑衅，维护了国家的独立和安全，增强了国防。经济建设取得了重大的成就，独立的、比较完整的社会主义工业体系已经基本形成，农业生产显著提高。教育、科学、文化等事业有了很大的发展，社会主义思想教育取得了明显的成效。广大人民的生活有了较大的改善。

中国新民主主义革命的胜利和社会主义事业的成就，是中国共产党领导中国各族人民，在马克思列宁主义、毛泽东思想的指引下，坚持真理，修正错误，战胜许多艰难险阻而取得的。我国将长期处于社会主义初级阶段。国家的根本任务是，沿着中国特色社会主义道路，集中力量进行社会主义现代化建设。中国各族人民将继续在中国共产党领导下，在马克思列宁主义、毛泽东思想、邓小平理论和"三个代表"重要思想指引下，坚持人民民主专政，坚持社会主义道路，坚持改革开放，不断完善社会主义的各项制度，发展社会主义市场经济，发展社会主义民主，健全社会主义法制，自力更生，艰苦奋斗，逐步实现工业、农业、国防和科学技术的现代化，推动物质文明、政治文明和精神文明协调发展，把我国建设成为富强、民主、文明的社会主义国家。

在我国，剥削阶级作为阶级已经消灭，但是阶级斗争还将在一定范围内长期存在。中国人民对敌视和破坏我国社会主义制度的国内外的敌对势力和敌对分子，必须进行斗争。

台湾是中华人民共和国的神圣领土的一部分。完成统一祖国的大业是包括台湾同胞在内的全中国人民的神圣职责。

社会主义的建设事业必须依靠工人、农民和知识分子，团结一切可以团结的力量。在长期的革命和建设过程中，已经结成由中国共产党领导的，有各民主党派和各人民团体参加的，包括全体社会主义劳动者、社会主义事业的建设者、拥护社会主义的爱国者和拥护祖国统一的爱国者的广泛的爱国统一战线，这个统一战线将继续巩固和发展。中国人民政治协商会议是有广泛代表性的统一战线组织，过去发挥了重要的历史作用，今后在国家政治生活、社会生活和对外友好活动中，在进行社会主义现代化建设、维护国家的统一和团结的斗争中，将进一步发挥它的重要作用。中国共产党领导的多党合作和政治协商制度将长期存在和发展。

中华人民共和国是全国各族人民共同缔造的统一的多民族国家。平等、团结、互助的社会主义民族关系已经确立，并将继续加强。在维护民族团结的斗争中，要反对大民族主义，主要是大汉族主义，也要反对地方民族主义。国家尽一切努力，促进全国各民族的共同繁荣。

中国革命和建设的成就是同世界人民的支持分不开的。中国的前途是同世界的前途紧密地联系在一起的。中国坚持独立自主的对外政策，坚持互相尊重主权和领土完整、互不侵犯、互不干涉内政、平等互利、和平共处的五项原则，发展同各国的外交关系和经济、文化的交流；坚持反对帝国主义、霸权主义、殖民主义，加强同世界各国人民的团结，支持被压迫民族和发展中国家争取和维护民族独立、发展民族经济的正义斗争，为维护世界和平和促进人类进步事业而努力。

本宪法以法律的形式确认了中国各族人民奋斗的成果，规定了国家的根本制度和根本任务，是国家的根本法，具有最高的法律效力。全国各族人民、一切国家机关和武装力量、各政党和各社会团体、各企业事业组织，都必须以宪法为根本的活动准则，并且负有维护宪法尊严、保证宪法实施的职责。

三、法律的文化作用

法律对于一个国家科学技术、思想文化的发展具有重要的推动作用。其一，促进科技文化事业的进步。国家可以通过教育、知识产权、科技促进、体育、文化发展等方面的法律制度促进本国科技文化事业的进步。其二，法律可以促进思想道德建设。法律可以确认思想道德的地位、内容也可以通过法律制度的实施培养、强化和修正社会思想道德状况。

四、法律的公共管理作用

法律是社会的行为规则，比如要承担一定的社会公共事务方面的管理职能，这里所说的"社会公共事务"是与社会的政治统治问题相对而言的。

【阅读材料7】

2005年10月13日，河南省郑州市中级人民法院对香港环球唱片有限公司（以下简称环球唱片）诉郑州广电信息网络有限公司（以下简称郑州广电），涉嫌网络侵权，非法提供在线播放与下载传播他人享有录音制作者权的歌曲一案进行了公开审理。这是河南首例网络音乐侵权案。原告诉称，2005年3月1日，环球唱片发现郑州广电涉嫌非法提供原告享有录音制作者权的歌曲在线播放与下载传播服务，歌曲有陈晓东、余文乐、谭咏麟演唱的《挡不住我的心》《生还者》《一辈子的偶像》等23首，认为侵害了原告的利益，于6月14日把郑州广电告上了法庭，要求赔偿经济损失51万元。

原、被告双方主要围绕三个争议焦点进行了辩论。对郑州广电的链接或者在线播放行为是否构成侵权，双方辩论很快进入白热化，一方气势逼人，一方言之凿凿，都对对方提供的证据提出质疑，又都认为对方的证据在某些部分恰恰证明了自己的立场；在环球唱片要求被告在其网站主页及《法制日报》上发表声明向原告公开赔礼道歉一项上,被告态度坚决,认为郑州广电不存在侵权,也就不存在赔礼道歉一说。在经济损失计算依据上,原告下载了美国苹果公司每首歌曲相应赔偿0.99美元的价位,被告则认为那是在美国,并不适用中国内地,而在其他费用上,被告又以没有证据显示自己侵权而不予质证。

庭审结束后,法院鉴于原、被告双方分歧较大,无法进行调解,将择日宣判。郑州中院的一位法官说,随着时代的发展,网络传播已经成为日常生活中的一种重要方式,公众要求网络服务商提供更多的信息,提供链接这种方式可以使资源最广泛的利用和传播,但在传播的过程中就涉及版权的问题。就本案而言,当时我国相关法律还未明确界定,既要维护版权拥有人的合法权益,又不能照搬他国法律法规,人民法院只能根据实际情况依法作出适当判决。

法律的社会管理作用有以下几个方面:其一,维护社会秩序与稳定。法律对社会的首要功能就在于禁止专横和暴力、维护和平与秩序。其二,法律要保障社会发展和进步。法律更深层次的作用是促进社会各项事业的全面发展。其三,法律可以解决社会纠纷和争端。

第四节 法的局限性

法律是社会生活中非常重要的社会规范,随着社会的发展,法律的作用也越来越重要。但法律同样存在弊端和局限,对此必须有清醒的认识。

一、法自身的局限性

(一)法律作用范围的有限性

法不能脱离其他社会规范和因素而单独起作用,法只是许多社会调整方法的一种。法是用以调整社会关系的重要方法,但它不是唯一的方法。除法律之外,还有政策、道德、纪律、规章及其他社会规范,还有经济、政治、行政和思想教育等手段,虽然在当代社会,就建立和维护整个社会秩序而言,法是十分重要的方法,但在某些社会关系和社会生活领域,法并不是主要的方法。

而且,法是以国家强制力保证实施的行为规范,有关涉及人们的世界观或其他思想意识问题,一般个人私生活问题等,就不宜采取法律手段来处理。否则,用法律手段强行干预、限制、禁止,不仅不可能起到应有的效果,而且往往导致有害的结果。对于上述问题,只能做深入细致的思想工作,道德品质教育,有的还要附之以物质手段,逐步解决。

(二)法的内容相对于社会生活来说总是落后和不全面的

法律是对既有的经济关系的记载和表明,而经济关系、社会生活总处在不断的变化之中,因此法律对千姿百态、不断变化的社会生活的涵盖性和适应性不可避免地存在一定的限度。法律作为规范,其内容是抽象的、概括的、定型的,制定出来之后有一定的稳定性。法律不能频繁变动,更不能朝令夕改,否则就会失去其权威性和确定性。但是,它要处理的现实生活则是丰富具体的、形形色色的、易变的。因而不可能有天衣无缝、预先包容全部社会生活事实的法典。这就使得法律预先规定的内容与现实的社会生活之间存在一定的空隙和不适应性。

【阅读材料8】

"女体盛"是日本的一种饮食活动,就是用少女赤裸的身躯作为食物容器来装盛寿司供客人品尝的宴席。2004年4月2日,云南昆明晓忆娱乐有限公司和风村推出"女体盛",以女大学生裸露的身体作为容器装食物,邀请多家新闻媒体和客户参加,引起轩然大波。次日,云南省卫生部门紧急出动并作出初步处理,要求该公司立刻停止类似活动。2004年4月18日,昆明市西山区卫生局、工商局依法对举办"女体盛"活动的商家作出处理,责令和风村餐厅理解改正,禁止从事"女体盛"及类似活动,并罚款2000元。作出处罚的依据是,昆明晓忆娱乐有限公司举办的"女体盛"活动,直接违反了《中华人民共和国食品卫生法》第8条第1款第5项的规定:"食品生产经营过程必须符合下列要求:……(五)餐具、饮具和盛装直接入口食品的容器,使用前必须洗净、消毒,炊具、用具用后必须洗净,保持清洁。"因此作出上述处罚。

该事件发生后,社会各界反应强烈,云南省妇联对此事发表的抗议比较具有代表性,文章指出:"'女体盛'实质上是对女性尊严的伤害、侮辱和歧视。女性有着神圣不可侵犯的尊严,把人体作为盘子装食物,不仅不符合我国国情,违反了我国的社会道德标准,而且是对女性的极大不尊重,是在侮辱女性。我们不能把国外腐朽的文化垃圾、糟粕当作新鲜事物引进来,迎合某些人猎奇、低俗、变态的心理。这种做法不符合中华民族的道德文化,是对社会主义精神文明的践踏。"❶ 对于这样的事情,法律不可能置之不理,但当执法者出手处理时却发现现有的法律对此没有规定。法律存在漏洞,但执法者又必须处理,最后不得不执行一条并不合适的法律条文来对商家进行处罚。执法者适用的是《食品卫生法》

---

❶ 云南妇联怒斥"女体盛"[N].新京报,2004-4-8.

的规定,但是,很显然,躺在餐桌上的人并不是什么餐具、饮具和盛放直接入口食品的容器,因为根据《食品卫生法》第54条的规定:"本法下列用语的含义:……食品容器、包装材料:指包装、盛放食品用的纸、竹、木、金属、搪瓷、塑料、橡胶、天然纤维、化学纤维、玻璃等制品和接触食品的涂料。"同时,《食品卫生法》第13条规定:"食品容器、包装材料和食品用工具、设备的生产必须采用符合卫生要求的原材料。产品应当便于清洗和消毒。"这里,执法者显然是运用了类推的法律推理,但这种类推是非常不成功甚至是可笑的,因为它把人等同于盛装食品的盘子和碗,但这种结果又很难归咎于执法者,这实际上是法律内容不足带来的尴尬。❶

(三)法律的概括性会带来个案处理的不公正

法律具有概括性和抽象性,并不考虑现实出现的差异和偶然性因素,这样在具体案件的处理中可能带来实质的不公平。

二、法律实施中的局限性

其一,法律的适用是以事实的确定为前提的,但有些案件事实是很难确定甚至是无法确定的。法律上的事实是以证据加以证明的事实,没有证据就无法形成"事实",而在案件发生以后,由于各种因素的影响,经常找不到证据,或者找到错误的证据,这样就无法准确适用法律。

其二,法律的实施会受到很多外在因素的影响。法属于上层建筑,由经济基础决定。任何一种类型的法,如果不符合客观经济规律,就会阻碍甚至破坏社会经济的发展,起不到推动社会前进的作用。法律的实施也需要相应社会条件的配合,如果社会公众缺乏法治观念和法律意识,法律实施缺乏足够的物质保障,那么法律的作用就难以发挥出来。

【阅读材料9】

国内学者曹锦清在他的著作《黄河边的中国》里记载,在中原地区的广大农村,遗产继承一直没有按照国家的法律规定进行。根据继承法的规定,子女对父母的遗产都有继承权,但是在农村,出嫁的女儿是没有人回去继承遗产的,其原因在于如果这样做,那这个女儿就和娘家的关系彻底僵化了,在农村人的观念中,从来没有这种传统。而且,如果女儿和娘家关系僵化了,将来遇到事情,娘家人都不会去帮她,为了保留这个亲情关系,也就不会回去继承遗产。

---

❶ 舒国滢.法理学阶梯[M].北京:清华大学出版社,2006:173—174.

在书中，作者介绍了一位乡党委书记对法律的看法。这位乡党委书记说，国家制定了很多法律、法规，其中有不少涉及农村与农民，但是这些法律不太符合中国的农村实际。说不太符合，是因为有很多法律是超前了，依法办不成事，要办的事又没有法。比如搞村委会选举，很多年龄大的人连字都不认识，根本不知道怎么选。而且村民对选举根本不感兴趣，没有民主意识。对于多数农民来说，只要不触及他那一点看得见、摸得着的个人利益，他对于选举不选举都无所谓。

这个党委书记也讲了一件在农村发生的事情。该乡有甲、乙两个村，甲村拥有近一万亩的山林，乙村则较少，只有两三千亩，所以乙村的人经常到甲村盗伐林木。甲村也自己组织护林队，对于被抓住的盗伐者，按照土办法处理：一是要盗伐者将偷砍的树木扛到甲村村委，二是每伐一棵树罚款100元，三是将偷盗者扣留关押，缴完罚款才放人。在山区，这些土办法很管用，但是违反法律，因为只有公安局才有权抓人和关押。有一次，被抓的人是乙村村支书的儿子。两个村支书就找到乡党委书记，甲村的支书坚持偷盗树木违法，乙村的说私自抓人违法。这个党委书记也处理不了，就闹到县检察院。县检察院决定将甲村的支书与护林队长抓起来，这个党委书记立刻又找到检察院，如果这样处理，两个村的人肯定会打起来，肯定会出人命，这样的责任太大，谁也担不起。最后检察院出面调解，让甲村放人，乙村缴纳罚款，这样事情才平息。❶

其三，法律运行需要高昂的成本。在各种规范调整方法中，法律有时不是成本最低的方法。现代法治社会中，民间力量在调解、处理纠纷方面仍发挥重要的作用即证明了这一点。法治社会强调法律至上和司法权威，但并不排斥私人自治和多元化救济解决机制的存在。

三、正视法的作用与法的局限性

首先，在现代社会，必须充分重视法律的作用。法律是现代社会最重要和最基本的社会规则，引导社会生活有序进行，绝对不能因为法律的局限性而否定、轻视法律的作用。在中国这样正努力走向法治的国家，更应该强调法律的作用和法律的至上性。

其次，对法律的高度评价不能走向"法律万能论"，认为法律无所不能，这样法律会扩张并侵犯其他社会规范的调整范围，可能导致对公民权利的过度干涉，限制公民的自由。

---

❶ 曹锦清. 黄河边的中国[M]. 上海：上海文艺出版社，2000：676—677.

最后，应在服从法律的基础上不断反思、改进法律。既然无法摆脱法律的局限性，就应该努力改进法律。

因此，对于法律的作用，即要否定法律虚无主义，又要反对法律万能理论。法治社会，应是以法律为主导的多元调控模式并存的社会，对于其他社会规范的作用，在法治建设中也应足够重视。本书第十四章的内容还会回到这个问题。

思考题

1. 2007年，某国政府批准在实验室培育人兽混合胚胎，以用于攻克帕金森症等疑难疾病的医学研究。该决定引发了社会各界的广泛关注和激烈争议。对此，下列哪些评论是正确的？（2009年统一司法考试试题）

A. 目前人兽混合胚胎研究在法律上尚未有规定，这是成文法律局限性的具体体现

B. 人兽混合胚胎研究有可能引发严重的社会问题，因此需要及时立法给予规范和调整

C. 如因该研究成果发生了民事纠纷而法律对此没有规定，则法院可以依据道德、习惯或正义标准等非正式法律渊源进行审理

D. 如该国立法机关为此制定法律，则制定出的法律必然是该国全体公民意志的体现

2. 村民姚某育有一子一女，其妻早逝。在姚某生前生活不能自理的5年时间里，女儿对其日常生活进行照顾。姚某去世之后留有祖传贵重物品若干，女儿想分得其中一部分，但儿子认为，按照当地女儿无继承权的风俗习惯，其妹不能继承。当地大部分村民也指责姚某的女儿无理取闹。对此，下列哪些说法可以成立？（2006年统一司法考试试题）

A. 在农村地区，应该允许风俗习惯优先于法律规定

B. 法与习俗的正当性之间存在一定的紧张关系

C. 中国法的现代化需要处理好国家的制定法与"民间法"之间的关系

D. 中国现行法律与中国人的传统观念有一定的冲突

3. 小丽是陈某的养女，在22岁时准备与其结识半年的男朋友结婚。陈某以小丽岁数小、与男朋友认识时间太短等为由，不同意两人结婚，并禁止他们来往。从此，陈某只要发现小丽与男朋友来往，就对她拳脚相加，而且不允许她周末外出。小丽忍无可忍，向当地法院提起诉讼。该法院根据我国《刑法》第257条第1款的规定（即"以暴力干涉他人婚姻自由的，处二年以下有期徒刑或者拘

役"），判处陈某拘役2个月。根据该案，下列哪些说法是正确的？（2006年统一司法考试试题）

A. 法院所引用的刑法条款所规定的内容属于任意性法律规则
B. 该刑法条款对小丽的起诉行为起到了一种确定性的指引作用
C. 法院在该案件中适用的法律推理属于演绎推理
D. 法院在认定案件事实的过程中不需要运用价值导引的思考方式

4. 法的指引作用可以分为确定的指引和有选择的指引，下列哪些表述属于有选择的指引？（2002年统一司法考试试题）

A. 宪法规定，公民的人格尊严不受侵犯
B. 合同法规定，当事人协商一致，可以变更合同
C. 刑法规定，故意杀人的，处死刑、无期徒刑或者10年以上有期徒刑
D. 民法通则规定，公民对自己的发明或者其他科技成果，有权申请领取荣誉证书，奖金或者其他奖励

第六章 法的价值目标

导读

　　国家制定和实施法律的最终目的是什么，这就涉及法律的价值目标问题。法的价值问题是法理学中非常深奥也是争论非常多的问题。价值本身是一种主客观统一的问题，所以对价值的理解本身就没有绝对。法的价值是法律所应该蕴涵或者所应该追求的理想状态，这些理想的模式既是法的目标，也是对法的评价标准。对于法律所追求的价值目标，历来不同的人有不同的看法，我们这里综合一些观点，介绍秩序、自由、正义、效率、人权这几种价值。

第一节 秩　　序

一、秩序的含义

【阅读材料1】

　　夫过有厚薄，则刑有轻重；善有大小，则赏有多少。此二者，世之常用也。刑加于罪所终，则奸不去；赏施于民所义，则过不止。刑不能去奸而赏不能止过者，必乱。故王者刑用于将过，则大邪不生；赏施于告奸，则细过不失。治民能使大邪不生、细过不失，则国治，国治必强。(《商君书·开塞》)

　　法者，宪令著于官府，刑罚必于民心，赏存乎慎法，而罚加乎奸令者也……君无术则弊于上，臣无法则乱于下，此不可一无，皆帝王之具也。(《韩非子·定法》)

　　"天下大事，合久必分，分久必合。"(《三国演义》)

　　在最广泛的意义上，"秩序"是指自然界和人类社会发展和变化的规律性现象。与秩序概念相对的是无序。美国法理学家博登海默说"秩序"意指在自然进程与社会进程中存在着某种程度的一致性、连续性和确定性。另一方面，无序概念则表明存在着断裂（或非连续性）和无规律性的现象，亦即缺乏智识可及的模式——这表现为从一个事态到另一个事态的不可预测的突变情形❶。因此，某种程度的一致性、连续性和稳定性是秩序的具体特征。在这种意义上，秩序根植于自然界和人类社会的内部结构之中，自然界和人类社会的内在规律是秩序的本质。但"秩序"一词多用于社会领域，指社会秩序，自然界更多用规律来表述。抽象地说，社会秩序表示在社会中存在着一定程度的组织制度、结构体系和社会关系的稳定性、有规则性和连续性。一定社会秩序的存在是人类一切活动的必要前提，建立社会秩序归根到底是要创造一种安居乐业的条件。

　　"秩序"在法的价值目标体系中，具有工具价值属性，它为其他价值目标提供了现实的条件，没有秩序价值的存在，就没有法的其他价值。在分析"秩序"时，还要注意，不能将之强调到极端的程度。因为，这种极端可能导致两种危险：一是走向专制，专制社会是一个严格的秩序社会，专制统治的社会秩序是该

---

　　❶ ［美］E.博登海默.法理学：法哲学与法律方法［M］.邓正来，译.北京：中国政法大学出版社，1999：119—220.

社会的最高的目标,比如阅读材料里提到的法家思想就是过分强调秩序,强调通过运用法、刑建立稳定的专制统治;二是为现状辩护,满足于维护社会现状而乏于改革、建设和进步。

二、法的秩序价值

在现代社会,与其他社会调整手段(道德、习俗、宗教等)相比,法律在预防和防止社会的无序状态方面具有独特的功能:(1)法律通过其制定、执行和遵守的过程,影响和引导人们遵守一般的社会规范,从而使一些不受调整的社会关系得到有效疏导和整合,使之处于一定的有序状态。(2)法律将一些重要的社会关系加以确认,作为保护对象,在这些对象遭到破坏时,法律将采取制裁等措施,将这些措施施加于一定的人或组织,而使原来的社会关系得以恢复,重新回到其所应有的连续性和稳定性状态。(3)法律通过直接调整一定的社会关系,使这些关系本身具有法律意义,由此形成稳定的法律秩序。

通过法律建立和维护的秩序,主要有:(1)国家的政治统治秩序。政治统治秩序是一个政治国家存在的标志,法律的职能之一是调整各种不同类型的政治关系,是国家政权处在一个相对稳定有序的状态。(2)经济秩序。经济秩序涉及社会生产和交换以及社会物质财富的分配和消费的领域。马克思把法律看作是社会生产方式摆脱单纯的偶然性和任意性而取得的社会固定形式,恩格斯则明确指出:"在社会发展某个很早的阶段,产生了这样的一种需要:把每天重复着的生产、分配和交换产品的行为用一个共同规则概括起来,设法使个人服从生产和交换的一般条件。这个规则首先表现为习惯,后来便成了法律。"这充分肯定了法律在建立社会经济秩序中的意义。这里所说的"社会固定形式"或"一般条件"就是经济秩序。离开了一定的经济秩序,社会的生产、交换、分配就无法进行。(3)社会公共生活秩序。社会生活秩序涉及个人与个人、个人与社会的交往和人们的正常的工作、学习、娱乐、休息以及人们的家庭生活诸方面。这种秩序是人们安居乐业、充分发挥其创造力和从事其他活动的前提或基本条件。法律为了保障人们正常的社会生活秩序,主要设立了三种法律规范或法律部门,即用民法来为社会成员规定明确的权利和义务以及权利的界限和义务的限度,并用国家权力保护人们之间的权利义务关系以防止纷争;用刑法来为公民人身提供安全保障,从而保证他们安心工作和愉快生活而无后顾之忧;用诉讼法来规定人们用文明的诉讼程序取代野蛮的暴力复仇,使争端以和平的方式得到解决。(4)国际社会的政治经济秩序。这是法律在当代社会条件下的新使命。我们的时代表明,人类生活和活动对于秩序的需求正在增长着：从谋求人与人之间关系的有序化到企盼人与自然的有序化，从建立个别社会的秩序到构想国际社会的整体秩序，人类正在急切地为自己的生存和发展创造条件。十分明显的是，谋求建立新的国际政治、经济秩序，已经成为人类的共识和努力的目标。这样，人们既为法律提供了更为广阔的作用领域，也对法律寄予了新的期望。

第二节 自　　由

一、自由与法律的关系

【阅读材料2】

裴多菲·山陀尔（1823—1849）是匈牙利伟大的革命诗人，也是匈牙利民族文学的奠基人。他出生于一个贫困的屠户家庭，从小过着困苦的生活。他做过演员，当过兵，是1848年匈牙利资产阶级革命的领导者和歌手。他的一生是与匈牙利人民反抗外国侵略和争取政治自由的斗争联系在一起的。最后在与沙俄哥萨克兵的搏斗中为国牺牲，年仅26岁。他15岁开始写诗，在短暂而光辉的一生中，共写了八百多首抒情诗和九首长篇叙事诗。最著名的抒情诗有《民族之歌》《我的歌》《一个念头在烦恼着我》《自由与爱情》《我愿意是急流》《把国王吊上绞架》等。裴多菲的诗用民歌的形式描写当时人民的斗争。在我国广为流传的一首是1847年1月写的著名诗篇《自由与爱情》："生命诚可贵，爱情价更高。若为自由故，二者皆可抛。"把对自由的向往描写的淋漓尽致，感人肺腑。

古往今来，自由是一个最激动人心的字眼，是一个令人向往的崇高目标，追求自由是人类固有的本性，这种追求支撑着人的生命与存在，牵引着人类文明发展的走向。人类的历史就是不断实现自由的历史。人类为了实现自由，在各个领域进行了艰辛的探索，为之欢喜为之悲伤，有成功也有失败，但不管怎样，人类追求自由的进程一刻也没有停止过，人类对自由的认识也在不断地深化。

在中国内地，自由理论以马克思的自由观念为主导。按照马克思主义的看法，自由可以从三个层面进行理解。第一，自由表现了人的受动性和能动性的统一。人不能不顺应客体，不能不受到外在的限制，但是，人又能够运用自己的实践力量去打破外在的限制。这才是人之所以为人以及人的自由之所在。第二，自由体现了必然性和可能性的统一。马克思主义认为自由是以必然性为根据的，但必然性总要通过大量的偶然性表现出来，并通过偶然性为自由开辟道路。第三，自由体现了个人和社会的统一。个人归根到底只是社会的一部分，他的自由总要受到社会准则的影响。不顾社会固有的法则，个人就不能生活于社会之中；而不能生活于社会之中，也就等于丧失了自由。

关于自由的分类问题，在当代西方理论界影响较大的可能是英国牛津大学社会和政治学说教授伯林的"两种自由观"❶。他认为在变化多端的自由概念中，"消极自由"（Negtive Liberty）和"积极自由"（Positive Liberty）是两种基本的自由概念。消极自由指个人不受他人控制独立地作出选择和活动的范围问题，也就是不受别人的干预，意即"免于……的自由"（be free from...）。不过，他也指出，个人不能有不受限制的自由，自由不能不受限制，对自由的限制本身不能不受限制。积极自由涉及控制或干预人们行动的渊源问题，即是自我控制还是他人控制？积极自由就是自己依赖自己，自己决定自己，意即"从事……的自由"（be free to do...），这种自由观来自主体要成为自己主人的愿望。伯林的这种划分在西方引起了很大的反响，并得到普遍的认同，一度成为西方学术界流行的分类法。

在法律与自由的关系上，一般认为，个人只能在社会允许的范围内追求自由，社会也只是在这个范围内才承认和保护个人的自由。那么，社会用什么东西来确认和保护个人的这种自由呢？在政治社会中，显然是法律。英国思想家洛克认为："法律按其真正的含义而言，与其说是限制还不如是指导一个自由而有智慧之人去追求他的正当利益，它并不在受这法律约束的人们的一般范围之外作出规定。""这是因为自由意味着不受他人的束缚和强暴，哪里没有法律，哪里就不能有这种自由。"❷ 法国的孟德斯鸠指出，在一个有法律的社会里，"自由仅仅是，一个人能够做他应该做的事情，而不被强迫去做他不应该做的事情"。他还说："自由是做法律所许可的一切事情的权利；如果一个公民能够做法律所禁止的事情，他就不再有自由了，因为其他的人也同样会有这个权利。"❸ 卢梭也曾慷慨激昂道："我愿望自由地生活，自由地死去。也就是说，我要这样服从法律：不论是我或任何人都不能脱离法律的光荣的束缚。"❹ "人是生而自由的，但却无

---

❶ ［英］以赛亚·伯林. 自由论［M］. 胡传胜，译. 南京：译林出版社，2003：195－200.
❷ ［英］洛克. 政府论（下）［M］. 叶启芳，瞿菊农，译. 北京：商务印书馆，1964：35.
❸ ［法］孟德斯鸠. 论法的精神（上册）［M］. 张雁深，译. 北京：商务印书馆，1959：183.
❹ ［法］卢梭. 论人类不平等的起源和基础［M］. 李常山，译. 北京：商务印书馆，1962：51.

往不在枷锁之中。"❶

二、法律对自由的实现

法律为自由提供选择的机会，增加自由选择的效能。自由在社会意义上意味着有效地作出选择，这种行为选择的有效能力取决于对行为后果的事先预知或合理预测。法律是国家制定颁布的规则，它以明确而肯定的语言规定了在各种预设条件下的行为模式及法律后果，这就减少了人们在社会生活中的偶然性和盲目性，增加了可预测性，及增加了行为选择的自由度。

法律为自由意志的外化排除人为的不正当的障碍。自由意志在转化为主体的外部行为时，可能受到两个方面的障碍，一种是源自主体自身的，一种来自外部。一般说来，法对自由的保障和促进作用最突出地表现为它能够为自由的实现排除社会领域中某些人为的不适当、不公正的束缚或强制。

把自由法律化为权利。当主体的自由意志得到国家的承认时，它就具有合法性，从而表现为"普遍的权利"，法律在把自由确认为权利的同时，也就确定了自由的范围，国家通过对权利的保护实现自由。

法律将自由与责任联结，为平等的自由提供保护机制。法律通过自由的范围确定，加上超越自由的责任，防止了对自由的滥用。

第三节 正 义

一、正义的界定

前面曾阐述过法的秩序价值，秩序这个概念所侧重的乃是社会制度和法律制度的形式结构，它所关涉的乃是社会生活的形式而非社会生活的本质。秩序作为消除人际关系中的随机性的价值，并不能够为人们在预防某个政权运用不合理的、不可行的或压制性的规则方面提供任何保障性措施。正因为如此，法的价值在秩序的概念外，还必须有正义来对秩序进行引导。

正义一直被视为人类社会的美德和崇高理想。考察西方理想史，我们可以发现这样一个特点，即多数思想家总是将正义与自由或平等联系在一起进行分析和研究。亚里士多德认为，"正义是某些事物的'平等'（均等）观念"。亚里士多

---

❶ ［法］卢梭. 社会契约论［M］. 何兆武，译. 北京：商务印书馆，2003：4.

德从他的正义的平等观出发，认为分配的正义就是按照均衡平等原则将这个世界的万事万物公平地分配给社会的全体成员，相同的人得到相等的东西，不相等的东西给予不相同的人。英国哲学家、社会学家赫伯特·斯宾塞则认为，同正义观念相联系的最高价值并不是平等，而是自由，他将正义观念归纳成一个经典公式："每个人都可以自由地干他想干的事，但这是以他没有侵犯任何其他人所享有的相同的自由为条件的。"康德也持有与斯宾塞大体相同的观点，也用自由来阐明正义问题。他说："如果我的行为或者我的状况，根据一条普通法则，能够和其他任何一个人的自由并存，那么，任何人妨碍我完成这个行为，或者妨碍我保持这种状况，他就是侵犯了我（或译为：他对我是不公正的）。因为根据普遍法规，这种妨碍或阻力不能和自由并存。"❶ 与他们都不同的是，约翰·罗尔斯将自由和平等这两个价值观念结合起来提出了一种新的正义理论。在《正义论》一书中，罗尔斯明确表示他的正义观念由两个基本原则构成。第一个原则是"每个人对与其他人所拥有的最广泛的基本自由体系相容的类似自由体系都应是一种平等的权利。"第二个原则是"社会的和经济的不平等应这样安排，使它们被合理地期望适合于每一个人的利益；并且依系于地位和职务向所有人开放"❷。罗尔斯还进一步认为，这两个原则在社会政策中不应当给予相同的重要性；第一个原则优先于第二个原则。这就意味着，自由只有因自由本身的缘故才能被限制，而且如果实现社会和经济平等的要求不能使所有的人的自由总量得到增加。那么这些要求就必然让位。

可以看出，正义是对一定社会现存经济关系的观念化的反映，是一种有着客观基础的、关于某种特定事物如思想、行为、规范、制度乃至事业等的理想状态及模式的主观评价尺度与价值判断标准。在政治、经济上，正义指一种与社会发展的理想相符合、足以保证人们的合理需要和利益的制度。人们基本、合理的需要和利益能否得到保证，取决于社会制度的正义。而社会制度的正义的实质在于：怎样合理地将社会合作所创造的价值、财富和其他利益以及社会合作的负担或责任分配给社会成员；当这种合理分配被人违反而造成社会争端甚至社会冲突时，又怎样合理地、公正地解决，这也就是"分配的正义"和"诉讼的正义"两个方面。

---

❶ ［德］康德. 法的形而上学原理——权利的科学［M］. 沈叔平，译. 北京：商务印书馆，1991：41.
❷ ［美］罗尔斯. 正义论［M］. 何怀宏，等，译. 北京：中国社会科学出版社，1988：56.

二、正义对法律的作用

"正义只有通过良好的法律才能实现""法是善良公正之术",这些古老的法学格言和法的定义表明法和正义是不可分的:法是实现正义的手段,法的价值之一在于实现正义。正义成为法的基本价值,对法的进化具有重要的作用,表现在以下几个方面。

(1)正义构成法的道德基础。法的内容合乎正义是法的正当性的道德基础,并成为人们守法的道德理由。正义性很强的法律由于获得了民众的道德认同,因而具有坚实的道德基础,并因而具有良好的社会作用。反之,当法的内容与正义相悖时,会引发法的道德危机,并进而会导致法的失效,严重的还可能引发社会的动乱。暴政就是因为法律失去了正义性的道德基础而沦为赤裸裸的暴力,这种单纯依赖国家强制性的法律因为丧失了正义性,虽然能逞一时之威,却不能持久。因此,从这一意义讲,法的实效性也就取决于法的内容是否合乎正义,以及合乎正义的程度。

(2)正义构成法的评价标准。法的正当性评价标准来自法外,正义作为法的"应然"构成对实在法的"实然"检验与批判的重要武器。当我们说"恶法非法"时,其实包含了我们关于法的正义性的认识。这种关于现实法的善恶评价成为现实法律改革的强大动力,并因而推动现实法律的不断进步。历史上每一次法律的改革都是在正义的旗帜下进行的,即使是在专制的社会里,法律改革也必须借助于正义的名义,而即便正义只是作为名义,也多少迫使集权者作出让步,而随着集权者每一次的让步,法律也就朝正义的方向一步步迈进了。

(3)正义对权力者构成约束。正是因为正义可以起到迫使集权者让步的作用,正义构成了对统治阶级意志的约束。在正义的评价和要求下,法律不再被描述为统治阶级专政的工具,而是作为调整人际关系的规则,并以公正的人际关系为理想。因而正义的法律观也就对权力的滥用可以起到控制的作用。而随着权力者的权力受到约束,公民的权利也就可以得到最大程度的保护。正义作为对权力者约束的重要工具,它催生了宪法审查、行政诉讼等专门控制权力的法律,从而相对的公民的权利能得到司法的积极保护。

第四节 效　　率

一、效率的定义

【阅读材料3】

定理

斯密定理：自愿交换对个人是互利的。

科斯定理：在一个零交易成本世界里，不论如何选择法规、配置资源，只要交易自由，总会产生高效率的结果。而在现实交易成本存在的情况下，能使交易成本影响最小化的法律是适当的法律。交易成本的影响包括了交易成本的实际发生和希望避免交易成本而产生的低效率选择。

波斯纳定理：如果市场交易成本过高而抑制交易，那么，权利应赋予那些最珍视它们的人。

假设政府要决定是否建一个桥牌馆，而这件事只在纳税人 P 和桥牌馆所有人 D 之间发生关系。在没有桥牌馆时，D 收入为 100 元，P 收入为 50 元，故总收入为 150 元。修建桥牌馆要花去 P30 元，而其创造价值将为 60 元并全为 D 所有，因为桥牌馆已为 D 所有。那么，这样一个项目要不要建？

效率主要是一个经济学概念，但不限于经济领域。效率也是一个关涉人的行为的概念，它涉及时间、投入和产出三个变量。"如果一生产过程以最少的投入总成本生产出既定水平的产出，即厂商在生产过程中不能以更低的成本生产既定水平的产出，我们就说这个生产过程在生产上是有效率的。同样，要是一个生产过程可使既定的投入组合可得到的产出水平达到最大，该过程也是在生产上有效率的。""同样，如果一个过程用最少的投入量生产出既定的产出水平，它就是有效率的。或者，生产效率也可以定义为既定产出以最少的成本生产出来的状况。"❶ 因此，我们可以说，效率的基本含义是：从一个给定的投入量中获得最大的产出，即以最少的资源消耗取得同样的效果，或以同样的资源消耗取得最大的效果。一个有效率的社会，就是能够以同样的投入取得比别的社会更多的有用产品，创造出更多财富和价值的社会。在这个意义上，效率与自由、正义一样也

---

❶ [美]罗伯特·考特，托马斯·尤伦.法和经济学[M].上海：上海三联书店，上海人民出版社，1994：92.

是一个社会的重要美德，一个良好的社会必须是自由的社会、正义的社会，同时也是效率的社会。没有效率的社会无论如何不能被认为一是个完善的社会。

要理解效率，还须明确效率与公平的关系。效率与公平在一个国家政策中往往构成一对紧张的关系。就前面提到的修建桥牌馆的例子，仅基于对效率的考虑，这桥牌馆显然要建，因为它净创社会收益30元。但我们同样要考虑一下公平的效果。在建馆前，D有100元，P有50元。建馆后，D有160元（包括60元收益），而P只有20元（减去30元建馆成本）。这样的分配结果显然不符合收入分配的公平原则。假设最公平的收入分配是D投资20元，P投资10元，建馆后，D的总收入是120元，P的总收入是60元，其比例为2/3与1/3。这种扩大贫富差距的分配方式是否就公平呢？如何解决公平和效率的冲突一直是人们争论的话题，为此人们提出了公平优先说、效率优先说、两者协调说三种观点。从法哲学的角度看，立法者和一切法律工作者既不能无视社会平等的要求，又不能膜拜低效率的平等，在进行价值选择时不能把二者的任何一个绝对化。但这并不意味着二者在价值序列中的地位总是一样的。它们在价值序列中的位阶要依社会需要的变化而变化。

因此，人们关于效率与公平的讨论也影响到法的价值关于效率与正义的取舍。在法的价值体系中，效率与正义从根本上讲也不是相互对立的价值，正义的制度因为最能发挥人的积极性，因而最有效率；而非正义的制度因为最打压人的积极性，因而最无效率。效率能否作为法的价值呢？在市场经济效率观念的影响下，效率不仅可以作为法的价值，甚至可以作为优先于公正的价值也曾经成为一种强势的理论，并至今依然有很大的市场。我们认为，效率对于法律来说是一种工具性价值，而非目的性价值。由于效率只是经济价值，因而必须服从公正，并自始至终必须接受公正的评判。

二、法律对效率的作用

现代社会的法律，从实体法到程序法，从根本法到普通法，从成文法到不成文法，都有或应有其内在的经济逻辑和宗旨：以有利于提高效率的方式分配资源，并以权利和义务的规定保障资源的优化配置和使用。这里仅从以下几个方面说明法律怎样和应当怎样促进效率。

（1）承认并保障物质利益，从而鼓励人们为着物质利益而奋斗。利益是人们企求满足的一种要求、愿望或期待。在社会心理学中，满足既被人们当作需要的实现，又是新的需要的起点和契机，因为追求利益是人类最一般、最基础的心理特征和行为规律。

（2）确认和保护产权关系，鼓励人们为着效益的目的而占有、使用或转让（交换）财产。财产权利的承认（产权关系的明确）是有效地利用自然资源的前提。

（3）确认、保护、创造最有效率的经济运行模式，使之容纳更多生产力，每种社会制度、每个国家都有其经济有效运行的最佳模式。

（4）承认和保护知识产权，促进科学技术的发展。科学技术是第一生产力。解放和发展生产力，首先是解放和发展科学技术。法在这方面的作用主要是把科学技术活动及其成果宣布为权利，使"智慧的火焰加上利益的燃料"。近代以来各国的经验表明，凡是法律承认知识的价值，保护知识产权的地方，科学技术日新月异，社会生产力蒸蒸日上；反之，社会生产力则徘徊不前。

第五节 人　权

一、人权的历史源流

【阅读材料4】

《世界人权宣言》序言

鉴于对人类家庭所有成员的固有尊严及其平等的和不移的权利的承认，乃是世界自由、正义与和平的基础，鉴于对人权的无视和侮蔑已发展为野蛮暴行，这些暴行玷污了人类的良心，而一个人人享有言论和信仰自由并免于恐惧和匮乏的世界的来临，已被宣布为普通人民的最高愿望，鉴于为使人类不致迫不得已铤而走险对暴政和压迫进行反叛，有必要使人权受法治的保护，鉴于有必要促进各国间友好关系的发展，鉴于各联合国家的人民已在联合国宪章中重申他们对基本人权、人格尊严和价值以及男女平等权利的信念，并决心促成较大自由中的社会进步和生活水平的改善，鉴于各会员国也已誓愿同联合国合作以促进对人权和基本自由的普遍尊重和遵行，鉴于对这些权利和自由的普遍了解对于这个誓愿的充分实现具有很大的重要性，因此现在，大会发布这世界人权宣言，作为所有人民和所有国家努力实现的共同标准，以期每一个人和社会机构经常铭念本宣言，努力通过教诲和教育促进对权利和自由的尊重，并通过国家和国际的渐进措施，使这些权利和自由在各会员国本身人民及在其管辖下领土的人民中得到普遍和有效的承认和遵行。

2004年我国《宪法修正案》对《宪法》第33条增加第3款："国家尊重和保障人权。""人权"字眼、人权理念终于正式进入了我们这个古老国度的公共生活领域，确立了其政治合法性地位。

考察"人权"的起源，不得不提及欧洲文艺复兴运动的先驱、意大利伟大的诗人和思想家但丁。但丁在其《论世界帝国》中写到："人类的目的是要建立统一的世界帝国来实现普天下的幸福，而'帝国的基石是人权'。"❶ 据考证，但丁是近代历史上第一个明确提出"人权"概念的人。但人权思想的源流，还可追溯到更早的古希腊文明时代。公元前5世纪，一批被称为"智者"的古希腊思想家最早开始提倡的自由与平等。智者学派的代表人物安提芬认为，希腊人把所有外来的居民看作"野蛮人"是毫无道理的，因为"野蛮人"与希腊人都同样具有人类的特征。古希腊悲剧作家欧里庇德斯也认为，根据自然法则，奴隶和自由民应该是一样的，奴隶之所以成为奴隶，不是因为他们愚笨，而是社会制度和城邦法律造成的。这种朴素的平等思想，后被进一步发扬光大。到罗马帝国时期，一些思想家提出了关于理性、正义、自由、自然法则的思想。古罗马的政治家和杰出的法律思想家西塞罗以永恒的、普遍的自然法则为前提推导出人类自然平等的法律观。进入到中世纪，基督教统治了整个欧洲。基督教把人的自然平等上升到生命创造意义上的平等。每个人的生命都来自人类共同的造物主——上帝。尽管中世纪神学主义自然法理念主要是被用来教导义务，即每个人在上帝面前负有"平等"的义务，但其强调生命的价值和尊严与人人平等的思想，为后世人权观念与理论奠定了基础。

到17、18世纪，古典自然法思想伴随着政治哲学中的自由主义理念在西欧勃兴。古典自然法思想关于人权理念的经典阐述主要体现在洛克、孟德斯鸠、卢梭等人的思想著述中。洛克认为，人的自然状态乃是一种完全自由的状态，人人都是平等和独立的，因此任何人不得侵害他人的生命、健康、自由或财产。然而，自然状态也存在缺陷，缺乏安全和中立的纠纷裁判者。因此，为了终止伴随自然状态而在的混乱与无序，人们缔结契约，彼此同意组成一个共同体并建立一个政治国家。但人们在建立政权时仍然保留着他们在前政治阶段的自然状态中所拥有的生命、自由和财产的自然权利，也就人权。孟德斯鸠对人权观念的关注主要不是表现在他的自然法哲学中，而是体现在他所试图设计的以"权力的制约与平衡"为核心理念的三权分立的政治制度中，他希望通过制度设计来保障人的财

---

❶ ［意］但丁. 论世界帝国［M］. 朱虹, 译. 北京: 商务印书馆, 1985: 76.

产、自由与安全。卢梭在其经典著作《社会契约论》的开首以悲天悯人般的口吻写到："人生而自由，然无所不在枷锁之中！自以为是其他一切的主人的人，反而比其他一切更是奴隶！"卢梭认为，在社会与国家出现之前，人类按照自己的"天然本性"生活，卢梭称其为人类的"自然状态"，在自然状态中，人们由两种天赋的感情即自爱心和怜悯心调整人们之间的关系。更重要的是，自然人享有天赋的自然权利即自由和平等。"每个人都生而自由、平等，他只是为了自己的利益，才会转让自己的自由。"❶ 因此，卢梭通过这种"自然状态"来歌颂人的平等与自由的天然权利，批判现实社会的奴役和统治违反了人的自然本性和规律。卢梭对"自由""民主"的执著向往和论述极富吸引力，因而也形成了巨大而深远的影响。他的著名的"天赋人权、自由平等"观不仅吹响了法国大革命的号角，而且也为包括中国民主主义者在内的各国革命者们提供了强大而锋利的思想武器。启蒙思想家们的人权观念对各国资产阶级民主革命与民主政治产生了巨大的影响。在资产阶级革命胜利后，资本主义各国实行宪政以确保人权。1776 年的《美国独立宣言》和 1789 年的《法国人权与公民权宣言》成为人权理论形成的标志。这两个宣言的思想基础就是 17、18 世纪启蒙思想家们提出的"天赋人权""主权在民"的古典自然法思想。

二、人权的含义

什么是人权？顾名思义，人权是人作为人所应当享有的权利。这个概念强调的是人作为"人"的属性和主体格而拥有的与生俱来的一种资格。所谓"天赋人权"即为此意。从辞源上去考察，中文没有关于人权的辞源，因为"人权"并非正宗的中国本土概念，而是地地道道的舶来品。在英文中，人权一词表述为"human rights"。"human"一词的第一含义为"人的"或"人类的"；第二含义为"凡人皆有的"。而"right"有"权利"之义。因此，"human rights"最基本的含义就是"作为人皆有的权利"。

但这一定义略显单薄。我们采纳美国著名宪法学家路易斯·亨金关于人权的定义："人权是当今世界中具有共识的每个人所具有的、或被认为具有的、或应该具有的道德与政治权利，这些权利是相对于他或她的社会和政府的权利。"❷ 这个定义的优势在于指明了人权的主要义务主体——社会与政府，涵盖了人权的

---

❶ ［法］卢梭. 社会契约论［M］. 何兆武，译. 北京：商务印书馆，2003：3.
❷ ［美］路易斯·亨金. 权利的时代［M］. 信春鹰，等，译. 北京：知识出版社，1997：187.

三种存在形态——应有权利、法定权利和现实权利。

关于"人权"的思想理论基础，前文在"'人权'的历史源流"中已述及，主要起源于并发扬光大于西方的自然法理念。其实，人权的表述本身既不需要哲学基础，也不反映任何哲学命题。现代人权理念并非基于或自证于自然法理论、社会契约理论或者任何其他政治哲学理论。人权概念是从反映共同道德直觉和公认的政治原则的现代国际文件中提炼出来的。人权的正当理由是修辞上的而非哲学的，如同各种人权类的宣言所说，人权"源于人身的固有尊严""对人类家庭所有成员的固有尊严及其平等的和不移的权利的承认，乃是世界自由、正义与和平的基础"。美国学者亨金也认为："人权是不证自明的，包含在人们的直觉和已接受的其他概念中。人权产生于那些已被接受的原则或已被接受的目的——如实现和平与正义一类的社会目的，实现人的尊严、幸福一类的个人目的——所必需。"在现代意义上，人权符合人性和人类社会的本质。简言之，人权是任何社会中的每一个人要求社会满足其实现人的尊严和个人幸福之利益的普遍权利，人权概念内含个人权利与公共利益之间的关系，从根本上看，完善的社会必然尊重个人权利。

从这个意义上看，人权具有一些基本特征：（1）人权是那些被认为主要为实现个人幸福和尊严的利益，是个人在社会中的权利。人权含有满足这些要求是社会之义务的意思，是对社会的要求。（2）人权是普遍的，它们属于任何社会中的每一个人。（3）人权是权利，而不仅仅是一些良好的愿望或主张。人权概念意味着，根据道德准则按照一定的道德秩序应赋予的权利被转化并确认为一个政治社会的法律秩序中的法律权利。（4）人权概念具有个人权利与其他公共利益之间关系的含义。人权概念往往要求个人权利优于社会利益。然而，个人与社会的现象不过是一种表象，用更长远、更深邃的观点看，如果个人权利得到尊重，社会就是一个更完善的社会。

三、人权的分类

（一）第一代人权、第二代人权与第三代人权

1979年，时任联合国教科文组织人权与和平处处长的卡雷尔·瓦萨克（Karel Vaska）教授提出了"三代人权"的概念，后被广泛接受。

1. 第一代人权

第一代人权：公民权利和政治权利。这是18世纪欧洲人权运动所主张的人权，并在自由资本主义时期达到了顶峰。这一代人权依据的是"自由"思想，目

的在于保护公民自由，免遭国家专横行为之害，以个人的自由权对抗公权力的干涉，理论基石即是"天赋人权"学说。包括生命权、平等权、精神自由权、表达自由权、人身自由与安全权、人格尊严权、财产权、参政权、监督权与抵抗权、集会游行示威与结社自由权等。现代意义上发展的第一代人权还应包括以诉权为代表的权利救济权。

2. 第二代人权

第二代人权：经济、社会与文化权利。形成于俄国"十月革命"时期，《德国魏玛宪法》率先将经济、社会与文化权利纳入了法定人权的范畴。"二战"后又受到西方"福利国家"思潮的影响。这一代人权依据的是"平等"思想，并保证人们真正有可能获得实质性的社会和经济利益。第二代人权又被称为"积极权利"，即人权的实现要求国家采取积极的措施和步骤，故而又有学者将第二代人权称为"受益权"，它们是对第一代人权的补充。

有一些西方学者对经济、社会与文化权利提出了质疑，认为其不具有实在法特征。这些学者反对将经济与社会主张视为权利，反对赋予其法律地位。《公民权利与政治权利国际公约》和《经济、社会和文化权利国际公约》在表述上也有一些差别：前者通常为"人人有……"，而后者是"各国承认……"；前者要求充分、及时地尽速实现；后者则仅要求国家采取步骤，"尽最大能力"逐步实现。但不管怎样，从正面规定个人的权利与从反面规定国家的义务没有本质的区别。《经济、社会和文化权利国际公约》充分肯定了第二代人权。

3. 第三代人权

第三代人权：集体人权。包括民族自决权、发展权、环境权、和平与安全权、享有人类共同继承的遗产权等。这一类权利是在第二次世界大战以后发展起来的，又被称为"社会连带关系权利"。两大公约均在第1条规定了民族自决权。这是国际上第一次在法律上正式提出和确认了集体人权的概念，从而从根本上突破了传统的人权观念。

(二) 应有人权、法定人权和现实人权

依据人权的存在形态，可以将人权划分为应有人权、法定人权和现实人权三类。应有人权是人权的最初也是最完整的形态，是人作为"人"所应当享有的权利。法定人权是通过实在法明确规定或通过立法纲领、法律原则加以宣布的、以规范和观念形态存在的人权。现实人权是现实社会生活中的主体通过争取、奋斗等主观努力而实际享有的人权。现实人权是人权转化的最终结果，是人权价值的最高表现形式，构成了主体追求的最高目标，一切人权的向往与奋斗无不以此为归宿。

(三) 个人人权与集体人权

按照享有人权主体的不同，可以将人权划分为个人人权以及集体人权。个人人权就是指普遍的、所有的自然人所享有的权利。集体人权的主体包括弱势群体、少数人族群、民族、国家等集体指称。但值得警惕的是国家既作为主权主体又作为集体人权主体时的危险，因为"人权的最大威胁恰恰来自统治者"。国家作为集体人权的主体应主要在国际关系和领域为本国和本国人民争取更多权益时才具有人权意义。

思考题

1. 案例一：2005年9月15日，B市的家庭主妇张某在家中利用计算机ADSL拨号上网，以E话通的方式，使用视频与多人共同进行"裸聊"被公安机关查获。对于本案，B市S区检察院以聚众淫乱罪向S区法院提起公诉，后又撤回起诉。

案例二：从2006年11月到2007年5月，Z省L县的无业女子方某在网上从事有偿"裸聊"，"裸聊"对象遍及全国22个省、自治区、直辖市，在电脑上查获的聊天记录就有300多人，网上银行汇款记录1000余次，获利2.4万元。对于本案，Z省L县检察院以传播淫秽物品牟利罪起诉，L县法院以传播淫秽物品牟利罪判处方某有期徒刑6个月，缓刑1年，并处罚金5000元。

关于上述两个网上"裸聊"案，在司法机关处理过程中，对于张某和方某的行为如何定罪存在以下三种意见：第一种意见认为应定传播淫秽物品罪（张某）或者传播淫秽物品牟利罪（方某）；第二种意见认为应定聚众淫乱罪；第三种意见认为"裸聊"不构成犯罪。(2008年统一司法考试试题)

问题：以上述两个网上"裸聊"案为例，从法理学的角度阐述法律对个人自由干预的正当性及其限度。

2. 法律秩序是人们在社会生活中依法行事而形成的行为有规则和有序的状态。影响法律秩序的因素是多方面的，主要包括下列哪些选项？(2002年统一司法考试试题)

A. 体制方面的因素　　　　　　B. 个人方面的因素
C. 环境方面的因素　　　　　　D. 法律本身的因素

3. "正义只有通过良好的法律才能实现"，这是为什么？

4. 谈谈你对人权作用的看法。

第二编

关于法律运行的知识

第七章 立法

导读

　　前面各章节对法律基本持静态的、解剖式分析，从本章开始则是对法律进行动态的考察，研究法律的整个运行过程。法律运行的起点是立法，立法是国家的重要活动，是国家制定、修改、废止规范性法律文件的活动，体现了很强的国家意志性，也因此具有了专门性。一个国家会有不同的立法机构，这些立法机构之间的权限划分必须科学合理，这就是立法体制所真正要解决的问题。立法由于是国家的重要活动，所以必须坚持一些基本的原则，国家的立法也要符合现代民主法治原则。此外，立法作为一项专门的工作，其中的技术要求也要坚持。

第一节 立法概述

一、立法的含义

【阅读材料1】

法律规定男子要做家务

1998年6月,《青年参考》刊登了一篇文章,题目为"奥地利:男子不做家务,违法!"文章介绍,奥地利政府新近修改婚姻法,规定丈夫必须承担家庭半数以上的家务劳动。如果丈夫被查出对家务视而不见,或者袖手旁观,那么,被查出者将受到法律制裁。具体说,丈夫有到酒吧消遣的权利,但也有操持家务的义务。丈夫出去消遣之前,必须完成自己应该完成的洗衣、做饭、清理房间等家务,否则,即属违法。文章提到,这一法律草案在1998年3月由奥地利议会投票表决时,曾经引起激烈争论。有的议员认为,社会上有太多的事情需要立法,关于家务事纯属细枝末节,而且,有关家务立法在世界上实属罕见。但是,大部分议员认为,用法律强制丈夫承担家务,对于稳定婚姻大有好处。丈夫通过操持家务,可以理解妻子的艰辛。而且,家务本来就不应该只属于女性。家庭是社会的重要组成部分,家庭矛盾解决了,社会就会更加安定。因此,这样的规定意义重大。最后,法律草案终于作为奥地利婚姻法的补充内容在议会通过,成为法律。

村规民约

浙江台州的某村,1999年5月,该村召开全体村民大会,会上村领导首先主持关于本村村规的讨论,每位村民都可以发表意见。讨论完毕后进行审议,最终制定了本村的村规,并且该村规还复印分发给每家每户。其中规定包括:村级管理机构可以进行"立法",也就是村领导机构可以制定本村投资决策、利益分配、财务管理等方面的制度,全体村民应该服从;对于涉及村民重大利益的事情,应该进行集体讨论决定;每年年终进行本村的分红;村里设立民事纠纷调解员,对于村内的矛盾进行调解;村里还设立治安管理保卫队,对于寻衅闹事、打架斗殴等行为进行处理,给予严厉的经济处罚。该村规被村民认为是本村的"基本法"。

从制定规则的过程和表面形式来看,奥地利政府通过法律草案和该村制定村规并没有什么区别，都是经过了讨论、审议、公布等程序。但是，从法律的理论来看，我们可以认为奥地利政府的行为是在立法，而制定村规则不是立法。

立法又称为法的制定、法的创制等，是指有关国家机关在法定权限和范围内，依照法定程序，制定、修改、废止和补充规范性文件的活动。在这一概念中，有关国家机关指的是法定的立法机关和经立法机关授权而行使立法权的机关。大部分法理学教科书都据此把立法分为广义立法和狭义立法。在我国，如果该"有关"国家机关仅指全国人大及其常委会的时候，这时的立法就称为狭义立法。如果该"有关"机关不仅指全国人大及其常委会，还包括经全国人大和常委会授权而拥有行政法规、地方性法规等制定权的机关时，立法就属于广义的立法。分析了立法的定义，对比上述两则新闻，我们可以发现立法如下特点。

（1）立法是以国家名义进行的活动。以国家名义进行说明立法反映的是国家的意志，既然要反映国家意志，那么立法当然只能由国家机关行使。我国很多的农村都有乡规民约，但那些内容都不是国家意志的直接体现。还有，在各国的立法程序中我们虽然可以看到法律都是由国家元首个人签署公布的，但是，国家元首公布法律的行为不是个人行为，而是一种职务行为，行使的是国家职权，它并不表明个人可以立法。

（2）立法是专属于国家的特殊权力。国家权力分为多项，至少可分为立法、司法、行政等，立法权只是国家权力的一种。在我国虽然强调一切权力属于人民，人民行使权力的机关是全国人大及其常委会，但通过我国宪法的规定，我们还是能大体分清全国人大与常委会行使的主要是立法权，而国务院与地方政府行使的是行政权，法院与检察院行使司法权。按照我国宪法的规定，立法权只能由全国人大及其常委会行使。国务院及地方政府、地方人大行使的是全国人大及其常委会所授予的立法权，属于授权立法的范畴。在现代国家，除了特定的国家机关以外，其他社会主体不能行使立法权。上面提到的制定村规民约就不能算是立法活动了。

（3）立法是严格依照法定程序所进行的活动。立法活动作为公权力的重要内容不是随意行使的，它本身也应遵循法律设定的权限与程序进行。在我国目前就是严格按照《宪法》和《立法法》确立的权限与程序进行立法，这是保证立法质量，克服立法任意性的重要措施。就上面的材料来说，奥地利政府制定一项法律，要经过很多事先设定严格的程序，比如要辩论、审议，要投票表决，要由国家元首颁布等。而浙江某村制定村规民约，表面上看也要经过讨论、审议、表决、公布等程序，但决不会像奥地利的议会制定法律那样严格，过程可能是比较简单随意的。

（4）立法内容不仅包括制定，而且还包括修改、废止、补充以及认可的活动。立法活动主要是向社会输入法律规范，但这并不是立法的全部活动内容。由立法机关向社会输入法律规范，既可能存在有不周延的情况，因而需要补充，也可能因为情势变更而需要修改，当然也可能因社会关系的变化而需要废止。另外，为使制定出来的法律更加严密，并解决一些特殊地区（如少数民族聚居地区）的问题，需要对一些风俗习惯加以法律认可。对国际政治、经济、文化交往过程中的一些条约和惯例，也需要立法机关加以认可，这是国际政治经济全球化的一种要求。

二、立法体制

【阅读材料2】

《中华人民共和国立法法》（节录）

第七条 全国人民代表大会和全国人民代表大会常务委员会行使国家立法权。

第九条 本法第八条规定的事项尚未制定法律的，全国人民代表大会及其常务委员会有权作出决定，授权国务院可以根据实际需要，对其中的部分事项先制定行政法规，但是有关犯罪和刑罚、对公民政治权利的剥夺和限制人身自由的强制措施和处罚、司法制度等事项除外。

第五十六条 国务院根据宪法和法律，制定行政法规。行政法规可以就下列事项作出规定：

（一）为执行法律的规定需要制定行政法规的事项；

（二）宪法第八十九条规定的国务院行政管理职权的事项。

第六十三条 省、自治区、直辖市的人民代表大会及其常务委员会根据本行政区域的具体情况和实际需要，在不同宪法、法律、行政法规相抵触的前提下，可以制定地方性法规。

第六十六条 民族自治地方的人民代表大会有权依照当地民族的政治、经济和文化的特点，制定自治条例和单行条例。自治区的自治条例和单行条例，报全国人民代表大会常务委员会批准后生效。自治州、自治县的自治条例和单行条例，报省、自治区、直辖市的人民代表大会常务委员会批准后生效。

阅读上述《立法法》的部分内容，可以看出这些法律条文反映的是不同的国家机关之间立法权限的划分，在前面我们还提到立法的广义和狭义划分，这些就是立法体制问题。所谓立法体制是指关于法的创制权限的划分制度。它包括两个方面的内容：一是关于中央和地方立法权限的范围，二是中央各拥有立法权的机关在创制法律活动中的权限划分。阅读《立法法》第7条和第63条，我们可以看到，全国人大及其常委会行使国家立法权，地方人大行使地方立法权。第9条和第56条反映出在中央国家机关中，全国人大行使最高立法权，全国人大可以授权国务院部分立法权，国务院拥有行政立法权。

当今世界各国的立法体制主要有单一制、复合制和制衡制等类型。单一立法体制是指立法权由一个政权机构甚至一个人来行使的立法体制，包括单一的一级立法体制和单一的两级立法体制。复合制立法体制是指国家的立法权由两个或两个以上的政权机关共同行使。制衡制立法体制则是建立在立法、行政、司法三者既相互独立又相互制约的原则基础上的立法体制。

我国现行的立法体制是一种一元、两级、多层次的立法体制，属于单一制但又有很强的特殊性。从立法权限划分的角度看，它是中央统一领导和一定程度分权的，多级并存、多类结合的立法权限划分模式。所谓一元是指根据我国宪法规定，立法权只能由全国人大及其常委会行使，全国范围内只存在一个统一的立法体系。所谓两级是指根据《宪法》规定，我国立法体制又分为中央立法和地方立法两个立法等级，地方立法权来源于法律的直接授权。所谓多层次，是指根据宪法规定，不论是中央立法，还是地方各级立法，都可以各自分成若干个层次和类别。

根据《宪法》《立法法》和有关法律的规定，我国现行的立法体制如下。

（1）最高权力机构即全国人大及其常委会行使国家立法权。全国人大可以修改宪法，修改、制定基本法律，全国人大常委会可以修改全国人大制定的基本法律。

（2）最高行政机关即国务院根据宪法和法律规定行使行政立法权。国务院可以制定行政法、发布决定、命令。

（3）省、自治区、直辖市人大及其常委会在不同宪法、法律、行政法规相抵触的前提下，可以制定地方性法规。省、自治区人民政府所在地的市、经济特区所在地的市和其他经国务院批准的较大市的人大及常委会，根据本市的具体情况和实际需要，在不同宪法、法律、行政法规和本省、自治区的地方性法规相抵触的前提下，可以制定地方性法规。

（4）民族自治地方，即自治区、自治州、自治县的人大有权依照当地民族的政治、经济、文化的特点，制定自治条例和单行条例。自治区的自治条例和单行条例报全国人大常委会批准后生效，自治州、自治县的自治条例和单行条例报省、自治区、直辖市的人大常委会批准后生效。

（5）国务院各部门可以根据法律和国务院的行政法规、决定、命令，在本部门的权限内，发布规章。省、自治区、直辖市人民政府以及省、自治区人民政府所在地、经济特区所在地市人民政府和其他国务院批准的较大市的人民政府，可以根据法律、行政法规和本省、自治区的地方性法规，制定规章。

（6）特别行政权的立法权限。香港、澳门特别行政区享有高度自治的立法权，根据各自基本法的规定并依照法定程序制定、修改和废除在特别行政区适用的法律。

第二节　立法原则

法的创制原则在许多场合被称为立法原则，它是指立法者应当遵循的准则或指导方针。立法原则集中反映了社会的基本价值追求。立法学在很大程度上属于政治学的范畴，因而关于立法的基本原则当属于政治方面的要求。从这一立场出发，我们认为立法的原则可以分为两个大的方面，第一方面是指导思想或基本精神方面的原则，而立法的思想原则又可以分为两个方面，法治原则和民主原则；立法原则的另一方面是技术性的原则。

一、立法法治原则

这里的法治是指限权意义上的法治。立法活动中法治原则意味着立法权的行使也必须有法律依据，应遵守《宪法》和《立法法》等所确定的立法权限和程序，在宪法原则和精神的指导下进行立法活动。具体说来，立法的法治原则具体包括如下几个方面的内容。

（1）宪法至上原则。立法应遵循宪法，当然这里的宪法应是限权意义上的宪法，参与立法的各政党、各社会团体、政府机构和代表团都必须维护宪法的至上权威，任何参与立法的主体都不能把自己的私利放置在宪法之上。

（2）合法性原则。享有立法权或被授权立法的机构，应按《立法法》和授权法律所规定的程序、权限来行使立法权。立法是非常重要的政治活动，它对社会的稳定、发展起着非常重要的作用，因而立法活动应克服任意性，而克服任意性的有效手段就是为立法活动设置权限和程序。严格依照法定程序进行立法活动，对于规范立法行为，保证立法质量，使立法工作更好地适应国家各方面建设和发展的需要,是非常重要的。

(3) 法制统一。我国《宪法》第 5 条规定:"国家维护社会主义法制的统一和尊严"。这一规定对于依法治国,建设社会主义法治国家是非常重要的。我国的法律体系是以宪法为基础的,在宪法之下又包括基本法律、法律、行政法规、地方性法规等不同位阶的法律。在立法活动中,要保证法律体系内部的和谐一致,就要求一切法律、行政法规都不能与宪法相抵触,下位阶的法律不得同上位阶的法律相抵触,同位阶的法律要相互衔接一致,不能相互冲突与矛盾。在起草、制定法律时,要从国家的整体利益出发,从人民的长远、根本利益出发。这是国家保持统一与稳定的法律基础。

(4) 保持法律稳定性原则。法律的权威性强调法律不能朝令夕改,必须保持其相对稳定。这一原则强调立法手段虽然是调整社会关系的重要手段,但应是统治者慎用的手段,一般来说,只要不发生重大社会关系的变化,就不宜采用重新立法的形式解决社会问题,这也是古人早已表述过的"法莫如一而固"的思想。从一定意义上说,法律的稳定性是法律权威性的重要标志,法律惟其稳定才有权威。但法律的稳定性并不是说法律在任何情况下都不能修改,而只是说对立法形式适应社会变革应当慎重。

二、立法民主原则

立法的民主原则包括三个方面的意思:第一方面是讲立法过程必须贯彻民主的程序,由民选的代表代表人民行使立法权,而对法律的通过坚持少数服从多数的原则。但同时立法的过程也必须给少数人以表达意见的机会,保证少数人的参与权利。我国立法机构是全国人大及其常委会,它们是由人民选出的代表组成,是建立在民主基础上的。但仅此一点,还不足以充分保证立法机构的立法活动和所立的法是民主的。立法者要能充分反映民意,集中人民的意志,需要立法机构的成员有广泛的社会联系,能直接反映多民族、多阶层、多地区乃至各行业等多种不同群体的意愿与利益。这就要求立法机构的成员有广泛的代表性。同时,由于立法是一个科学的决策过程,要求立法机构的成员应是具有一定科学常识与社会经验的人。

第二方面是讲立法应坚持以保障人民的权利为基本宗旨,加强民众对立法的参与。权利应是法律的重心,一切对权利的限制都应以实现人民的权利为目的。人民群众参与立法是人民的一项权利,许多国家为了实现立法的民主性,在宪法中甚至规定了某些重要立法要实行"全国讨论"和"全民公决"。所谓"全民公决"是指有选举权的一切公民对宪法和其他重要立法进行投票表决通过后才能生效，美国、法国、瑞士很早就采用这种制度。这实际上是公民直接行使立法权。我国不实行全民公决制也没有关于"全民讨论"的法定程序，但在我国，人民群众仍可以以各种形式参与立法工作。立法机关和立法工作者也要注意依靠人民群众，走群众路线，听取群众对立法的意见。

立法的民主原则的第三个方面是立法过程的公开化。立法公开化的目的主要在于使人民了解情况，便于参与决策和进行监督。立法公开有以下几个要求：(1) 法律草案拟制过程的公开，其形式是在报刊、杂志或网上公开报道来自立法建议人、提案人的构想，草拟人遇到的疑难问题，以便人民群众参与讨论修改。(2) 法律草案审议过程的公开。根据《全国人大组织法》第 20 条的规定："全国人民代表大会会议公开举行。"这里的公开包括全体大会对外公开，各代表团的分团会议、小组会议则是半公开，允许国内记者旁听。(3) 立法结果的公开。

三、立法科学原则

立法在技术方面有许多严格的要求，也要讲求科学，但这里谈论的仅仅是原则方面的。

第一，从实际出发。立法工作应从本国国情和实际出发，选择适宜的法律规范，才能使其适用于各种复杂的社会关系。当然，从实际出发仅仅是我们考虑立法的出发点，而不是立法的归宿，因而强调这一原则时，我们不能迁就落后的实际，切不能忘记立法在某种程度上也负有推动社会发展的任务。协调好从实际出发和法律对社会发展促动的关系是立法者的任务之一。

第二，借鉴古今中外的立法经验。历史上各阶级各时代都留下了丰富的法律遗产，如我国唐律、明律，内容细密详实，文字简明扼要，在法律思想上有许多独到的精辟见解。外国从古至今，也有许多闪烁着法治精神的法典和理论学说。尤其是当代资本主义市场经济搞了几百年，法律体系较为完备，因而值得我们认真研究与借鉴。

第三，原则性与灵活性相结合。立法之所以要遵循这一原则，是因为法律是一种具有普遍约束力的行为规范，因而法律规定必须明确，原则上不能模棱两可，但这仅是问题的一个方面。另一方面，又要考虑到我国民族较多，国情复杂，各地经济发展不平衡，社会仍处在变化之中。为了使法律在实际生活中能得到贯彻，便于执行，并能保持相对稳定性，这就要求立法时对法条一般不宜规定得过死，要有一定的灵活性，要留有一定的余地。但我们一定得注意二者之间的关系，这就是原则性是首要的，起指导作用，而灵活性是在原则性之下的灵活性，是以保证原则性为条件的。

第四，立法要有科学、严肃、慎重的态度。科学是人类实践理性的总结，是人类探求真理的必要途径，立法工作也不例外，它要求人们应以严肃、科学的态度去对待，使所立之法具有合理性，主客观一致，不违背人类行为和发展的规律。这一态度同时要求每位立法者应防止情绪化的态度，起草法律的人应认真推敲，准确表述，而审议者应对法律草案每一条款的规定认真审核。

第三节 立法基本程序

立法程序虽然是个形式问题，但它对一个国家决策的民主化、科学化都起着十分重要的作用。可以说，立法程序是否民主、科学，是一个国家文明水平的标志之一，它对减少、克服立法的随意性以及保持法律的连续性、稳定性和权威性有重要意义。立法是一种动态和有序的过程，具有阶段性特征，这一过程大致可以分为三个阶段：一是立法准备阶段；二是由法案转变为法律的阶段；三是立法完善阶段。根据我国《立法法》的规定，全国人大及其常委会的立法程序主要有：立法的准备程序、法律案的提出程序、法律案的审议程序和法律的公布程序。

一、立法的准备程序

立法的准备程序一般包括制定立法规划和计划、起草法律案两个大的方面。立法准备活动的具体内容包括：进行立法预测，编制立法规划，形成立法创议，作出立法决策；组织调查研究；安排立法起草人员；协调相关主体的关系，确定立法时间计划等。虽然立法准备程序不是法律明示的必经程序，但是多年来的立法经验证明，这是确保立法质量的有效措施。

我国的立法规划是从 20 世纪 80 年代开始出现的。全国人大及其常委会的立法规划一般由工作机构研究拟定，由委员长审议同意后印发常委会讨论认可。全国人大常委会制定立法规划的项目来源，包括以下几个方面：一是每年度的全国人大会议期间代表提出的议案以及批评、建议和意见；二是执法机关提出的立法建议，这是全国人大常委会制定立法规划时要考虑的主要因素；三是全国人大及其常委会在执法检查、调查研究过程中，提出的应立法或修改法律的各种情况；四是专家学者通过各种渠道提出的立法建议。

法律案的起草是立法准备程序的重要内容，是立法进入正式程序前的一个不可缺少的环节。法律草案一般应当用书面文字表达，其内容包括：法律案的题目、制定法律的依据、法律条款的具体内容、法律草案的说明。法律草案起草水平的高低，直接影响着法律的质量以及表决通过的速度。因而在立法准备过程中应认真对待法律草案的起草工作。目前许多国家都十分重视法律草案的起草，有些国家如美国、加拿大、英国、印度等还专门开设法律起草课程，注重培养专门的法律起草人才。

二、法律草案的提出和审议

（一）提出法律草案

法律草案的提出与审议是立法程序的重要组成部分。提出法律草案就是由有立法提案权的机关、组织和人员，依法定程序向有权立法的机关提出关于制定、认可、变动规范性法律文件的提议和议事原则的专门活动。提案者应是有权提案的主体，当今各国国家立法的提案权，主要由下列主体行使：议会和议员，国家元首，政府和政府首脑，成员国或下一级政权组织，司法机关，政党和社会团体，一定数量的选民，法定的其他机构。

在中国，从全国人大的立法来看，我们可以分两部分：一部分是向全国人大提出并由全国人民代表大会全体代表审议的法律草案；另一部分是向全国人大常委会提出法律草案，并由人大常委会委员进行审议的法律草案。根据《立法法》规定，可以向全国人大提出法律案的主体有两类：一类是有关国家机关，包括全国人民代表大会主席团、全国人大常委会、国务院、最高人民法院、最高人民检察院、全国人大各专门委员会；另一类是代表团或代表联名。全国人大举行会议时，按照选举单位组成35个代表团。代表团是会议的一种组织形式和议事形式，代表提出议案，须有30名以上代表书面联名。虽然法律规定上述各主体可以向全国人大提出议案，但在实践中提请全国人大审议通过的法律案，一般都先向人大常委会提出，经过常委会审议（一般至少经过常委会两次以上会议审议）后，再由常委会决定提请大会审议。法律议案实际上是要求全国人大审议通过法律规范的建议，因而法律议案必须有实际内容。但从过去的实践看，有关国家机关提出的议案都有具体内容，但由代表团或代表联名提出的议案，多数是关于某一法律必要性的论证，没有具体内容和条文。

根据《宪法》《全国人大组织法》《全国人大议事规则》和《立法法》的规定，法律议案的提出和审议活动主要包括以下几方面：法律案的提出和列入议事程序，听取法律案说明和代表团审议程序，专门委员会审议程序等。法律议案提出后，如何列入议程，《立法法》规定了两种情况：一种是由有关国家机关提出的议案，由主席团决定列入大会议程。对这类议案，主席团必须列入议程。另一种是由代表团或代表联名提出的议案，主席团有灵活处理的权力。其处理办法有二：一是主席团直接决定列入或不列入大会议程；二是由主席团先交有关专门委员会审议再由主席团决定是否列入议案。为了使每位全国人大代表能有充分的时间阅读法律案，根据《立法法》第12条的规定，常务委员会决定提请全国人民代表大会审议的法律案，应当在会议举行的一个月前将法律草案发给代表。

【阅读材料3】

《澳门特别行政区立法会议事规则》（节录）

第一百零一条　提案权

议员和澳门特别行政区政府均享有法律提案权及随后提案权，但不妨碍第一百零四条和第一百零五条规定。

第一百零二条　提案方式

一、议员及政府的提案方式均为法案。

二、对法案的随后提案采取根据第一百零六条规定提出修订提案的方式。

第一百零三条　提案权的行使

一、法案或其修订提案得由不超过九名议员签署。

二、政府提出的法案应：

a) 由行政长官签署；

b) 注明就法案已经征询澳门特别行政区行政会的意见。

三、出现不遵守第一款规定的情况时，主席将法案发还在首位签名的议员。

四、出现不遵守第二款规定的情况时，主席将法案发还行政长官，并指出所遗漏的形式要件。

第一百零四条　提案权的保留

澳门特别行政区政府对下列事项享有专属提案权及随后提案权：

a) 立法会选举法；

b) 公共收支；

c) 政治体制；

d) 政府运作。

（二）审议法案

全国人民代表大会对法律案的审议有三种形式：一是大会全体代表听取法律草案的说明。根据《全国人大议事规则》的规定，全国人大会议在必要时可以组织大会发言。但自 1979 年以来，还没有组织过这类发言。二是代表团审议。代表团审议分为两种，一种是小组审议，一种是代表团全体审议。三是专门委员会的审议。现在全国人大共有 9 个专门委员会，各专门委员会的成员都由全国人大代表组成，大多数是某一方面的专家或者有比较丰富的实际工作经验。法律案由专门委员会进行审议，是全国人大立法的一个必经程序。除法律委员会外，其他 8 个委员会并不是对每件法律案都进行审议。专门委员会审议要召开全体会议集体讨论，最后得出的审议意见一般采用协商形式，不进行表决。

有法律议案的提出程序，自然也就有撤回程序。立法法对撤回程序作了两种规定：一是列入大会议程前要求撤回的，无需经过任何同意程序即可以不列入大会议程。二是列入大会议程要求撤回的，要受到一定的限制。从时间上看，撤回必须在交付表决以前。如果法律案已交付表决，虽然没有出来结果或尚未表决，则提案不能撤回。

三、法律案的表决和法律的公布

法律案通过审议后，就进入表决程序。法律案的表决就是立法机关组成人员对法律案赞成、反对或弃权所进行的表态活动。表决结果是法律案通过或不通过，表决的结果直接关系到法案究竟能否成为法律。通过法案，是指法案经过表决获得法定多数的赞成或同意所形成的一种立法结果。法案的表决权通常属于立法机关的成员，在有些国家，特殊情况下法案须全体或部分公民表决，如全民公决。目前世界各国通过法案的基本原则是少数服从多数，法案只有获得法定多数表决者的赞同，才能成为法律。

表决以表决者立场是否为他人所知分为公开表决和秘密表决。所谓公开表决是指不对表决者的态度进行保密的一种表决方式，主要方式有：口头表决、起立表决、举手表决、点名表决、记名表决、发牌表决、电子仪器表决等。所谓秘密表决是指不公开表决者态度的一种表决方式，主要方法是：不记名投票，即表决者按会议确定的方式，对立法案表示赞成、反对或弃权的态度，但投票者的态度不让别人知道。这种方式的优点是表决者对议案的真正态度因不为人知道，其秘密表决结果可能更为真实。

目前世界各国一般都采取公开表决的方法，只是在选举时用秘密表决方法。我国的法律案表决有如下特点：第一，法律表决程序遵循绝对多数的原则。全国人大和常委会议事规则都规定，大会全体会议表决议案，由全体代表的半数通过；常委会表决由全体组成人员的半数通过。第二，从表决方式上看，我国法律案的表决采用投票方式、举手方式和其他方式。其他方式是指包括电子表决器、鼓掌默示等方式。现在全国人大和常委会会议都装有电子表决器，对一般法律的表决采用按电钮无记名方式表决，这样表决不仅具有了保密性，并提高了表决统计的准确性和速度，提高了会议的效率。

【阅读材料4】
《澳门特别行政区立法会议事规则》节录

第八十二条 投票

一、议员一人一票。

二、出席的任何议员不得放弃投票，但不妨碍投弃权票。

三、不得以授权书或函件的方式投票。

第八十三条 投票方式

一、投票以下列任何一种方式进行：

a) 以名单或黑白珠的不记名方式；

b) 举手方式表示赞同或反对，不作表示者，视为弃权；

c) 以电子方式投票表示赞同或反对，不作表示者，视为弃权。

二、投票通常采用上款 c) 项所规定的方式。

三、不得采用补充或选择性的投票方式。

第八十四条 不记名投票

一、下列事项均以不记名方式投票：

a) 选举；

b) 《议员章程》所规定的议决。

二、对于其他事项，由至少九名议员申请，经全体会议议决，得采用不记名投票。

三、不记名投票时，白票等同弃权，无效票不计算。

法律的公布是立法活动的重要程序，公布法律的权力在多数国家都是由国家元首行使，在有些国家由国家立法机关的领导机构行使。我国《宪法》和《立法法》都规定由国家主席公布全国人大和常委会制定的法律。法律通过后，经国家主席签署公布，面向全社会公开，由新华社播发，同时在《全国人大常委会公报》和全国范围内发行的报纸上刊登。在中国，宪法和法律没有规定公布法律的具体时间和方法，通常的做法是，法律一般于通过当日公布，少数的情况下是在法律通过数日之后公布，有的法律于公布之日施行，多数的法律是在公布后经过一定的时间才施行。

第四节 法律部门

一、法律部门及相关概念

法律部门，又称为部门法，它是对一国现行的法律规范按照所调整的社会关系的不同以及与之相适应的调整方法的不同所作的分类。部门法是法律体系的基本组成要素，各个不同的部门法的有机组合，便成为一个国家的法律体系。部门法是一个法学概念，在现行的成文法中，并没有一个与部门法完整对应的法规或法典。部分法作为一种法律的划分方法，对立法和司法都具有重要的意义。

部门法的划分主要有两个依据：第一个依据是法律所调整的对象，即法律所调整的某类社会关系。法律本身就是源自于各种社会关系，以此为标准可以使法律部门与社会关系相适应。社会关系是多种多样的，人们可以将社会关系分为政治关系、经济关系、文化关系、宗教关系、家庭关系等，当这些不同领域的社会关系成为法律调整的内容之后，它们便形成了构建法律部门的基础，而调整不同领域的社会关系的法律又形成不同的法律部门。法律部门就是以法律所调整的社会关系的内容作为依据来划分一部法律属于何一部门的，因为这种调整社会关系的内容决定着法律规范的性质。

法律部门划分的第二个依据是法律的调整方法。法律的调整方法，主要是指法律规范调整社会关系时的基本原则、主要方法以及对违法行为进行制裁的方式。法律规范所调整的社会关系虽是划分法律部门的基础或最重要的标准，但仅仅以此作为划分标准还是不够的，因为它们既无法解释一个法律部门（如刑法法律部门）可以调整不同种类的社会关系，也不能解释同一社会关系需由不同的法律部门来调整这一法律现象，因此，划分法律部门，还需将法律规范的调整方法作为划分标准。如刑法调整的范围涉及社会关系的各个主要方面，它之所以成为一个独立的部门法，原因在于它是以刑罚作为手段来实现法律调整社会关系的目的的，我们把凡属以刑罚制裁方法为特征的法律规范划分为刑法部门。

与法律部门密切相关的概念就是法律体系。法律体系，法学中有时也称"法的体系"或简称为"法体系"，是指由一国现行的全部法律规范按照不同的法律部门分类组合而形成的一个呈体系化的有机联系的统一整体。法律体系是一个国家的全部现行法律构成的整体。这就是说，它既不是几个国家的法律构成的整体，也不是一个地区或几个地区的法律构成的整体，而是一个主权国家的法律构成的整体；既不包括一国历史上的法律或已经失效的法律，也不包括一国将要制定的法律或尚未生效的法律，只包括现行的国内法和被本国承认的国际法。

对于法律体系的概念，需要与"法系"概念区别开来。所谓法系是指存在较为一致的历史传统和特征的某些民族国家和地区的法的总称。在法学研究中，"法系"一词是在对各国法律制度的现状和历史渊源进行比较研究的过程中形成的概念术语。从历史的眼光看，有些法系依然存在，有的法系已经消失了，但是我们必须对这些法系进行区分。目前世界上最有影响力的是大陆法系和英美法系，中国内地和澳门特别行政区主要继受大陆法系传统，而香港特别行政地区则继承英美法系传统。

二、当代中国的主要法律部门

对于我国这样一个宏大的法律体系，如何划分出不同的法律部门，法学界和法律界有过不同的方案。有学者提出三分法，将法律体系分为公法、私法和社会法；有学者提出八分法，将法律体系分为民法、商法、行政法、经济法、劳动和社会保障法、自然资源与环境保护法、政治法、文化法；有学者提出十分法，将法律体系分为宪法、行政法、民法、商法、经济法、劳动法和社会保障法、环境法、刑法、诉讼程序法、军事法。另外，在"一国两制"之下，中国的法律虽然有着内地与香港、澳门、台湾地区的种种差异，但仍然可以看作是一个法律体系，法系背景的差异不影响一国法律体系的统一。这是因为：我国的立法权是统一的，尽管内地与港、澳、台地区在具体享有和行使立法权有些不同，但我国制定国家根本大法的最高立法权是唯一的。其次，香港、澳门基本法是根据宪法制定的，而《宪法》是我国全部法律统一的中心和出发点，这就决定了我国的法律体系是统一的。

需要注意的是，这里的法律部门的划分与第三章法的渊源有相似之处，但不能等同。法律渊源侧重于分析法律的效力等级和表现形式，而法律部门侧重于内容，具有横向性。我们根据国内通常的观点，将我国的法律部门分为如下几个：

1. 宪法

《宪法》是我国的根本大法，规定了我国的社会主义根本制度、基本原则、方针政策，公民的基本权利和义务，各主要国家机关的地位、职权和职责等，因而宪法是国家活动的总章程，是我国法律体系中最重要的法律部门，也是其他法律部门所有规范性法律文件的最高依据。宪法这一法律部门除了《宪法》之外，还包括以下几类宪法性法律文件和规范：国家机构的组织和行为方面的法律；民族区域自治方面的法律；特别行政区方面的基本法律；立法方面的法律；保障和规范公民政治权利方面的法律；涉及国家领域、国家主权、国家象征、国籍方面的法律。

2. 行政法

行政法是调整有关国家行政管理活动中各种社会关系的法律规范的总称。行政法是由很多单行法律、法规构成，分为一般行政法（或称为行政法总则）和特别行政法（或称为行政法分则）。前者是包括国家行政管理的基本原则、方针和政策，国家行政机关及其负责人的地位、职权和职责、一般行政程序、国家公务员的职权和职责等。后者则指各专门行政职能部门管理活动适用的法律法规。要注意行政法与行政法规这两个概念的区别。行政法指的是一个部门法，而行政法规指的是一种法的渊源。

3. 民商法

民商法是规范社会民事和商事活动的基础性法律。我国采取的是民商合一的立法模式。民法是调整作为平等主体的公民之间、法人之间、公民与法人之间的财产关系和人身关系的法律规范的总和。民法是市场经济的基本法律，它包括自然人制度、法人制度、代理制度、时效制度、物权制度、债权制度、知识产权制度、人身权制度、亲属和继承制度等。民法的调整原则主要是平等、自愿、等价、有偿、公平和诚实信用等。目前，我国尚无一部系统和完整的民法典，民法部门部门主要是以《民法通则》为主，附之以其他一些单行民事法律组成的。这些单行民事法律包括有合同法、担保法、拍卖法、商标法、专利法、著作权法、婚姻法、继承法、收养法、农村土地承包法等。

商法是民法中的一个特殊部分，是在民法基本原则的基础上、适应现代商事交易迅速便捷的需要发展起来的。商法是指调整商事法律关系主体和商业活动的法律规范的总称，起源于18世纪英国的商人法，1807年制定的《法国商法典》确立了民商分立的传统，把民事关系和商事关系用不同的法律规定，适用不同的法律。但是随着资本主义商品经济的发展，基于商法和民法在许多概念、原则都可相互通用，因此又出现了民商合一的立法体例。民法规定的有关概念、原则和规范也适用于商法。商法调整的是自然人、法人之间的商事关系，主要包括公司、破产、证券、期货、保险、票据、海商等方面的法律。目前我国有关商法法律部门的法律规范主要有：公司法、合伙企业法、证券法、保险法、票据法、海商法、商业银行法、期货法、信托法、个人独资企业法、招标投标法、企业破产法等。我国目前没有单独的称为"商法"的规范性法律文件，采取的民商合一的方式。

4. 经济法

经济法是指调整一定范围的社会经济关系的法律规范的总称。所谓"一定范围"是指在国民经济管理中和各种经济组织的活动中发生的经济关系，包括国家在国民经济管理中发生的纵向经济关系，各种社会组织在经济活动中发生的横向经济关系、经济协作关系及社会经济组织内部的经济关系等。经济法在我国是自20世纪80年代初期兴起的一个新兴法律部门，法学界经过长期的争论，对于经济法的调整对象的范围以及如何定义经济法，仍存在较大的分歧，但都一致认为经济法是与民法、商法、行政法相互独立的部门法。经济法主要包括两个部分：一是市场竞争法，主要是反垄断、反不正当竞争、反倾销和反补贴等方面的法律；二是国家宏观调控和经济管理方面的法律，主要是有关财政、税务、金融、审计、统计、物价、技术监督、工商管理、对外贸易和经济合作等方面的法律。

5. 劳动与社会保障法

劳动法是调整劳动关系以及与劳动关系密切联系的其他关系的法律规范的总和，亦有称为劳动与社会保障法，但也有学者将社会保障法归入经济法的范畴中。社会保障法是调整有关社会保障与社会福利关系的法律规范的总和，它是对年老、患病、残疾等丧失劳动能力者的物质帮助的各种规划，包括劳动保险、职业待业保险、职工生活困难补助以及农村中的"五保"等社会保险和对于社会成员福利的法律规定。

6. 环境法

环境资源法是关于保护环境和自然资源，防治污染和其他公害的法律规范的总称，也有称为"环境与自然资源法"或"环境保护法"。该法律部门主要包括自然资源法和环境保护法两大部分。自然资源法主要指对各种自然资源资源的规划、合理开发利用、治理和保护的法律。环境保护法主要是指保护环境、防治污染和其他公害的法律。

7. 刑法

刑法是有关犯罪、刑事责任和刑罚的法律规范的总称，是我国法律体系中的一个基本的法律部门。刑法所采用的调整方法是最严厉的一种法律制裁方法即刑罚的制裁。所以，刑法法律部门并不是主要的以调整对象来划分的，而是以其调整方法——刑罚制裁的方法来划分，即凡属用刑罚制裁方法的法律规范，都属于刑法法律部门。

8. 诉讼法

诉讼法是指有关诉讼活动的法律规范的总和。其主要内容是关于司法机关及其他诉讼参与人进行诉讼活动的原则、程序、方式和方法以及诉讼当事人权利和义务的规定；关于检察或监督诉讼活动是否合法以及纠错的原则、程序、方式和方法的规定；关于执行程序的规定。一般将诉讼法分为刑事诉讼法、民事诉讼法和行政诉讼法，我国目前的诉讼法方面的规范性法律文件主要也以这三类为核心。

以上是常见的法律部门划分。在国内理论界，还有些学者划分出军事法和国际法法律部门。军事法就是有关军事管理和国防建设的法律规范的总称。而关于国际法能否成为当代中国法律体系的一个独立的法律部门，法学界仍存在着争议。但国际法作为一个客观存在，我们不能忽视其在我国法律体系中的特殊地位，也不可能将其完全排除在我国法律体系之外。国际法一般可分为国际公法、国际私法、国际经济法三个法律部门。

思考题

1. 德国法学界萨维尼在其著作《论当代立法与法学的当代使命中》中，提出：

"在人类信史展开的最为远古的时代，可以看出，法律已然秉有自身确定的特性，其为一定民族所特有，如同其语言、行为方式和基本的社会组织体制。不仅如此，凡此现象并非各自孤立存在，它们实际乃为一个独特的民族所特有的根本不可分割的禀赋和取向，而向我们展出一副特立独行的景貌。将其联结一体的，乃是排除了一切偶然与任意其所由来的意图的这个民族的共同信念，对其内在必然性的共同意识。"

问题：从立法的角度，谈谈这段话对你的启发。

2. 根据《立法法》的要求，下列哪些事项只能由全国人民代表大会及其常务委员会制定法律加以规定？（2002年统一司法考试试题）

A. 劳动争议仲裁制度　　　　　B. 教育制度
C. 对私有企业的财产征收制度　D. 居民委员会、村民委员会制度

3. 如何概括当代中国立法的基本原则。

4. 思考严格的立法程序对立法的意义。

第八章 法的实施

导读

在法的整个运行中,立法是前提和基础,而法律的实施并最终实现法的目的才是最终目标。制定法律的根本目的并不是简单为了有法律存在,而是为了法律在社会生活中得到遵守、实施,最终实现法律对社会的规范、调整等功能,也就是法律得到实现。所以立法之后紧接着的问题就是如何实施法律的问题。法律制定出来以后如果不能得到实现,那么法律就没有了存在的意义,甚至还会带来更糟糕的结果。从理论上说,法的实现就是法律所规定的内容通过各种方式在人们的行为和社会生活中得到实现。一般来说,法律实施的主要方式包括守法、运用法律、执法、司法和法律监督等。

第一节　遵守和运用法律

一、遵守法律

【阅读材料1】

陈某是山西某县工业局的打字员，一贯做事谨慎，认真做好自己的本职工作。1998年，该县公安局接到一起诽谤省里领导案件，在侦察该案时，县公安局怀疑陈某有作案嫌疑，决定对她进行收容审查。一天早上，当陈某上班时，公安局的工作人员身着便衣，未出示任何法律手续，借故将陈某骗出机关大楼，推上等候在楼下的吉普车，押至派出所，并让她在传呼证上签名，将她秘密收审，以后又转移至公安局看守所。在收容审查期间，公安局多次询问陈某有没有打印匿名信，陈某都否认。20天后，公安局以"暂查不清，有待进一步调查"为由，将陈某释放。陈某在被收审期间，因受到惊吓，出现胸憋、心慌、恶心、头痛、头晕等症状，经医院诊断患了"神经功能症"。陈某被释放后，向法院起诉，请求法院依法撤消被告的收容审查决定，并公开向原告赔礼道歉，恢复名誉，消除影响，并赔偿原告因此而受到的误工、医疗的经济损失。法院经审理认为被告的收容审查决定既违反法定程序，又滥用职权，原告不属于有关法规规定的收容审查的对象，其行为严重侵犯了原告的合法权益，依法应担承对陈某的侵权赔偿责任。最后，被告被判赔偿原告各种损失共4913元，并恢复名誉。

（一）守法的含义

遵守法律通常简称为守法。广义的守法就是法律实施，是指各国家机关、社会组织（政党、团体等）和公民个人严格依照法律规定去从事各种事务和行为的活动。而狭义的守法主要是指普通公民的守法。在现代法治社会，法律的要求是所有社会主体都要遵守法律，狭义的守法带有强迫和允许特权的色彩，所以我们这里的守法是指广义的守法。守法是法的实施的最重要、最自然、最普遍的方式，它不需要借助于外力的干预，而是法律主体自觉自愿的行动。立法者制定法律的目的，就是要使法律在社会生活中得到实施。并且法治社会要求法律一经制定和生效，必须付诸实施。如果一个国家和社会制定了大量的法律，但却不能在社会中得到遵守和实施，那将失去立法的目的，也使法律自身失去权威。

（二）守法的内容

守法意味着一个国家和社会的各种社会主体严格依照法律办事。依照法律办事，就自然包含着两层含义：其一，依照法律承担义务并履行义务，守法首先是对义务的遵守，这是一般的语言里的用法。阅读材料中陈某就有不诽谤的义务，公安机关也有严格依法执法的义务。其二，依照法律享有权利并行使权利，守法绝不是只遵守义务的规定，按照法律赋予的权利去享有也是守法的表现。比如公民有选举权，公民参加选举也是守法的体现。因此，我们不能仅仅将守法理解为只是承担义务和履行义务，它也包含着享有权利和行使权利。

（三）守法的主体

守法的主体是指在一个国家和社会中，哪些人或哪些组织应该成为遵守法律的主体。我国宪法对法的遵守作出了明确的规定。《宪法》第5条第4~5款规定："一切国家机关和武装力量、各政党和各社会团体、各企业事业组织都必须遵守宪法和法律。一切违反宪法和法律的行为，必须予以追究。任何组织或者个人都不得有超越宪法和法律的特权。"《宪法》第53条规定："中华人民共和国公民必须遵守宪法和法律……"所以守法的主体有三种：个人、组织、国家，本章阅读材料1案件中的主体，陈某、公安局、法院都是守法的主体。

理解守法主体，要和法律的效力问题联系起来。前面讲法的效力时讲过法律的对人效力，也就是法律对哪些人具有效力。一个国家的法律肯定不可能对全世界的人都有法律效力，法律效力总有个地域上的限制。从这个意义上讲，守法针对的个人，首先是指一个国家的公民，至于何为一个国家的公民，则是该国相关法律规定的事情。由于各国的法律总存在着地域范围，所以守法的个人，自然就包括了在本国的外国人或无国籍人。换言之，只要处于特定的国家之内，守法问题总是存在的。

理解守法主体，还涉及法律上的责任能力问题。从法律上讲，一个人没有责任能力，也就意味着在法律上是不能受到惩罚的，不能受到惩罚，相对于一般的社会主体而言，守法的意义也就不存在。比如我们不能要求一个10岁的儿童懂得刑法中禁止贪污的法律意义，或者严格要求这样的儿童去遵守民法的相关规定。通常，根据法律的规定，未达到一定的年龄，或者精神能力欠缺，"守法"一词就会不能适用或不能完整适用。现代社会存在各类组织，若干个人聚集在一起，具有共同目的，实施相互协作的活动，就可以冠以"组织"的名义。社会组织的守法也涉及法律的效力和责任能力问题，这要看特定国家的法律如何确定组织的范围和责任能力。从现代法律来看，以理智成年人为成员的任何组织，都可以而且也应该成为守法的组织,只要相应的法律作出了义务规定。社会组织的责任能力和个人的责任能力问题差别很大。

国家守法是一个现代的概念。在近代以前,很多法学理论和政治理论都认为国家是不存在守法问题的。也就是说,法律是由国家制定或认可的,国家可以根据自己的意志改变或废止法律。所以要国家守法是一种自相矛盾的说法。现代国家,政府内部各部门之间有明确的分工和制约,作为政府一部分的政府机构、政府官员,自然可以对另一部分政府官员实施法律上的强制。而政府机构、官员又是代表国家的,所以说国家守法是符合逻辑的,国家守法的具体表现就是政府机构及其官员的守法。对于国家的守法问题,要注意政府机构的角色变换。政府机构有的时候是代表国家,有的时候是以一般组织的身份出现,政府官员有时也是以一般个人的角色参与社会活动,比如政府和其他社会组织订立民事合同时就不是以行政管理者的身份出现,政府官员回到家中或参加一般社会活动,身份都发生改变。

【阅读材料2】

墨者有巨子腹䵍,居秦,其子杀人。秦惠王曰:"先生之年长矣,非有他子也,寡人已令吏弗诛矣。先生之以此听寡人也。"

腹䵍曰:"墨者之法曰:'杀人者死,伤人者刑。'此所以禁杀、伤人也。夫禁杀、伤人者,天下之大义也。王虽为之赐,而令吏弗诛,腹䵍不可不行墨者之法。"不许惠王,而遂杀之。

——选自《吕氏春秋·去私》

这个故事说的是这样一件事:墨家有个叫腹䵍的首领,在秦国居住。他的儿子杀了人。秦惠王对腹䵍说:"先生年纪大了,又没有别的儿子,现在他犯了杀人罪,我已经命令审判这案的官吏不要判他死刑。先生在这件事上就听从我的意见吧!"

腹䵍回答说:"墨家的法律规定:'杀了人的一定要抵命,伤了人的一定要判刑。'这是因为要禁止杀人和伤害人啊!禁止杀人和伤害人,这是天下人都应该遵守的大道理。大王即使对我儿子开恩,命令官吏不要杀他,但是我腹䵍却不能不执行墨家所规定的法律。"腹䵍不答应秦惠王的要求,结果硬是把儿子杀了。

(四) 守法的范围

守法的范围就是守法主体必须遵守哪些法律文件。守法的范围直接取决于一个国家的法律渊源,在历史上不同的国家守法的范围也不同。在我国,守法首先是要遵守规范性法律文件,表现为各种制定法;其次是国家机关认可的具有法律效力的习惯，我国参加或缔结的条约、协定和我国认可的国际管理，司法机关发布的具有普遍约束力的司法解释；最后是国家司法机关、执法机关制作的非规范性法律文件，如法院的判决书、调解书等，这些不是规范性法律文件，但对于特定的当事人来说必须遵守。

（五）守法的缘由

对于这个问题，法学理论的解答认为主要有如下理由：惧怕惩罚、担心社会压力、考虑信誉损失等。法律的特点是具有强制性，也就是在规定义务的同时附加制裁条款，一般的社会主体或组织遵守法律的重要理由就是惧怕违法带来的惩罚。担心社会压力而遵守法律也是守法的一个重要缘由。社会压力的形成、规则与社会整体意识形态观念的相互协调、规则与社会其他的秩序的相互协调有密切的关系。出于信誉的考虑而遵守法律是社会主体的一种利益追求问题，尤其是在经济关系中，信誉的保证会带来长期的经济利益，从理性人的角度看，社会主体最终也是为利益在遵守法律。

关于守法的基本理由，具体包括：（1）习惯说，大多数人从小就被教导要尊重父母、知识、权威、法律等，从而使守法成为一种内心的心理素养或行为习惯；（2）合法性说，当法律或判决是由具有合法性的权威机关依照法定正当程序作出，人民就会相信其是合法的并遵守它们；（3）畏惧说，在法律秩序正常的社会里，国家会对违法行为进行惩罚，出于畏惧会迫使人们遵守法律；（4）压力说，社会中有许多行为模式，有一些是社会整体所期望的模式，这些行为模式依赖社会评价会形成社会压力，违反法律的行为模式会受到社会的轻视或否定而形成心理压力，包括羞耻感等；（5）利益说，守法会产生社会对行为的肯定，会带来有益的效果，出于自己利益的考虑要守法；（6）道德说，守法是每一个社会的公民道德基础，是道德基本要求在人们行为中的体现。❶这些理由根据人的心理可以分为内在和外在两个方面，有些体现了人发自内心的追求，有些是社会外在原因使然。

【阅读材料3】

守法的道德依据

对于守法问题，还可以思考为什么应该遵守法律。有时守法不是个人所情愿，而是因为国家的外在要求，也就是法的要求。为什么应该遵守法律的问题带有很强的道德论证色彩。在法学中，"公民应当守法"并不是一个无须论证的当

---

❶ 徐永康. 法理学 [M]. 上海：上海人民出版社，2003：333.

然命题。20世纪后半叶,西方社会出现严重的合法化危机,为了证明守法是公民的必然义务,很多法学家提出了诸多理论观点。其一是承诺论。这种观念起源于古希腊,就是公民和国家之间存在承诺,后来演变为古典自然法学派的"社会契约论"。按照这种看法,每一个公民都是社会契约的当事人,法律实际上是社会契约的体现,既然大家都承诺和参与了社会契约,就应该守法。其二是公平论。这种看法由英国法学家哈特和美国哲学家罗尔斯提出,认为在一个公平的社会中,在其他社会成员都守法的情况下,某个社会成员从其他人的守法中获得了好处,如果该成员违法,就会使其他人受到损失,明显不公平。其三是功利论。这种观点认为,公民之所以有守法的义务,是因为稳定的法律秩序的存在能够给最大多数人带来最大的幸福。❶ 这些理论努力为公民应当守法寻找合理的论证依据,但总是不能绝对地说服人。

二、运用法律

【阅读材料4】

2008年4月,东北姑娘小李和男友一起到北京游玩,同行的还有另外一对情侣,四人在北京的一家小宾馆开了两间房。因为两对年轻人都没有结婚证,他们名义上两男两女分别登记入住,实际上是两对情侣住在了一起。因为一点小事发生争执,小李的男友竟然把小李掐死在这间客房里。随后的几天,凶手紧锁房门,拒绝任何人进入,甚至包括打扫卫生的服务员。后来服务员比较警觉,闻到异味,发现现场,并及时通知警察将犯罪分子抓获。经过一系列的调查和审理,北京市第一中级人民法院对凶手判处了死刑。因为案件的发生给小李全家人带来了巨大的痛苦,法院同时作出了附带民事的判决,凶手应当赔偿小李的家长共计约30万元。可是凶手被执行死刑后,却没有任何遗产来承担民事赔偿的责任。

小李父母想到,既然事情发生在客房里,宾馆理应承担一定的责任,于是他们把宾馆告上了法庭,要求宾馆赔偿本应由凶手承担的这笔赔偿金。北京市宣武区人民法院受理了此案。相关的法律专家指出,虽然这起刑事案件的发生是一个意外事件,但是宾馆没有尽到安全保障义务,也应当承担一定的责任。客人在宾馆或者饭店里面从事消费活动,宾馆和饭店负有一定的义务保障客人不受到第三人的侵害。在宾馆住宿,显然跟大街上露宿街头不一样,人身安全肯定是有一定保障的。在这种情况下,直接的侵权行为人是犯罪分子,这是没有问题的,但是

---

❶ 舒国滢.法理学阶梯[M].北京:清华大学出版社,2006:307.

宾馆没有尽到合理限度范围内的保障消费者人身财产安全的义务。根据最高人民法院 2003 年出台的《关于审理人身损害赔偿案件适用法律若干问题的解释》，第三人造成损害的，负有安全保障义务责任的单位也应当承担相应的赔偿责任，最终北京市宣武区人民法院于 11 月 17 日作出一审判决，判令宾馆承担 6 万元的赔偿责任。

对于此案例，我们可以分析出这样几个问题：（1）国家制定了相关的法律，在本案中，涉及刑法、民法、消费者权益保护法以及最高人民法院的司法解释；（2）这些法律的目的是要保护相关社会主体的权益；（3）小李的父母对于赔偿问题，可以选择要宾馆赔偿，也可以选择放弃；（4）从案件来看，小李的父母不是简单的遵守法律，我们会说他们在运用法律保护自己的权利。根据上面的分析，我们把这种现象称为运用法律。

（一）运用法律的含义

运用，包含了为达到目的使用工具和手段的含义，而且是积极主动的使用。所以，从一般的意义上理解，运用法律就是把法律当做一种手段工具，指向的目标是个人的需要和目的。运用法律的意思就是社会主体根据法的规定维护、争取自身权利的活动。这一活动，体现着社会的需要、个人的利益与自由，并且由于针对了一方的法定义务，从而，隐含着国家强制力量的有效支持。遵守法律含有被法律要求的意思，而运用法律则更多地体现了主动性。

（二）运用法律的主体

在上面的案件中，我们可以发现这样的法律主体：小李的父母、犯罪人、北京某宾馆、宣武区法院，可能还有双方的律师。其中严格的运用法律主体只有小李的父母。与遵守法律的主体相区别，社会中运用法律的主体大致可以分为两类，社会中的一般个人和一般组织。至于特定的国家机构"运用法律"解决问题或实现国家的目的，我们用适用法律和执行法律来表述，对于法院运用法律，主要是适用法律，对于政府运用法律，则表述为执行法律。这两个问题我们后面详细介绍。

对于运用法律的主体，也要考虑这些主体的法律能力问题，也就是法律资格。如果主体达不到法定年龄或有精神缺陷，那么主体就缺乏一种法律能力，不具有相应的法律资格。这种情况下，主体对法律的运用，往往需要其他辅助途径来完成，比如国家协助、代理或其他方式。

（三）运用法律的缘由

权利总是和自由、利益、资格、能力等相联系，运用法律追求权利就是为了实现某种利益、资格、能力等，社会主体通过各种途径实现这样的目的，尽管具体目的并不一样。所以运用法律的缘由或目的可以概括为两个方面：维护权益和争取权益。

【阅读材料5】

2000年11月8日，《南方日报》报道一件事情：成都市民余某向成都市金牛区法院递交一纸诉状，状告其所在居民委员会。余某称，居委会允许许多居民在她的楼下打麻将，从而严重影响了她的休息，对其身体健康造成负面影响，使其不得不经常请病假，导致工作单位不久前将其解聘。余某认为，居委会应该赔偿自己1.5万元的损失，希望运用法律的手段，达到禁止居民在其楼下打麻将的目的。余某的楼下是居委会的活动室，每天晚上都有人打麻将。麻将的嘈杂声影响了她和家人的休息。余某找过居委会，要求禁止居民在活动室打麻将。但是，居委会就此举行全体居民讨论，最后民主表决，结果共有67人赞同在活动室打麻将，1人反对，1人弃权。余某没有达到目的，只好诉诸法律。

这个消息很值得思考，在民主的情况下，有时可能带来不太合理的结果，这种不太合理的现象，甚至可能损坏到个人的合理权益。阅读材料中余某就是要运用法律来维护自己的权益。维护，隐含的意思是已经存在而且应该得到保护的合理利益，维护者的心理是要实现自认为合理、公平的结果，尽管这种公平在其他人看来可能并不合理。维护利益的前提是国家的法律对这些利益有明确的规定和确认。如果对权益的合理公平性存在很大的歧义，那么对这些权益的追求就成了争取利益。争取或谋求利益的背景往往是国家的法律对这些权利没有明确规定，或法律存在漏洞，需要国家机关来进行确认这些利益是否可以获得。

（四）滥用权利

权利的维护和运用是有一定限度的，超过了一定的限度，就不是真正在运用法律，法学理论中用"滥用权利"或"权利滥用"这样的表述来说明这个现象。滥用权利指权利主体通过在权利行使过程中故意超越权利界限损坏他人的行为。

【阅读材料6】

2003年8月25日凌晨零时许，正在值班的某停车场管理员张某看见美籍华人爱伦喝得醉醺醺的，趁着酒意在拨弄停车场的消火栓。张某立即上前制止，但爱伦不但不服从管理，态度还很恶劣。两人吵了几句后，爱伦竟动起手来，不停地推打张某。张某用对讲机呼叫其他同事前来帮忙。张某的同事闻讯前来劝阻爱伦，依然不见效。爱伦还变本加厉地掐住张某的脖子，把张某往围墙的方向推。张某被迫反击，挥手向爱伦的左眼打了一拳，不料竟将爱伦的眼镜片打破，爱伦顿时血流满面。经法医鉴定，镜片将爱伦的眼睛严重刺伤，已构成7级伤残。同年9月9日，张某被警方刑事拘留。随后，检察机关以故意伤害罪对张某提起公诉。检察机关认为，张某故意伤害他人身体，导致他人重伤，其行为已构成故意伤害。按照《刑法》的规定，故意伤害他人身体致人重伤的，判处3年以上10年以下有期徒刑。同时，张某及其律师均辩称：此案的起因是爱伦醉酒后故意损害公共设施并大声叫喊，张某是履行职务上前制止，而爱伦不服并对他进行不法侵害。张某在被爱伦掐住脖子往墙角里推这种无路可退的情况下，被迫进行还击，顺手打了对方一拳。因此，张某的行为是正当防卫，不应承担刑事责任。法庭上，一些证人证言也证实，张某确实是在被侵害的情况下才还手的。法院在审理后认为，张某在执行职务的过程中，对被害人爱伦拨弄消火栓的行为进行制止是合法行为，爱伦对此不服并推打张某，张某在其人身受到正在进行的不法侵害的情况下，采取防卫行为，属正当防卫。但其行为明显超过了必要的限度，造成了被害人的重大损伤，已经属于防卫过当，依法应承担刑事责任，但可相对减轻处罚。法院据此作出一审判决，以故意伤害罪判处张某有期徒刑1年6个月。（《刑法》第20条规定：为了使国家、公共利益、本人或者他人的人身、财产和其他权利免受正在进行的不法侵害，而采取的制止不法侵害的行为，对不法侵害人造成损害的，属于正当防卫，不负刑事责任。正当防卫明显超过必要限度造成重大损害的，应当负刑事责任，但是应当减轻或者免除处罚。）

防卫过当就是滥用权利的一种。滥用权利有三个特征：其一，作为一种行为，滥用权利包含了合法阶段和违法阶段。在行为开始前是合法的，但行为结束后往往变成违法的。原因在于这种行为本身隐含着损坏他人利益的倾向或可能性。其二，滥用权利的主体具有损人利己的动机。当然这种动机不像违法者那样主观上要故意违法法律，而是在利用法律损人利己。其三，滥用权利具有损坏他人利益的现实后果。这种后果和违法行为的后果本质上是一样的，都具有违法性。

第二节 执行和适用法律

遵守和运用法律，主要是针对一般公民和组织这类主体而言的，从法的实现的广度来看，遵守和运用法律是最为普遍的，没有一般公民和社会组织的遵守法律和运用法律，法的实现将是非常困难的。但是，法学理论一般认为，法的实现的关键环节在于执行法律和适用法律。执行和适用法律，是以国家机构作为主体的，而且是以"国家"作为名义的，而法的重要特征之一，在于其具有的国家性质，国家性质本身又是通过国家机构的活动来展现的。从这一角度来说，为了深入理解法的内容，考察执行和适用法律也非常重要。

一、执行法律

【阅读材料7】

2006年9月14日，国家质检总局的消息显示，来自日本的SK-Ⅱ品牌多项化妆品中被查出含有禁用成分，国家质检总局要求各地检验检疫机构加强对来自日本进口化妆品的检验检疫工作。国家质检总局有关负责人于9月14日向新华社记者证实，广东出入境检验检疫机构从来自日本宝洁株式会社蜜丝佛陀公司制造的SK-Ⅱ品牌系列化妆品中检出禁用物质铬和钕。按照我国《化妆品卫生标准》的规定，化妆品中不能含有铬、钕等禁用物质。铬为皮肤变态反应原，可引起过敏性皮炎或湿疹，久而不愈。钕对眼睛和黏膜有很强的刺激性，对皮肤有中度刺激性，吸入还可导致肺栓塞和肝损害。目前，国家质检总局已就此事致函日本政府主管部门及驻华使馆，要求日方有关部门加强对输华化妆品的管理，保证输华化妆品符合中国国家标准的要求。国家质检总局同时要求各地加强对违禁化妆品的检验检疫和处理工作。

（一）执行法律的含义

执行法律，又称法律执行，简称执法，是指国家行政机关及其公职人员依照法定的职权和程序，贯彻实施法律的活动。执行法律，是直接、广泛、主动地行使国家权力的表现，是国家行政管理另外的表现形式。执法是法律实施的重要组成部分和方式。对于这个概念有三点注意：其一，国家行政机构作为执行主体，是一个较为笼统的用语，要在具体的执行活动中确定执行的机关或公职人员；其二，执行法律经常简称为执法；其三，执行法律有广义和狭义之分，广义的执法包括行政机关的执法、司法机关的执法和法律授权委托的组织个人的执法活动，狭义的执法仅指行政机关的执法活动。在这里需要说明的是，在我国，法院、检察院也承担着部分执法职能。如检察院行使部分侦查权，而法院又设有执行局。法律执行是以国家名义对社会进行的全面管理，具有国家权威性，并带有国家强制性的特点。

（二）执行法律的主体

执法的主体是国家行政机关及其工作人员。行政机关要成为执法主体，享有执法权，主要由两种途径产生：其一，根据法定程序合法产生和获得，即执法主体的执法活动，必须要有法律根据。法律根据一般有两类，一类是由宪法来确认，如我国宪法规定和确认了国家各级行政机关的法定地位、作用和任务。一类是由具体法律、法规确认，而具体法律又分为两种，一种是有关组织法，另一种是有关行政法。一般来讲，一部新的行政法的创制，都要明确这部行政法的执行单位以及相关的内容。其二，根据法定的授权而产生和获得，即在特殊情况下，一些不具有执法主体资格的机关，可以根据宪法和法律的有关规定，经由享有授权的国家行政机关授予该机关行使执法权。按照我国宪法和法律的有关规定，我国的执法主体主要有以下三种。

(1) 各级人民政府，包括中央人民政府和地方各级人民政府。根据我国宪法和国务院组织法的规定，国务院即中央人民政府，是最高国家权力机关的执行机关，是最高国家行政机关。地方人民政府是中央人民政府领导下的国家行政机关，是地方各级国家权力机关的执行机关，负有执行国家宪法、法律、行政法规及地方性法规的重要职能。地方各级人民政府是行政执法中范围较广、作用较大的主体。根据宪法和法律，这类主体分为四个层级：省、自治区、直辖市人民政府；自治州和设区的市人民政府；县人民政府；乡、镇人民政府。每一层级的执法权限和职能都由相应法律作出规定。

(2) 各级人民政府中享有执法权的下属机构，这既包括中央人民政府即国务院下属的行政部门，也包括地方各级人民政府下属的行政部门。哪些行政部门可以成为执法主体，取决于有关组织法和具体行政法律的规定。根据我国有关法律规定和有关行政立法的法制实践，可以成为行政执法主体的行政部门主要有：工商、税务、物价、金融、公安、铁路、民航、海关、交通、林业、农业、外汇管理、城建、土地管理、房屋管理、技术监督、医疗卫生、烟草专管、劳动安全、商标、专利、人事、教育、文化、新闻、广电、银行、统计等，这是一个范围非常广泛的执法主体，并且随着行政法制的不断健全，会有越来越多行政管理部门成为执法主体。这些行政执法主体按照法律的规定，在自己的职权范围内行使着执法权力。

(3) 因法律、法规授权而具有管理社会公共事务职能的组织，以及按照法律、法规规定，由国家行政机关委托授权的依法成立的管理公共事务的事业组织。这类执法主体同前述两类执法主体的不同在于，它们成为执法主体不是法定的，而是经法律另外授权的，或经国家行政机关按法定权限和程序授予的。在授予这类主体的执法权时必须坚持两条原则：一是授权必须有法律依据，无法律依据不能授予；二是授权必须严格按照法定条件和程序，严格遵守授权的限制条款，不要随意扩大授权范围。

【阅读材料8】

《澳门特别行政区基本法》节录

第六十一条 澳门特别行政区政府是澳门特别行政区的行政机关。

第六十二条 澳门特别行政区政府的首长是澳门特别行政区行政长官。澳门特别行政区政府设司、局、厅、处。

第六十三条 澳门特别行政区政府的主要官员由在澳门通常居住连续满十五年的澳门特别行政区永久性居民中的中国公民担任。

澳门特别行政区主要官员就任时应向澳门特别行政区终审法院院长申报财产，记录在案。

第六十四条 澳门特别行政区政府行使下列职权：

（一）制定并执行政策；

（二）管理各项行政事务；

（三）办理本法规定的中央人民政府授权的对外事务；

（四）编制并提出财政预算、决算；

（五）提出法案、议案，草拟行政法规；

（六）委派官员列席立法会会议听取意见或代表政府发言。

第六十五条 澳门特别行政区政府必须遵守法律，对澳门特别行政区立法会负责：执行立法会通过并已生效的法律；定期向立法会作施政报告；答复立法会议员的质询。

（三）执行法律的特征

与前面的立法、守法以及后面的司法相比，执法具有以下特征：

（1）主体特定性。执法主体必须是国家行政机关及其公职人员或经国家行政机关授权、委托的社会组织的工作人员。对于后者，比如中国体操协会受国家体育总局的委托或授权，管理、规划全国体操运动的发展，也承担一定的执法职能；还比如中国足协对职业球员的处罚也是授权的结果。

（2）执法内容十分广泛。遵守法律与法定义务有关，运用法律与法定权利有关，执行法律则与政府的职责有关。执行法律具有很广泛的内容，涉及社会生活的各个方面。我们可以这样理解执法内容的广度问题：第一，社会资源是有限的，而人们的欲求各不相同，甚至冲突，这便需要政府的协调、处理甚至限制，以使社会利益最大化。第二，信息对个人来说通常是不完全的，而个人生活的方方面面总是依赖社会，依赖社会提供的各类信息。这样政府有责任提供各类信息，政府进行行政管理的目标之一是提供各种各样的信息。第三，由于社会发

展，社会事务日益复杂化，面对复杂的社会事务分类，政府的执法内容也必然不断增加，难免会积极干预社会。❶

（3）执法的单方主动性和强制性。执法活动时常具有主动性，这就是说执法有时是根据当事人的要求才出现的，当然这样的情况比主动的情况少。作为社会的管理部门，政府总是奉行"家长主义"，对个体的行为不会放纵不管，而是进行各种管理。这样政府的行为必然会带有主动性和一定的强制性。这种管理，从理论上说，并不是要强加个人义务，干预个人权利，相反是为了更好地保护个人权利，通过管理的方式来维系社会的义务，保障社会的权利，使人人受益。这是政府管理部门的职责所在。当然，现实中无法绝对避免政府的滥用权利和政府公职人员的违法。

（四）执行法律的原则

执法是行政机关的单方、主动的行为，必须遵守一些基本的原则要求。

1. 依法行政原则

也就是通常所说的行政法治，是指行政机关的一切执法活动必须以法律为依据，严格执行法定权限、法定程序，否则无效。而且违法的行政机关和责任人员都必须承担相应的法律责任。依法行政是为了避免权力的滥用，防止对公民和其他社会组织权利的侵害。英国思想家阿克顿勋爵说："权利导致腐败，绝对权力导致绝对腐败。"❷ 政府是行使公共权力的机构，最容易产生权力滥用，因而依法行政是现代法治的一条基本原则，也是执法活动的首要原则。依法行政要求行政权限法定、行政程序合法、行政结果公开。

2. 执法合理原则

是指行政机关的执法活动应当客观、适度，在法律规定的范围内，体现公平正义的要求。执法行为仅仅合法并不能完全体现法律的精神和实现行政管理的职能，还必须有合理性。由于法律不能对社会生活的各方面作出详细的规定，必然要赋予行政机关一定的自由裁量权，行政机关必须在法律的基本精神和基本原则的指导下，正确行使裁量权，斟酌权限，采取合理的执法措施。合理性原则要求执法必须有正当的执法动机，执法的内容与结果公正、合理。

3. 效率原则

从执法整体看，执法讲求效率，要求行政机关的执法活动符合经济学上的效

---

❶ 刘星. 法理学导论 [M]. 北京：法律出版社，2005：385.
❷ [英] 阿克顿. 自由与权力 [M]. 侯建，范亚峰，译. 北京：商务印书馆，2001：342.

益原则，即成本收益的比例关系，以最低的执法成本获得最大的执法效益。从具体行政执法来看，要求迅速、准确、高效。

【阅读材料9】

黄某在某市开有一家零售商店。2009年7月的某夜晚，两名小偷撬开黄某店铺的卷帘门，进行盗窃活动。住在黄某商店对面楼上的李某看见有人准备盗窃后便打电话报警，但随后1小时内警察并没有出现，李某又打电话报警。报警中心的人称已经作了记录，并联系了在附近巡逻的警察。但直到第二天早晨，警察才对黄某的店铺进行了勘查，黄某被盗财物共计25 000元。事后黄某要求报警中心对此事负责，报警中心拒绝承担责任。黄某便提起行政诉讼，将报警中心所属公安分局告上法庭，认为警察没有及时履行职务，是造成损失的主要原因，要求公安分局赔偿损失。法院审理认为，黄某的店铺无人看管，自己也有一定的责任，判决公安分局承担黄某的一半损失。

二、适用法律

一般来讲，适用法律是法的实现的最终环节，是我们理解法的实现的一个关键。在法的实现过程中，尤其是从国家权力运作的角度思考，执行法律具有权力效应的广泛性和多面性。但是在现代社会，或者从现代社会的法律制度理念与架构来说，国家权力运作的最终位置，是适用法律。以最后的效力论，适用法律比执行法律更为关键，适用法律是法律制度运行或法的实现的最后阶段。不论一般公民或组织的遵守法律、运用法律行为，还是国家行政机关及其公职人员执行法律的活动，最终都要落在适用法律中寻求自己的合法根据，有些国家甚至连立法上的争议都要通过适用法律来解决。

【阅读材料10】

2005年2月3日，河南省固始县分水亭公安分局接到一个报警电话，报案人孙某称自己的孙子突然去世了，怀疑是被人谋杀的。关于孩子的死因，孩子的母亲只是说是癫痫病犯了，窒息而死的。警方走访了村里，但是村民对此都讳莫如深，闭口不言，这引起了警方的怀疑。警方开棺验尸后发现，死者的胃黏膜有出血现象，而却没有死者母亲所说的窒息死亡的特征。警方提取了死者的胃黏膜和血液送检，鉴定结论小孩是由于被注射了大量的麻醉药品而死亡。

经审讯，孩子的母亲何某承认自己花了1500元找村医张某给孩子注射了麻醉药品，将儿子送上了黄泉路。根据何某的介绍，她的儿子孙某生前患有严重的癫痫病。除了癫痫，孙某的脑细胞还严重萎缩，智力发育仅为零并患有痴呆、聋哑等多种疾病，治愈的希望不大。孙某长到五六岁时仍然没有意识，病情非常严重。何某为治好儿子的病花去大量医药费，家庭非常贫困。1998年，何某又生了一个孩子。可是没过多久，何某的丈夫却因故去世，生活更加艰难。何某独自一人外出打工挣钱给孩子买药，照顾儿子的任务就由孩子的爷爷奶奶担负了起来。

时间就这样又过去了几年，孩子个子长高了不少，但病情却更严重了，癫痫病频繁到有时一天竟然发作好几次。2005年2月，孩子的爷爷有事要去北京，就把孩子交给了何某。看到儿子发病时生不如死的痛苦模样，想到孩子的未来，何某决定铤而走险。用1500元钱请求本村村医张某帮助其注射麻醉药品，结束儿子的生命。

2005年2月，固始县检察院对何某批准逮捕，没想到300多村民联名写信为何某说情。检察院认为，虽然何某犯罪的动机有别于其他故意杀人罪，但她毕竟夺走了一条人命，所以提起公诉。法院开庭当天，多名村民到庭旁听，要求能对何某从轻判决。孩子的爷爷奶奶则认为何某毒杀亲子，心肠太狠，希望法院严惩何某。固始县法院受理此案后认为，任何非法剥夺他人生命的行为都是犯罪，但是在量刑上法官也充分考虑到此案的特殊性。按照法律规定，故意杀人罪有极其严格的量刑标准，但是面对老百姓们的求情，法院力求在法律和道德之间寻找平衡。最后，法院从轻作出了判决，以故意杀人罪判处何某和医生张某有期徒刑4年。

分析上述材料，可以看到这样几个事实：(1) 何某和本村的村医张某将何某的儿子孙某杀死。(2) 法院对这个案件的审理是在检察机关提起公诉的情况下进行的。(3) 法院开庭审理案件，而且与本案无利害关系者可以旁听。(4) 法官根据法律最终对何某和张某的行为进行了定性，判决为故意杀人罪。而且法官考虑了本案的特殊性，最后的处罚比法律规定的要轻。这是一个完整的法律适用过程，从中可以理解适用法律的基本知识。

(一) 适用法律的含义

在日常语言中，适用法律又称法的适用，指国家司法机关根据法定职权和程序，具体应用法律处理案件的专门活动。由于这种活动是以国家名义来行使司法权的，因而也简称司法。上面的阅读材料中，法院和检察院就是国家的司法机关。司法是法律实施的一种特殊方式，公正、独立的司法对于保护公民权利、维护社会正义、实现法律目的具有重要的意义。

(二) 适用法律的缘由

司法活动是法律实施的最后一个环节，通常是在法律得不到顺畅实施的时候才会出现，也就是此时案件存在争议，因此适用法律有两个简单的理由：(1) 在某些情况下，适用法律的出现是因为出现了不遵守法律的情况，或者运用法律遇到了障碍，或者执行法律不公正。(2) 在某些情况下，适用法律的出现，是因为人们对法律具有不同的理解，期待一个裁决的结果。从法院角度来看，这是适用法律；从当事人角度来看，这也是运用法律的体现。

【阅读材料 11】

2000 年 3 月，张某和王某举行婚礼，他们请朋友对婚礼进行拍照，婚礼结束后将婚礼上拍的 6 卷胶卷拿到某彩扩部进行冲印。但是由于彩扩部的疏忽，6 卷胶卷丢失。张某夫妇不断与彩扩部交涉，要求彩扩部赔偿胶卷、退还冲印费，并赔偿精神损失费 1 万元。彩扩部认为张某夫妇的要求过分，只同意赔偿胶卷的双倍费用，退还冲印费。交涉未果，张某向法院提起民事诉讼。法院正式开庭审理此案。法庭上彩扩部对胶卷是否为婚礼上所拍的胶卷提出异议，张某请来当时负责拍照的证人。最后法院判决彩扩部退还冲印费，赔偿胶卷损失，并赔偿张某精神损失费 5000 元。

这个案件中，双方对于其中存在的纠纷异议不大，彩扩部对于自己的疏忽同意承担一定的责任。但是双方对责任的大小没有共同意见，也就是对法律结果的期待不同，并不是不遵守法律或不执行法律。

（三）适用法律的特点

【阅读材料 12】

所罗门的智慧

有一天，所罗门王端坐在大殿的审判席上，两个妇女带着一个婴儿上殿向他陈述案件。其中妇女甲指着妇女乙说，她们一起待产，她（甲）生下男婴后，乙也生了儿子，当晚乙女不慎把自己的儿子压死了，就趁深夜把两个孩子调包。乙女抱走了甲女的孩子，并且把自己已死的孩子放在甲女的怀里。第二天早晨甲女醒来发现怀中的孩子已经死了，惊魂未定，仔细一看，才发现怀中的死婴不是自己的亲生儿子。甲女尚未说完，乙女即很激动地向所罗门王抗辩说："不，活着的是我的儿子，死去的是她的儿子！"而甲女则更激动、更大声地强调："不，她的儿子已经死了，活着的是我的儿子！"两个女子各执一词，吵得不可开交。所罗门听完双方的陈述，也无法立即作出判断，于是他沉思了很久，然后突然下令"拿剑来"，说："把活婴切开，一半给甲，另一半给乙。"这时，惊惶的甲女赶紧请求道："国王啊！把孩子给她吧，我不争了，请不要杀孩子！"而乙女看见所罗门主意已定，便悻悻地说："好吧，既不要给我，也不要给她，把孩子分了吧。"于是，所罗门作出了传诵千古的判决：将婴儿交给甲女，因为她才是生母。而狠毒的妇女乙，则受到了应有的惩罚。

——《圣经·列王记上》

（1）主体特定性。司法是由特定的国家机关及其公职人员，依据法定职权实施法律的专门活动。在古代社会，司法和行政合一，因此是行政官员兼理司法活动，阅读材料中所罗门的故事就体现了古代司法行政不分的状况，而现代社会强调权力分立，因此专门设司法机关。在我国，人民法院和人民检察院是代表国家行使司法权的专门机关，其他任何国家机关、社会组织和个人都不得从事这项工作。从主体特定也可以看出司法是一项很专业性的活动，阅读材料中所罗门国王的智慧反映出司法活动的专业思维特征。

（2）法律适用是司法机关以国家强制力为后盾实施法律的活动，具有国家强制性。由于法律适用总是与法律争端、违法的出现相联系，总是伴随着国家的干预、争端的解决和对违法者的法律制裁，因而没有国家强制性，就无法进行上述活动。司法机关依法所作的决定，所有当事者都必须执行。

（3）法律适用是司法机关依照法定程序、运用法律处理案件的活动，具有严格的程序性。司法机关处理案件必须依据法律程序。法律程序是保证司法机关正确、合法、及时地适用法律的前提，是实现司法公正的重要保证。同时，司法机关对案件的处理应当有相应的实体法依据，枉法裁判应当承担相应的法律责任。

【阅读材料13】

米兰达规则

《美国宪法》第5修正案规定：无论何人，不得在任何刑事案件中被迫自证其罪。根据这一宪法条款，不管是在警察局、法庭还是在国会听证会上，任何人都有权保持沉默，拒绝提供可能被用来控告自己的证据。

1963年，一个23岁的无业青年，名叫恩纳斯托·米兰达，因涉嫌强奸和绑架妇女在亚利桑那州被捕，警官随即对他进行了审问。在审讯前，警官没有告诉米兰达有权保持沉默，有权不自认其罪。米兰达由于文化不高并不懂得宪法的这一规定，在连续两个小时的审讯中，米兰达承认了罪行，并在供词上签了字。后来在法庭上，检察官向陪审团出示了米兰达的供词，作为指控其犯罪的重要证据。米兰达的律师则坚持认为，根据宪法，米兰达的供词无效。最后陪审团判决米兰达有罪，法官判决米兰达20年有期徒刑。此案后来上诉到联邦最高法院。1966年，最高法院以5∶4的一票之差裁决地方法院的审判无效，理由是警官在审问前，没有预先告诉米兰达应该享有的宪法权利。最高法院在裁决中重申了审判嫌犯的程序规则：第一，预先告诉嫌犯有权保持沉默；第二，预先告诉嫌犯，他们的供词可能用来起诉和审判他们；第三，告诉嫌犯有权请律师在受审时到场；第四，告诉嫌犯，如果请不起律师，法庭将免费为其指派一位律师。这些规定就是后来著名的"米兰达规则"。

（4）法律适用所作出的裁决具有终局性。法律的适用是法律争议的终点，就现代的法律制度来说，人们赋予了法院对纠纷的最后裁决权。前述的刑事案件以及民事案件，最终如何定性和处理，人们依靠的是法院。

（5）法律适用属于司法权的范畴，在司法实践中坚持不告不理的原则，因而具有被动性，这一点也是司法权与行政权的重要区别。当然就有些案件来说，司法机关要主动追究，比如检察机关对国家工作人员贪污渎职犯罪的查处。

（四）适用法律的原则

1. 司法合法性原则（司法法治原则）

这项原则包括两个方面的内容：第一，法官处理案件应该以事实为根据，不能以主观臆想作为依据。当然这里的事实不等于客观事实，而是能够以证据证明的事实。第二，以法律为准绳强调的是法官等职业主体应该严格依法办事。

2. 司法平等原则

这既是一项重要的司法原则，是法律基本价值在司法活动中的体现，也是我国公民的一项基本权利。我国的宪法、民诉法、刑诉法等法律中都确立了这一原则。这个原则包括三方面的内容：第一，权利义务的一致性，当然不排除对某些由于历史、生理等原因导致的出于特殊地位的群体予以特殊保护，这种保护的目的是实现公平；第二，平等保护，同等对待；第三，反对特权。

3. 司法权独立原则

这一原则包括这么几个方面的内容：第一，国家的司法权由司法机关统一行使，其他社会主体无权行使；第二，司法机关独立行使司法权，不受其他社会主体的干涉；第三，司法机关在法律规定的范围内行使司法全，其他社会主体依法行使合法的监督权，可以对司法机关的活动进行监督。下面的阅读材料就反映了历史上关于司法权独立的争议。

【阅读材料 14】

"星期日上午会议"

1612 年 11 月 10 日，在一个难忘的星期日上午，应坎特布雷大主教的奏请，英国詹姆士一世国王召见了英格兰的法官们，这就是著名的"星期日上午会议"。看来，这个高级委员会，即原来专司宗教事务的教会法院，现在已经将其管辖范围扩张到世俗的刑事案件。教会法院，这一闯入普通法领地的完全"陌生客"，不依任何既定法律和成规,不遵从任何控诉便对案件进行审判。因此,在它试图仅凭一张完全世俗性质的诉状而派其随员进入被告的住宅并对其实施逮捕时,高等民事法庭颁布了禁令,取缔其有关诉讼行为。为了适应司法上强调的法律至上原则,一些人建议国王按自己的意愿收回部分案件的审判权,由国王亲自审决。这次"星期日上午会议"的主题就是针对这一建议进行辩论并征求法官们的意见。坎特布雷大主教在会上继续鼓吹王权至上,他认为,法官只是国王的代表,国王认为有必要时,把本由自己决断的案件授权给法官们处理。关于这一点,如果法律上、神学上存在问题,在《圣经》中上帝的圣谕已经明确体现,是不言而喻的。针对这一论调,大法官爱德华·柯克(Coke)代表法官们给予有力回击。他说:根据英格兰法律,国王无权审理任何案件,所有案件无论民事或刑事,皆应依照法律和国家惯例交由法院审理。

"但是",国王说,"朕以为法律以理性为本,朕和其他人与法官一样有理性"。

"陛下所言极是",柯克回答道,"上帝恩赐陛下以丰富的知识和非凡的天资,但微臣认为陛下对英国的法律并不熟悉,而这些涉及臣民的生命、继承权、财产等的案件并不是按照天赋理性来决断的,而是按人为理性和法律判决的。法律是一门艺术,它需要经过长期的学习和实践才能掌握,在未达到这一水平前,任何人都不能从事案件的审判工作。"

詹姆士一世恼羞成怒,他说:"按照这种说法,他应该屈居法律之下,这是大逆不道的犯上行为。"柯克引用布莱克通的名言说:"国王不应服从任何人,但应服从上帝和法律。"❶像这样辩论激烈的会议持续了数次,柯克因力主非法官不能审案而终被解职。

4. 司法责任原则

司法机关和司法工作人员在职务活动过程中,侵犯了公民、法人或其他社会组织的合法权益,造成一定后果,应当承担相应责任。

(五) 适用法律的要求

在我国,法律适用的基本要求是正确、合法、及时、公正、合理。

(1) 所谓正确,首先是指各级国家机关适用法律时,对案件确认的事实要准确,即对确认的案件事实要清楚,案件证据要确凿可靠。其次是对案件适用法律要正确,即在确认事实清楚的基础上,根据国家法律规定,区别刑事、民事、经

---

❶ [美] 罗斯科·庞德. 普通法的精神 [M]. 唐前宏,等,译. 北京:法律出版社,2010:41—42.

济、行政案件，分清合法与违法，此案与彼案，罪与非罪，此罪与彼罪的界限，实事求是地加以认定。最后是对案件的处理要正确，审理案件要严格执行法律规定，宽严轻重适度，做到罪刑相当，违法行为与处罚结果相当。

（2）所谓合法，是指各级国家司法机关审理案件时要合乎法律的规定，这里的法律既包括实体法，也包括程序法。在适用法律的过程中，每一个环节和步骤都要依照法律规定的权限进行操作，不仅在定性上要各乎法定的标准和规格，而且在程序上也必须合乎法律规定，不合程序规定的裁决不能发生法律效力。任何机关、组织和个人都不能随意行使司法权。

（3）所谓及时，是指国家司法机关审理案件时，要提高工作效率，保证办案质量，及时办案、结案。及时还要求严格按照司法程序的各个环节及诉讼时限的要求办案，不能任意拖延。

（4）所谓公正，是指司法人员在办理案件过程中，必须处于中立地位，不偏不倚，秉公司法。司法公众要求同样的案件同样对待，公民在法律上地位平等。公正还要求设立公平的司法程序。

（5）所谓合理，是指司法机关审理案件要结合社会实际情况，考虑各地区经济文化发展水平、道德传统等因素，依法作出合乎情理的处理。当然合理的前提首先是合法。

第三节 解释法律

一、解释法律的缘由

【阅读材料 15】

法国 1810 年刑法典在规定对盗窃罪进行惩处时，并未就在电表上作假进行偷电的行为作出规定，可以推测立法者对财物中是否会出现电这种新的形式是没有预知的。但后来的判例却没有因此对偷电的人放纵，仍然运用法国 1810 年刑法典第 179 条盗窃罪进行定罪，认为电是一种可以占有的动产物品，通过法律解释将隐形的法律规定释放出来。但在日本和德国，这一历程却较为曲折。德国帝国法院对偷电是否构成盗窃罪最初采取否定的态度，理由便是电并非是德国刑法第 242 条盗窃罪构成要件中的物，此举引起相当大的争议，并导致 1900 年颁布《窃取电能处罚法》，随着认识的深入，德国于 1953 年将偷电行为纳入刑法典。

日本法院也有以盗窃罪惩处偷电行为的判例，但判决后，人们认为这违反了罪刑法定原则，因为日本民法第85条规定，本法所说的物，是指有体物。所谓有体物，指的是占据一定空间，能够为人的五官感觉其存在的物质，电显然不属于这一范畴。后来，立法者在明治40年的新刑法第36章盗窃罪及强盗罪中，增加了第245条，即关于本章之罪，电视为财物。

按依法办事的理论，由成文的法律向判决的转换形式主要应用法律推理。但由于成文法律是对事物的概括性规定，社会又是在不断发展，当法律与个性案件结合时，必然需要法律的适用者首先得在理解事实的基础上重新解释和发现法律。法律规则是以高度概括的规范、概念形式出现的，而规范、概念又都是用文字来表达的。但由于人们对文字意义的理解很可能是不同的，所以许多法学家认为，自从有了成文法，就有了对法律的理解和解释活动。因为没有理解和解释，成文法便不能释放其意义，要想使法律释放出意义，就必须对法律进行理解和解释。从根本上说，解释法律的理由就在于法律与事实之间的差距。

二、解释法律的含义与种类

解释法律通常又称为法律解释，按照国内通常的观点，法律解释是指在一定的法律适用场合，国家机关或个人遵循法定的权限和程序按照一定的原则和方法对法律文本进行的解释、说明。根据这个概念，法律解释是指有权解释，也就是有法律解释权的人站在法律的角度，运用法律思维方法，并遵循法律客观性、合法性等原则进行的有法律约束力的解释，它的最大特点在于，它和被解释的法律一样具有法律上的约束力。而相对应，有些主体的解释则不具有普遍的法律约束力，即无权解释。有人认为，对这种无权解释，应称之为"解释法律"，以区别有权解释，本书不做这种区分。无权的法律解释一般体现在法律研究和法律思维之中，主要指法官、检察官、律师、法学家等法律职业人士在法律适用和法学研究中对法律条文具体含义的解释、探讨和说明。从更广义上看，无权解释也包括了普通社会公民对法律的理解。

在我国，有权的法律解释主要可以分为三类。

1. 立法解释

立法解释是指享有立法权的机关依照法定程序对自己制定的法律的解释。狭义的立法解释仅指国家立法机关的解释，广义的立法解释指所有享有立法权的机关进行的解释。根据宪法的规定，全国人大常委会是法定的具有解释权的机关，负责解释我国整个法律制度的核心部分：宪法和法律。

2. 司法解释

司法解释是国家最高司法机关在适用法律、法规过程中对如何具体应用法律、法规问题进行的解释。在我国仅指最高人民法院和最高人民检察院的解释，或者称为审判解释和检察解释。

3. 行政解释

行政解释是国家行政机关对行政过程中法律、法规如何应用进行的解释，包括审判解释和检察解释之外的对法律应用问题的解释以及在行使行政职权时对自己制定的法规所进行的解释。行政解释主要指最高行政机关也就是国务院的解释。

三、解释法律的特征

我们这里主要关注的是有权解释，对于一般的学理性解释法律活动不作分析。有权解释主要有以下特征。

（1）法律解释是对具有法律效力的规范性文件的理解和说明。法律解释主要针对国家制定的、正在实行中的规范性法律文件，在我国法律解释的对象包括了宪法、法律、法规等所有规范性文件。

（2）法律解释往往是为了解决司法或执法中具体案件的现实法律问题。法律实施过程中的法律解释与学者研究法律进行的解释不同，法律实施中的法律解释具有很强的现实目的性，为的是直接解决现实纠纷。

（3）法律解释的循环性特征。法律解释是对部分的解释，而要解释部分则必须了解法律整体，从逻辑上讲，不了解整体就无法理解部分，所以解释是一个循环往复，不断深入的过程。

（4）法律解释的创造性特征。法律解释是把一般的法律个别化，法律解释者在微观领域能动地创造着法律。对于法官造法问题，我国尚存在许多争论。

四、解释法律的原则与方法

（一）法律解释的原则

1. 合法性原则

法律解释不能超越法律、脱离法律，应受法律文本和法律解释权限的限制。具体包括：第一，权限合法。法律解释的主体要有解释权限，所解释的法律要符合主体的权限范围；法律解释中不同位阶的法律之间不能出现违背现象。第二，内容合法。法律解释要完整、准确地表达立法主旨；法律解释要符合解释的语词规则、整体规则。第三，程序合法。法律解释的进行要符合立法法对相关程序的规定。

2. 合理性原则

法律解释在合法的前提下，必须合理，不得对法律作违背常理的解释，法律解释者应该从理性、良心、社会公认的价值观念出发作出合乎情理的解释。比如阅读材料里提到的宪法第一案，从保护公民权利的合理要求出发，应该扩大权利保护的范围，而不应该缩小保护范围。

(二) 法律解释的基本方法

(1) 文理解释，又称文字解释、语义解释，其中心含义是对法律文本中的"字义"如何加以理解的方法和准则。这种方法主要针对法律文本中意义不明确或有歧义的法律文字的解释。

(2) 逻辑解释，也称论理解释，指根据法律规范的目的，运用逻辑推理的方法，阐明法律规范的含义。包括扩张解释和限制解释两种。比如"公民在法律面前一律平等"，这里的"法律"就得扩张解释；而《婚姻法》中"父母对子女有抚养教育的义务，子女对父母有赡养扶助的义务"，前后涉及的"子女"就要作限制解释，前面指未成年人，后面指成年人。

(3) 目的解释。指以发现立法意图和体现法律实效为目标，通过对法律文本相关的内在、外在资料的分析来确定法律条款的真实含义，以解决案件法律的适用问题。

(4) 历史解释。主要适用在两个方面：第一，它属于目的解释的一种，通过历史考察发现立法目的和意图；第二，它是一种独立的解释方法，即依据法律的沿革资料和历史过程中的法律观念，确定特定情形下某一条款是否恰当、可行。

第四节 监督法律

一、监督法律的含义

【阅读材料16】

新华社消息：十届全国人大常委会第二十三次会议于2006年8月27日下午闭幕，会议经过表决通过了《中华人民共和国各级人民代表大会常务委员会监督法》(以下简称《人大常委会监督法》)《中华人民共和国企业破产法》和修订后的《合伙企业法》。其中人大常委会监督法共9章48条，分为：总则；听取和审议人民政府、人民法院和人民检察院的专项工作报告；审查和批准预算，听取和审议国民经济和社会发展计划、预算的执行情况报告，听取和审议审计工作报告；法律法规实施情况的检查；规范性文件的备案审查；询问和质询；特定问题调查；撤职案的审议和决定；附则。

《人大常委会监督法》规定，为保障全国人民代表大会常务委员会和县级以上地方各级人民代表大会常务委员会依法行使监督职权，发展社会主义民主，推进依法治国，依据宪法，制定本法。这部法律还规定，各级人民代表大会常务委员会按照民主集中制原则，集体行使监督权。该法律同时明确，各级人民代表大会常务委员会对本级人民政府、人民法院和人民检察院的工作实施监督，促进依法行政、公正司法。

在汉语中，"监督"一词原意是为了对派出作战的将军进行监察督促而设的官职，目的是保证命令的严格执行，减少失误。根据《后汉书》记载："古之遣将，上设监督之重，下建副二之任，所以尊严国命而鲜过者也。"后来监督一词的用意越来越广，已不仅仅限于军事。监督法律是保证法律良好实施的重要条件，也称为法律监督。法理学界一般认为法律监督的含义有广义和狭义两种。根据我国的宪法对法律监督的规定，阅读材料里所说的人大常委会的监督就是广义的法律监督的一种。就是从广义上讲，法律监督是指所有的国家机关、社会组织和公民个人，为维护法治，对各种法律活动的合法性进行的监察和督促。广义上的法律监督，突出了监督主体的多元性，认为所有的国家机关、社会组织和公民都是进行法律监督的主体，其监督的对象也涉及各种主体行为的合法性。实际上是把各种法律活动纳入了相互监督的范围。如立法机关的活动由其他主体进行监督，而立法机关也可以对其他主体的活动进行监督。狭义的法律监督是指特定的负有监督之责的国家机关对法律实施活动的监督。这种监督与社会监督、审判监督、权力机关的监督等并列，以维护国家法律的权威和法制的统一为己任，是由人民检察院为主体，对审判活动、行政活动等所进行的监督。广义的法律监督与狭义的法律监督仅以监督主体的范围为界，其内容都是对人的行为合法性的追问。

二、监督法律的构成

法律监督的构成要件是指实现法律监督所必须具备的要素。一般来说，法律监督由四个要素构成，这就是：法律监督的主体、法律监督的对象、法律监督的内容、法律监督的规则与程序。

（一）法律监督的主体

法律监督的主体是指由谁进行监督。在一般法理学教材中，法律监督的主体被概括为三类：国家机关、社会组织和公民。有学者也把由这些主体所构成的法律监督称为法律监督体系。我国法律监督的主体具有广泛性，全国人民、国家机关、武装力量、各政党、社会团体和企业事业单位等，都是法律监督者，也是被监督者，在法律上都有监督的权利和义务。

（二）法律监督的对象

法律监督即法律监督的客体。它包括两方面的内容，即监督谁和监督什么。在我国，既然监督对象是广泛的，那么被监督主体也应是广泛的。所以，所有的国家机关、政党、社会团体、社会组织、大众传媒和公民都属于被监督对象。而监督什么，主要是指这些被监督主体的行为。但应注意到，法律监督的重点是国家司法机关和执行机关及其工作人员的活动，之所以有这种看法，是因为国家的各种活动主要依靠国家机关及其工作人员来具体实现。

（三）法律监督的内容

因为是在法律背景下讨论监督问题，所以法律监督的内容是指对被监督主体行为的合法性进行审查。行为的合法性是法治社会中的重要概念。实施法律监督就是要对各种活动的合法性进行审查。这里的合法性应包括两方面的内容：一是形式合法性，即被监督主体的行为应符合法律规则和程序的一般要求；二是实质合法性，即被监督主体的行为应符合广大人民群众的利益和要求、社会通行的正义观念以及社会发展的规律。

（四）法律监督的规则和程序

法律监督的规则是指法律监督者进行监督的法律依据和所应遵循的实体规则。法律监督虽说是对其他主体行为的合法性审查，但监督者也不能违法。实施法律监督应有法律依据，如人民检察院实施法律监督，其依据就是宪法和人民检察院组织法的有关规定。行政监察活动所依据的是《中华人民共和国行政监察法》等。阅读材料里的《人大常委会监督法》就是各级人大常委会进行监督的法律依据。法律监督的程序是指从事法律监督行为所应遵循的步骤、方式和手续。法律监督的程序非常重要，这是监督过程中法治原则的体现，对防止监督者滥用权力起着非常重要的作用。

三、法律监督的分类

根据不同的标准，可以对法律监督进行多角度的分类。研究法律监督的分类，有助于我们多方面了解法律监督的结构、特点，更充分地发挥法律监督的作用。

（一）按监督主体分类

这种分类法可以把法律监督分为国家监督与社会监督。所谓国家监督，是由宪法和法律赋予有监督权力的国家机关和个人对法律实施所进行的监督。这种监督又可分为权力机关的监督、行政机关的监督和司法机关的监督等。社会监督是指由宪法和法律赋予有监督权力的社会组织、机构、社团、公民等对法律实施所进行的监督，主要包括政党、人民团体、群众组织、人民政协、社会舆论、新闻舆论的监督等。后面我们重点解释这两种法律监督。

（二）按照主体与客体关系分类

按照监督主体和客体是否属于同一组织，可以把法律监督分为内部监督和外部监督。内部监督的主体和客体同属一个组织系统，如行政监察局对行政机关工作人员的法律监督，检察院对自侦案件的法律监督，上诉制度中上级人民法院对下级人民法院所进行的监督。外部监督是指监督主体和客体分别属于不同的系统，如法院所进行的行政诉讼活动，从一定意义上看就是对行政机关的活动所进行的法律监督。此外，像检察院对监狱的监管活动所进行的监督，权力机关对法院、检察院的活动所进行的监督等，都属于外部监督。内部监督的优点是便于执行，效率高，缺点是完全靠自律，有时可能使监督流于形式。外部监督一般不会受到系统内部的干扰，并且监督主体与客体相互交叉，而扩大了监督的范围，强化了监督的力度。但外部监督效率较低，而且成本较高。

（三）按监督时间分类

按照监督行为的时间，可以把法律监督分为事后监督与事前监督。事前监督是指监督主体在监督客体从事某种活动之前，就对其合法性进行的监督。事后监督是在监督主体在监督客体从事某种行为之后对其合法性所进行的监督。

四、法律的国家监督

国家监督也就是国家机关的监督，具体包括权力机关、行政机关和司法机关的监督。我国的宪法和国家机关组织法等对国家机关监督的权限和范围都作出了相应的规定。国家机关的监督都是以国家的名义进行活动的，因而带有国家的权威性和效力性，是我国法律监督体系的核心。

（一）国家权力机关的监督

权力机关在我国是指全国人民代表大会及其常务委员会、地方人民代表大会及其常务委员会，香港和澳门特别行政区的立法会。这些机关按宪法的规定是属于立法机关，但除立法工作外，各级人大及其常委会、特别行政区立法会还行使着许多其他权力,其中包括监督行政机关和司法机关等工作的权力。因而,权力机关的监督是法律监督的重要内容。

权力机关的监督是指以各级权力机关为保障国家法律的有效实施,通过法定程序,对行政机关、司法机关等具体实施法律的监督。权力机关监督的主体是各级人民代表大会及其常务委员会,或特别行政区立法会,其中,全国人民代表大会及其常务委员会在整个法律监督体系中居于主导地位。国家权力机关的监督的内容具有广泛性。这源自我国权力机关的性质。按照我国宪法的规定,中华人民共和国的一切权力属于人民,而人民行使权力的机关就是各级人民代表大会及其常务委员会。国家的其他权力机关都是由它产生并向其负责。从宪法学的角度看,权力机关的监督可以分为两类,一类是法律上的监督,即各级人大及其常委会对行政机关和司法机关法律实施的监督,如各级人大可以对审判活动依据个案监督实施监督。二是工作监督,即一府两院定期向各级人大汇报工作,人大代表可以通过法律程序向一府两院的工作人员提出质询等。

【阅读材料17】
《澳门特别行政区基本法》节录
第七十一条 澳门特别行政区立法会行使下列职权:
(一)依照本法规定和法定程序制定、修改、暂停实施和废除法律;
(二)审核、通过政府提出的财政预算案;审议政府提出的预算执行情况报告;
(三)根据政府提案决定税收,批准由政府承担的债务;
(四)听取行政长官的施政报告并进行辩论;
(五)就公共利益问题进行辩论;
(六)接受澳门居民申诉并作出处理;
(七)如立法会全体议员三分之一联合动议,指控行政长官有严重违法或渎职行为而不辞职,经立法会通过决议,可委托终审法院院长负责组成独立的调查委员会进行调查。调查委员会如认为有足够证据构成上述指控,立法会以全体议员三分之二多数通过,可提出弹劾案,报请中央人民政府决定;
(八)在行使上述各项职权时,如有需要,可传召和要求有关人士作证和提供证据。

(二)行政机关的监督

行政机关的监督是否属于法律监督,目前还有争议。我们认为,行政机关确实具有监督的职能,因而必须把其纳入法治的轨道。从广义法律监督来看,它属于法律监督体系的组成部分。行政监督是指由国家行政机关对自身的行政活动和企、事业单位是否贯彻实施法律所进行的监督。从定义上看，行政监督包括两个方面的内容：一是行政机关自身的监督，即行政监察机构对行政机关活动的监督，行政机关上下级之间的相互监督；二是行政机关对行政相对人的法律监督。

行政监督有如下几种方式：（1）行政监察。行政监察是指行政机构内部专门行使监察权的机关，对行政机关及其公职人员的行为进行监视、监察的一种活动。它是一种在单一的组织系统内，运用国家权力，实行单向性的监督。所进行的活动主要是事后被动地检察与视察。1997年5月开始实行的《中华人民共和国行政监察法》是有关行政监察的重要法律，该法律规定，各级政府中的行政监察机关是行使监察职能的专门行政机构。（2）行政复议。行政复议是指特定的行政复议机关应行政争议特定方当事人（行政相对人）的申请，审查对方当事人（行政主体）所作出的具体行政行为的合法性与适当性，确定相应行为是否侵犯申请方的合法权益，并据此作出是否满足申请方申请的裁决活动。行政复议是在行政相对人的参与下，由上级行政机关对下级行政机关实施的一种事后监督。（3）行政监管。行政监管是指行政机关以法定职权，对相对方遵守法律、法规、规章，执行行政命令、决定的情况进行的监督。行政监管的客体是作为行政相对方的公民、法人或者其他组织；这种监督同时是一种行政管理手段，如工商行政监督、质量技术监督、审计监督、会计监督等等。（4）审计监督。审计监督是专门的审计机关依据有关经济资料和国家法律、法规审核和稽查被审计单位的财政财务收支活动、经济效益和财政法纪遵守情况，以加强经济管理的专门监督检查活动。（5）一般行政监督。一般行政监督是指行政隶属关系中上级行政机关对下级行政机关所进行的监督。

（三）司法机关的监督

我国的司法监督包括两种：检察监督和审判监督。（1）检察监督。按照我国宪法的规定，人民检察院是国家的法律监督机关，它作为专门行使检察权的法律监督机构，在法律监督体系中占有重要地位，在保障法律实施方面发挥着重要作用。目前我国检察机关有六项职能，即刑事检察、经济检察、法纪检察、监所检察、举报申诉检察、民事行政检察。（2）审判监督。审判机关的监督包括审判机关内部的监督和审判机关对行政机关的监督。审判机关内部的监督按照我国法律规定，最高人民法院监督地方各级人民法院和专门人民法院的审判工作，上级人民法院监督下级人民法院的审判工作。

五、法律的社会监督

社会在这里是指社会组织、社会团体、人民群众和社会舆论，是与国家机关相对应的概念。社会监督就意味着上述主体依据法律赋予的权利，对司法机关、行政机关甚至立法机关的活动所进行的监督。社会监督是法律监督体系的重要组成部分，是法治能够实现的群众基础。一般来说，对法律实施的社会监督可分为四种：执政党的监督、社会组织的监督、社会舆论的监督和普通公民的监督。具体如下：

（1）执政党的监督。在我国，中国共产党是中国的执政党，对于社会各种主体遵守宪法和法律具有重要的监督职责。

（2）社会组织的监督。社会组织的监督主要是指人民政协、民主党派和社会团体的监督。中国人民政治协商会议的主要职能就是政治协商和民主监督。社会团体的法律监督主要是指工会、青年团、妇联、消费者协会、村民委员会、工商联合会及各种学术性研究会等对法律实施的监督。

（3）社会舆论的监督。舆论监督是社会各方面运用新闻媒介、报刊、广播、电视等手段对立法、司法、执法进行监督。在舆论监督活动中，由新闻工作者所进行的对法律实施的舆论监督发挥着重要作用。新闻舆论监督因其具有传播速度快、范围广的特点，因而具有相当大的影响力。

（4）普通公民的监督。普通公民的监督是指民众对国家机关及其工作人员执行、遵守国家的方针、政策和法律的活动进行检查和督促。公民监督是公民行使民主权利，参与管理国家和社会事务的基本形式，对于保障人民当家做主的民主权利，防止和纠正国家工作人员滥用权力，发挥着积极作用。

思考题

1. 从法的运行过程来说，如何理解司法权独立行使原则？
2. 如何理解公民守法的道德基础与法律基础？
3. 甲因乙不能偿还欠款将其告上法庭，并称有关证据被公安机关办理其他案件时予以扣押，故不能提供证据。法官负责任地到公安机关调查，并复制了相关证据材料。此举使甲最终胜诉。从法理学角度看，对该案的下列说法，哪些可以成立？（2003年统一司法考试试题）

A. 本案的承办法官对"以事实为根据，以法律为准绳"原则有着正确的理解
B. 法官在审理此案时，违背了法官中立原则
C. 本案的承办法官对司法公正的认识有误，法律职业素养有待提高
D. 本案的审理比较好地体现了通过审判保障公民权利的司法功能

4. 执法应该坚持哪些原则？执法的要求与司法的要求有何不同？

第九章 法律关系

导读

　　法律的运行过程是由人参与的，人与人之间必然产生各种法律上的关系，也就是通常所说的法律关系。法律关系反映了法律对社会的调整结果，人们在法律关系的产生和消灭过程中实现自己的法律目的。法律关系同样具有一些构成要素，也就是主体、客体和内容，不同的法律关系这些要素是不同的。法律关系理论的重要意义在于形成一种分析法律问题的思路，面对复杂的社会纠纷，只要理清楚其中的法律关系，问题也就解决了。

第一节　法律关系概述

一、法律关系的含义

【阅读材料1】

王某和李某同住某一居民小区，也是朋友，关系不错。王某有一儿子小王，8岁，读小学一年级。李某有一儿子小李，也是8岁。小王和小李是同班同学。有一天课间，小王和小李因为铅笔问题争吵并打架，结果小王用铅笔刀将小李的脸划伤。李某为治疗小李的伤口花去医疗费用150元。之后，李某带小李进行面部修复手术，花去医药费2500元。李某要求王某赔偿相关费用。王某认为治疗小李伤口的费用应该由自己支付。但面部修复的费用自己不应该全部承担，只愿意承担1000元。双方诉至法院。

分析上面的案例，我们可以发现这样一些关系：（1）王某与李某是朋友关系；（2）王某和儿子小王，李某和儿子小李是父子关系；（3）小王和小李是同学关系；（4）小王把小李划伤，要赔钱，从法律来看，可以认为是侵权关系；（5）王某和李某打官司，形成诉讼关系；（6）在诉讼中，小王是未成年人，由其父亲代理，小李也由其父亲代理，是代理关系。

对于这些关系，我们用法律的眼光来看，并不是完全相同，比如朋友或同学关系与父子关系差异就比较大，朋友或同学关系在法律上找不到对应的权利义务规定，但对于父子关系，在法律上却有明确的规定，如父母是未成年人的法定代理人。这样我们就可以把社会关系作一个简单的区分，一类属于法律关系，另一类则不属于法律关系。在法律上，虽然找不到"法律关系"那种文字符号，但法律关系犹如生活中的空气一样，我们看不见、摸不着，却无时无刻、无处不在地围绕在我们的身边。

法律关系一词最早源自罗马法，本意指债权债务关系。19世纪，历史法学派的创始人胡果在罗马法业已阐明的权利主体旨在设定、变更及消灭民事法律关系的各种行为所必备的条件和原则的基础上，抽象出法律关系这一概念。历史法学派的另一代表人物萨维尼对法律关系概念极为重视，并进行了独创性研究，认为法律关系即是法律规定的人与人之间的关系。后来经过德国以及英美法系学者的发展，20世纪初法律关系成为法理学中的专门理论问题之一。在我国法学界，一般认为,法律关系是指法律调整社会所形成的一种权利义务关系。对这一概念,国内学术界基本没有争议,只是表述有时稍有不同,如有的教科书中讲:法律关系是指法律调整社会所形成的一种权利义务、职权责任关系。这一表述使法律关系明显地超越了私法的范畴,而成为公私法都能适用的概念。在我国流行的法律关系概念中,突出强调了法律调整,认为没有法律调整,社会就不会有法律关系。

【阅读材料2】
兄弟诉案

兄弟二人均处于父权之下,一个借钱给另一个。受领人于父亲死后偿还了所有款项,他问自己能否作为错误支付而请求返还已经支付的金钱。此处,法官仅就是否存在非债清偿给付返还之诉作出判决。为了能够实现这一点,就必须救当时法律关系的整体观察。其中的各项因素是:对兄弟二人的父权、一个借钱给另一个、债务人从其父获得的特有产。由这些因素构成的法律关系由于父亲的死亡、继承遗产而进一步发展到借款偿还。由这些因素就可以得出法官所要作出的判决。

——[德]冯·萨维尼:《萨维尼论法律关系》

我们认为,法律关系的概念本身是规范法学的产物,它的重要意义不在于揭示法律关系的存在,而在于法律关系概念为职业法律群体分析案件,处理纠纷提供了思维方法上的帮助。从法律关系的概念产生来看,它源自民法,对民法体系的发展与完善起了十分重要的作用。可以说民法学大厦的基石就奠基于民事法律关系的概念,民法典的骨架也是由这一概念奠基的。民事法律关系是民法学的核心概念,但现在法律关系已溢出民事法律关系的概念。表现在:第一,有许多部门法学和部门法也在模仿民法,试图以法律关系的概念为契机,完善法典和法学体系。但总的来说,没有民法那么成功。我国的部门法学教材中也大都讲述法律关系,以丰富其自身的内容。第二,法律关系现在已成了司法人员的一种分析工具,用于分析复杂案件中的各种关系,清晰对事实和法律的认识,从而在法律与事实之间架起一座桥梁,沟通二者的关系,使法变得可操作。

据此我们认为,法律关系是法律规范社会而产生的权利与义务、职权与责任关系。它有三个要素,这就是主体、客体和内容,这三个要素缺少任何一个就不能构成法律关系。

二、法律关系的特征

法律关系是一种特殊的社会关系,与一般的社会关系相比较有如下几个方面的特征。

（1）法律关系是以法律规范的存在为前提而产生的社会关系。社会关系很广泛，但并不都是法律关系，比如材料里说的朋友关系就不是法律关系。法律关系是基于法律调整社会、规范人们的行为和思维走向而产生的人与人的关系。没有法律的存在，很难说有什么法律关系，如夫妻关系，如果我们不是用婚姻法的规范去思维，就很可能称为一种自然的人伦关系。我们把夫妻关系视为法律关系，正是因为有了婚姻法来规范与调整人的相互行为。同样，阅读材料里的民事关系，如果没有民法就不会形成。

（2）具体法律关系的产生还须有法律事实作为前提。在法律关系理论中，法律事实指的是能引起法律关系产生、变更和消灭的客观情况，包括行为和事件（详见第三节）。仅有法律规范而没有相应的法律事实，不会产生具体的法律关系。比如仅有《合同法》并不意味着我们每个人都涉及具体的合同法律关系，仅有《婚姻法》也不意味着每个人都有婚姻法律关系。具体法律关系的产生都有相应的法律事实，如签订合同的行为、婚姻登记的行为等，阅读材料里的侵害行为也是一种事实。

（3）法律关系是以法律上的权利义务为纽带的社会关系。人类社会存在各种各样的社会关系，诸如经济、政治、法律、思想、道德、宗教和文化以及家庭、婚姻、友谊等关系。法律关系是一种重要的社会关系，它不同于其他社会关系，就在于它是根据法律所结成的权利义务关系。本书前面已经说过，法律是通过权利义务来规范人们的行为的，法律告诉人们什么可以做、什么不可以做、什么必须做，一旦特定的法律主体按照法律规范的内容去行事，那就会享有权利或履行义务。法律关系中的这种权利义务调整机制是其他社会关系中没有的。

（4）法律关系是以国家强制力作为最后保障手段的社会关系。法律关系是法律调整、规范人们行为的产物，这种关系一经确立就纳入法律约束的范畴。因此，法律机构应设法保障法律关系能够实现。当法律关系受到损坏时，国家机关应主动或者在受当事人请求后，以法律的方法予以解决。牵涉国家利益和公共利益时，法律机关应做主动恢复秩序的工作，而对于涉及公民意思自治的领域，当公民主动请求帮助时，法律机关应予以救济。

三、法律关系的分类

对法律关系的分类，这几年有不少学者进行研究，其表述也呈现多元化倾向。现略述几种。

1. 一般法律关系与具体法律关系

　　一般法律关系讲的是义务主体不是特定的，而权利主体是特定的一种权利义务关系。如每个人都有生命权、健康权，那么，对一个具体人来说，他就有不受侵犯的权利，而其他社会主体负有不得侵犯的义务。许多学者把这种法律关系称为一般法律关系或绝对法律关系。具体法律关系指的权利、义务主体都是特定的人的法律关系，如具体的债权关系、婚姻关系等，又称为相对法律关系，阅读材料里就保护多种具体的法律关系，如侵权关系、父子关系、代理关系等。

2. 原生的法律关系和派生的法律关系

　　原生的法律关系是指源自合法行为而产生的法律关系。如民事合同关系、民事给付关系等。这种关系也可称为调整型的法律关系，权利型法律关系。材料里正常的人身权利关系就是原生的。派生型法律关系是指因原生型法律关系受到损害而产生的法律关系。对这种法律关系法律机关应给予保护，以实现权利义务的正常状态，因而也称为保护型法律关系，如基于违约而产生的法律关系，或基于侵权而产生的法律关系、刑事法律关系等都属此类。材料里的侵权关系和诉讼关系就属于派生型法律关系。

3. 公法法律关系、私法法律关系和混合法律关系

　　公法法律关系又称为纵向法律关系或隶属型法律关系，主要包括宪法法律关系、行政法律关系、刑法法律关系以及诉讼法律关系等。私法法律关系又称为横向法律关系或平权型法律关系，主要包括民事法律关系、婚姻法律关系、商法法律关系等。混合法律关系主要包括经济法律关系、劳动法律关系、社会保障法律关系等。阅读材料里的关系主要就是私法法律关系。

4. 主法律关系和从法律关系

　　主法律关系，也称第一性法律关系，是指法律关系主体之间依法建立的不依赖其他法律关系而独立存在或在多项法律关系中处于支配地位的法律关系。从法律关系，也称第二性法律关系，是指依据主法律关系产生的，居于从属地位的法律关系，比如在民事合同中，为了交易安全，当事人经常订立担保合同，这就是从法律关系。在调整和保护性法律关系中，前者是主法律关系，后者是从法律关系。

四、法律关系的运行

　　法律关系的运行是指法律关系产生、变更和消灭的过程。社会中的法律关系不可能永远存在，比如是一个不断变迁的过程，也就是新的法律关系产生、旧的

法律关系消灭。法律关系的产生是指在主体之间形成了一定的权利义务关系，如因合同行为而在特定主体之间产生了债权债务关系。变更指法律关系的主体、客体或权利义务发生了变化，如合同的权利和义务的增加或减少、债权债务的转移。消灭指主体之间的权利义务关系完全终止，如合同履行完毕后，债权债务关系就消灭了。

法律关系的这种运行过程需要具备一定的条件，其中最主要的两个条件：一是抽象条件，即法律规范的存在；二是具体条件，即法律事实的存在。对于这两个条件，法律规范的存在无须多言，现实中有各种各样的法律，没有法律规范就不会有法律关系。而法律事实却是值得重视的一个问题，法律事实是把法律规范和法律关系联系起来的中介。本章第三节重点介绍法律事实的基本知识。

第二节 法律关系的要素

一、法律关系的主体

（一）法律关系主体的含义与分类

法律关系主体是指法律关系的参与者，即在法律关系中享有权利或负有义务的人，通常又称为权利主体和义务主体。在第一节阅读材料中，侵权关系的主体只有小王和小李，他们的父母是法定代理人。

法律关系的权利主体和义务主体也就是由法律对其行为加以调整的人，哪些人能成为法律关系的主体是由一国法律所规定的，不同的时期、不同的国家对法律关系主体的规定都有所差异。不过法律上称的"人"与日常用语所称的"人"有不完全相同的含义。法律上所使用的"人"的概念包括自然人和法人等。我国能够成为法律关系主体的"人"主要有三类。

1. 自然人

是指有生命并具有法律人格的个人，是权利主体或义务主体最基本的形态，包括公民、外国人和无国籍人。自然人首先是有生命的血肉之躯，这是法律上的自然人与法人之间的根本区别。不过，有生命的人并不一定在任何时空条件下都被法律视为人，即并不一定会被法律当作一个人来对待。在奴隶社会中，奴隶虽然是一般意义上的人，但往往不被法律承认为"人"，即不具有法律上的人格。因此，自然人是一个法律概念，以有生命且有法律人格为充分必要条件。

【阅读材料3】

自权的、适婚的和心智健全的家父可以承担债务。非经监护人的授权，被监护人不能承担市民法上的债。此外，奴隶不因合同受债之约束。

——［古罗马］保罗：《告示评注》（第72卷）

2. 法人

法人是自然人的对称，指具有法律人格，能够以自己的名义独立享有权利和承担义务的团体。法人是由自然人组成的团体，但是它在法律上不同于任何团体成员。法人有时又被称为拟制人，即由法律赋予人格并将其视同自然人一样，有独立的意志和利益的社会组织体。因此，法人可以用自己的名义拥有财产、订立合同、行使权利、履行义务、起诉或应诉，基本上可以像自然人一样进行活动。

3. 国家

在法律上，国家也常常作为具有法律人格者而参加一定的法律关系，并享有权利或承担义务。在特殊的情况下，国家可以作为一个整体而成为法律关系主体，如国家作为主权者是国际公法关系的主体，可以成为外贸关系中的债权人或债务人，而且它是国际公法的最主要主体。但在国内法上，国家作为主体的地位则比较特殊，它可以直接以自己的名义参与国内的法律关系，这意味着国家是直接的权利享有者或义务承担者。但大多数情况下是由国家机关或授权的组织作为代表参加法律关系，这是国家机关或授权的组织是直接的权利享有者或义务承担者，而不是国家。这意味着，在发生诉讼时，一般不能直接以国家作为诉讼主体，而是具体的某一国家机关或授权的组织。

（二）法律关系主体的资格

任何形式的主体要参加法律关系，成为法律关系的主体，都必须具有一定的资格，即权利能力和行为能力。

1. 权利能力

参加任何法律关系都必须具有权利能力，参加某些特定类型的法律关系，除了要具有权利能力之外，还必须具有行为能力。所谓权利能力就是由法律所确认的享有权利或承担义务的资格，是参加任何法律关系都必须具备的前提条件。也就是说，不具有权利能力，就意味着没有资格享有权利，甚至也没有资格承担义务。权利能力是法律人格的同义语。

在自然人的权利能力问题上，不同时代、不同社会的法律制度所作出的规定有重大差别。在奴隶制时代，只有自由民才可能具有完全的权利能力，奴隶则完全没有权利能力或只在某些特定的范围内具有不完全的权利能力。在封建农奴制时代，农奴只具有部分权利能力，在法律上不被视为完全意义上的人。在资产阶级革命之后，近、现代法制均确认一切公民的权利能力一律平等，非公民的自然人在人身和财产关系方面，也与公民具有平等的权利能力。法学界主流观点把公民的权利能力分为一般权利能力和特殊权利能力两类。一般权利能力为所有公民普遍享有，始于出生，终于死亡，如人身不受侵犯的权利能力等。特殊的权利能力以一定的法律事实出现为条件才能享有，如参加选举的权利能力须以达到法定年龄为条件。

法人的权利能力始于法人依法成立，终于法人解散或撤销。法人权利能力的内容和范围与法人成立的目的直接相关，并由有关法律和法人组织的章程加以规定。

【阅读材料4】
《澳门特别行政区民法典》节录
第六十三条　人格之开始
一、人格始于完全出生且有生命之时。
二、未出生之人获法律所承认之权利系取决于其出生。
三、人格之保护范围包括对胎儿造成之损害，但以符合上款之条件为限。
四、然而，生父母无须就受孕时对子女造成之畸形或传给子女之疾病负责，亦无须就受孕后对胎儿造成之损害负责，但属故意造成之损害者除外。

第六十四条　权利能力
除法律另有规定外，自然人得成为任何法律关系之主体：此为自然人之权利能力。

第六十五条　人格之终止
一、人格随死亡而终止。
二、如某种法律效果取决于一人在他人死亡时是否仍生存，则在无法确定时，推定两人同时死亡。
三、一人在毋庸置疑其死亡之情况下失踪，且无法寻回或辨认其尸首时，视该人已死亡。
四、在上款之情况下，如宣告死亡后，证实死亡非在死亡宣告中所指之日发生或该被宣告死亡之人出现，则在推定死亡制度中对类似情况所作之规定，经作出必要配合后，适用之。

第六十六条　权利能力之放弃
任何人不得全部或部分放弃其权利能力。

2. 行为能力

行为能力是法律所承认的，由法律关系主体通过自己的行为行使权利和履行义务的能力。具有行为能力，首先意味着法律允许权利主体和义务主体独立地以自己的名义参加法律关系，行使自己的权利或履行自己的义务。在此，法律按照何种标准来决定并允许权利主体和义务主体独立行使权利或履行义务呢？这就要看权利主体和义务主体是否具备对自己行为及后果的理解和判断能力。也就是说，行为能力是法律所承认的行为人对自己行为及后果的正常识别能力。对于自然人来说，这种能力主要取决于年龄和健康状况两种因素。在行为人年龄幼小或患有精神疾病的情况下，若允许其自行处分自己的权利或自行履行自己的义务，则可能因行为人缺乏正常的判断力而陷于不利处境。为对未成年人和精神病人予以特殊保护，现代各国的法律均设有行为能力制度。第一节的阅读材料里面，小王和小李都有权利能力，但不具有行为能力，所以只能由父母代理参加诉讼。

【阅读材料5】

王某，9岁，系某小学三年级学生。一天放学回家路上遇到某公司业务员赵某向其推销一种名为"学习效率机"的低配置电脑，开价6000元。王某听后信其言，用自己积攒的"压岁钱"1000元交付了定金，并在分期付款合同上签了字。事后王某父母知晓此事，以"行为人不具有行为能力，并对行为内容有重大误解"为由要求赵某撤销合同并退款。

行为能力制度将自然人分为三类：第一类为完全行为能力人，即已经成年且神智正常之人，他们可以独立地处分自己的一切权利和义务；第二类为限制行为能力人，即尚未成年但已满一定年龄的人和患有某种精神疾病但尚具有一定识别能力的人，他们只能独立处分与其能力相适应的权利和义务；第三类为无行为能力人，即尚未达到一定年龄的幼童和完全丧失识别能力的精神病人，他们自行处分自己的权利和义务的行为在法律上均为无效。与无权利能力的人不能参加任何法律关系不同，限制行为能力人和无行为能力人只是不能成为某些法律关系的主体（如房地产买卖合同关系的缔约人），但可以成为无需作出判断的法律关系或与其能力相适应的法律关系的主体。法人自成立到终止，始终具有完全行为能力，故其行为能力与权利能力是一致的。因为法人原本非人而是由法律拟制为人，不存在智力、年龄过小和患有精神疾病的问题。

【阅读材料6】

《澳门特别行政区刑法典》节录

第十八条　因年龄之不可归责性

未满十六岁之人，不可归责。

《澳门特别行政区违法青少年教育监管制度》节录

第一条　标的及适用范围

一、本法律订定违法青少年教育监管制度。

二、本法律适用于在年满十二岁尚未满十六岁时于澳门特别行政区作出被法律定位犯罪或轻微违反的事实的青少年。

3. 权利能力与行为能力的关系

权利能力和行为能力是自主从事法律行为的主体所必备的。二者存在着联系和差别：首先，权利能力是对权利行使范围的限制，而行为能力则是对权利行使能力的限定，无权利能力表明主体无权利，无行为能力则表明主体享有权利而无能力去实现。例如，奴隶无财产权利能力表明奴隶无财产权，而现在一个5岁幼童无财产行为能力则不能说他无财产权，而是说他无能力自己去实现财产权利。其次，权利能力是行为能力的基础，没有权利能力，也无行为能力。例如，在奴隶社会中，奴隶无权利能力，自然也无行为能力。最后，目的不同，权利能力制度是为限制赋予主体以权利，而行为能力的设置却是为了保障弱者的利益。例如，积极行为能力的限制是为了使弱者免受欺诈或以其他主体不利的方式转移财产，消极行为能力的限制则为了使主体免除不合理的义务和责任。

二、法律关系的客体

法律关系客体是指法律关系主体的权利和义务指向的对象，也称为权利客体、义务客体，它是联结法律关系主体间权利义务的纽带。因此，没有客体也就没有法律关系存在的必要。法律关系的客体大致分为五类。

（1）物。法律上讲的物包括一切以财产权利为对象的自然之物和人造之物。法律上的物不同于物理意义上的物，其范围较物理意义上的物要小。法律上的物的范围由法律来加以认可，并且针对可以为人类控制、支配的物。如太阳、月亮等天体就不是法律关系的客体。

（2）行为结果。即权利义务所特指的某种作为或不作为的结果。这种结果一般分为两种：一种是物化结果，行为人的行为凝结于一定的物体，产生一定的物化实体，如加工合同履行完毕后所生产的产品；另一种是非物化结果，行为人的行为表现为一定的过程，直至终了，最后产生主体所期望的结果或效果，没有物化实体存在，如劳务关系中，劳务提供主体只是提供了一定的行为，使其他主体获得精神上的需求等无形利益。

（3）智力成果。又称"精神产品""无形财产"，即人所创造的精神财富，如知识产权所保护的专利、商标、著作等。需要注意把智力成果与它的载体加以区别，如书本，纸张只是载体，书中的知识性内容才是智力成果。

（4）人身权益。人身权益是指与人身相联系的非物质性权益，是与财产性权益相对称的一个概念，它可以分为人格权和身份权两部分。前者是以权利人自己的人身、人格利益为客体的民事权利，包括生命健康权、身体权、姓名权、自由权、名誉权、肖像权、名称权等。后者是存在于一定身份关系上的权利，权利客体为特定身份关系的对方当事人，包括监护权、亲权、父权等。人身权益还涉及人身体部分（如血液、器官、皮肤等）的法律性质问题，这个问题比较复杂，究竟属于人身还是属于法律上的"物"，在理论上争议比较大，不能一概而论。

（5）国家权力。国家权力是宪法法律关系的客体。在国际法律关系中，某些领域也是以国家权力为客体，如在中央政府和澳门特别行政区之间的关系中，主要的客体就是中央政府和澳门特别行政区之间划分出的各种权力。

三、法律关系的内容

法律关系的内容主要是权利、义务、职权（权力）和责任4个方面。在公法关系中，法律关系的内容主要指职权（权力）和责任，而在私法关系中，法律关系的内容主要是权利和义务。法律关系中的责任在某些方面可以和义务相等同。权利、义务和权力问题已在第五章叙述，这里不再重复。

第三节　法律事实

一、法律事实的含义

【阅读材料7】

黄某和张某都是某进出口公司干部，二人住同一个宿舍，因工作需要，2004年公司委派黄某去公司设在深圳的办事处工作1年。黄某临行时，将自己的一台24英寸国产彩色电视机委托给张某保管和使用。3个月后，黄某给张某写信，说自己在深圳又买到一台29英寸日本产彩电，家中的一台可以适当价格卖掉。公司的司机梁某得知此消息后，找到张某，表示想买下这台彩电，但又不愿多出钱。梁对张说，你可以给黄写封信，告诉他彩电的显像管出了毛病，图像不清，要求他降低价格出售。张某当时有些犹豫,但考虑到自己同梁某的关系不错,就按照梁某的意思给黄某写了信,黄某回信说如果真是显像管坏了,可以降低价格卖掉。于是张某就以500元的低价将彩电卖给了梁某。黄某从深圳回来后,知道了买卖彩电的真相,要求梁某返还彩电。梁某答复说,20天前已以1500元的价格卖与王某。经查,王某买下电视时对以上情况并不知情,1500元的价格与市价相差无几,但在5天前,王某一家及邻居戴某看电视时,该电视突然爆炸,炸伤王某及戴某,并造成其他财产损失近2000元。

从民法的角度看,这则材料里包含了很多事实,也形成了很多法律关系。比如黄某和张某之间委托保管的事实、张某与梁某之间的买卖事实、梁某与王某之间的买卖事实、王某的善意取得事实、王某与戴某受伤被侵权的事实。从法律上看,如果没有民法对买卖以及善意取得、侵权等的规定,这些都只是一般的社会事实,而不是所谓的法律事实。如果这个案件进入诉讼阶段,案件中的人如果没有证据证明自己所参与的事实,则无法依据事实来提出法律要求,法官也不会满足他的要求。如黄某说张某有欺诈,如果张某提出证据证明电视机确实有问题,则黄某的主张就不成立。还比如,如果王某知道这个电视机的来源有问题,而且以比较低的价格取得电视机,则王某就不是一个善意的买主,从民法上说就不能拥有合法的所有权。这里的这些事实都需要去证明,而且需要法官最终采信这些事实。

法律和事实原本是两个不同的事物,二者的结合表明它们确实存在着密切联系。这就是说,社会上由于出现了法律这种特殊的社会现象,对许多事实我们就不能把其仅视为纯粹的生活事实。人们在认识生活事实的时候不能忽视法律的存在,尤其法律的研究者和职业法律群体更不能不用法律思维的方式来审视生活事实。许多事实只要加上法律的色彩,便具有了法律意义,对这些事实我们就称其为法律事实,这是法律与事实必然存在联系的一个方面。

另一方面,假设站在立法者的立场上分析,我们可以看到法律产生的重要使命就是调整社会关系。而社会关系本身就是由大量的事实构成的,在法律规定(或法律规范)中,不可能没有对事实的描述。因此,像故意、过失、正当防卫、紧急避险、善意取得等事实性的描述就应运而生。如果忽视这一点,我们就可能在制定法中找不到反映事物共性的法律事实,一旦这样,我们在法律适用过程中就难以找到充满个性的法律事实与规范性法律的切入点。所以,我们坚持对法律事实定义的综合说,认为法律事实是由法律规范所设定的,而又经过法律职业群体(法官起着最终决定性作用)分析和证明的"客观"事实。这其中的法律规范反映了立法者对什么是法律事实的框架性认识，而法律职业群体证明的则是客观事实本身所具有的法律意义。

二、法律事实的特征

第一，法律事实是一种规范性事实。它是由法律规范社会的产物，没有法律规范就不会有法律事实。虽然法律事实是法官等在适用法律的时候认定的，但这种认定同时也是用法律规范模型衡量生活事实的一种结果。所以法律事实这一概念在一定程度上体现了法律规范所设计的事实模型。在这里，规范有两个方面的含义：一方面是指静态的法律规范模式；另一方面指动态的法律规范，它约束着人们对自然事实的认定走向。法律规范中的法律事实的模型大致包括两种：一种是行为模式，一种是事件的模式（包括时效的规定），这两种模型的设计都是为了保护权利而设计的。因而，一个人的权利要想得到法律的充分保护，他的行为方式应是规范的，不规范的行为要么是权利得不到保护，要么是受到法律的制裁。所以，许多人认为法律事实是一种取向于法律规范陈述形态的事实。

第二，法律事实是一种能用证据证明的事实。这意味着法律事实不仅是客观事实，而且它还应是能用证据证明的"客观"事实。许多事实是客观存在过的，但由于时过境迁，拿不出证据证明，对这样的事实就不能认定为法律事实（法律明确规定可以推定的除外）。因为，从司法的角度看，有些事实从逻辑推理的角度看可能确实存在，但由于许多事实具有不可重复性，当事人拿不出证据，法官等就不能确认。所以，对法律事实来说，无论其多么简单，它都需要有一个证明的过程。由此推论，"以事实为根据"原则中的事实并不是原本的"自然"事实，它是法官等用法律思维方式过滤的事实，同时还必须是能用证据证明的事实。

第三，法律事实是一种具有法律意义的事实。某一被称为法律事实的事实，肯定是对法律关系产生了某种程度的影响，有的可能引起法律关系的产生，有的可能引起法律关系的变更或消灭。如果事实没有对法律产生任何影响（或者说不能引起法律关系的产生、变更或消灭）就不能称为法律事实。这一点是事实与法律事实的又一个区别。一般认为，事实的法律意义其实讲的就是事实与法律关系的关系。但这仅是事实能否成为法律事实的一个方面。另一方面，某一事实能否成为法律事实，还应有两个衡量尺度：一是事实和法律规范有没有关系，事实只有和法律规范有联系才能产生法律意义，所以，法律规范是存在法律事实的前提；二是事实和法律关系能否挂钩，这是从结果的角度来审视法律事实，能引起法律关系产生、变更和消灭的，我们就可称之为法律事实。

三、法律事实的分类

常见的法律事实分类法有以下几种。

（1）一般的学者都是根据事实本身与当事人的意志有无关系而把法律事实分为事件和行为两种。事件是指不以当事人的意志为转移或者法律不把法律后果与当事人的意志相联系的法律事实。像自然灾害等所引起的法律关系的产生、变更，时间的流逝所引发的法律关系的消灭等都可归类于法律事件。对于事件，可以根据是否由人们的行为而引起，分为绝对事件和相对事件。绝对事件是指不由人们的行为而是由于某种自然原因引起的事件，主要指自然现象；相对事件是有人们的行为引起的，但在该法律关系中并不以当事人的意志为转移的事件。如保险关系中由于第三人的破坏导致保险公司与投保人之间的赔偿关系。行为是指由当事人的意思表示而导致法律关系产生、变更和消灭的情况。大量的法律事实都属于法律行为，都与当事人的意志有关联。为了加深对法律行为的了解，下一节专门介绍法律行为的相关知识。

（2）确认性法律事实和排除性法律事实。按照法律事实与法律关系的正反关系，法律事实可以分为确认式法律事实和否定式法律事实。确认式法律事实，也称肯定的法律事实，指只有当某种事实的存在得到肯定和确认后，才能引起一定的法律关系运行的法律事实。比如阅读材料里的买卖事实，有买卖事实存在，才可以成立买卖关系。排除式法律事实，也称否定的法律事实，是指只有当某种事实的存在得到否定和排除，才能产生法律关系的运行。比如阅读材料中，必须否定王某没有恶意以低价收购他人没有所有权的彩电，才能确认王某有合法的购买行为，形成合法的所有权关系。

（3）单一事实与事实构成。在研究法律关系和法律事实问题时，必须注意一个问题，即法律事实与法律关系不是一一对应的关系，通常的情况是一个法律事实引起一个法律关系的运行，但也可能是一个法律事实引发多个法律关系的运行，如工伤死亡，就引起劳动关系、婚姻关系的消灭以及继承等关系的产生。还有可能的情形是多个法律事实才能引发一个法律关系。因此，按照引起法律关系所需要的法律事实的单复数，可以把法律事实分为单一事实和事实构成。单一事实指无需其他法律事实同时出现就能够单独引起一种或多种法律关系运行的法律事实。比如人的死亡引起的婚姻关系消灭、继承关系产生。事实构成指某一法律关系的运行同时需要多个法律事实所组成的系统。比如房屋买卖关系的成立，就需要订立合同、交付房款、交付房屋、过户登记等多个法律事实。

第四节　法律行为

一、法律行为的含义

【阅读材料8】

电影《荒岛余生》简介

电影《荒岛余生》是好莱坞著名演员汤姆汉克斯主演的一部著名影片，影片讲述了联邦快递公司的飞行员流落荒岛4年的经历。这部电影的情节主要根据英国现实主义作家笛福的代表作《鲁宾逊漂流记》改编而成。全片分三大段：失事前、荒岛上和回家后。

影片的故事从莫斯科讲起，汤姆汉克斯饰演的联邦快递公司飞行员与同事在莫斯科完成了运送投递快件任务后，准备飞回美国。这一段比较短，只是后面的铺垫而已。随后，飞机起飞，进入太平洋上空，遇到暴风雨，导致飞机失事，坠入海洋。其他的随机人员都遇难，唯独飞行员侥幸存活，漂流至荒岛，影片真正进入状态。荒岛远离大陆，没有人迹，汤姆变成一个远离社会的生物意义上的人。导演着力营造了在这个荒岛上男主角所遇到的困难以及克服困难的意外惊喜，使原本以为枯燥无味的情节变成了片刻就有小小高潮的绝无冷场的好戏，娱乐性十足。汤姆在荒岛上进行了生火、打鱼、搭帐篷等求生行动，最终存活下来，但孤独和寂寞时时让他想念远方国家和亲人。导演在此段落中安排了一个非常精彩的"角色"，就是陪伴汤姆的排球"Wilson"了。汤姆把这只排球当作了自己的伙伴，向排球诉说心中的想法。这一段安排的非常精彩，如果影片过多描述汤姆对妻子的思念则会显得太闷，而当男女思念之情转到带有男性特征名字（Wilson）的排球身上后，影片就暗地里转回到好莱坞拿手的友谊描写上，那段奋不顾身抢救排球的场面更是相当煽动人心，汤姆一个人在荒岛上度过了4年，终于遇到路过的船只，重新回到了美国，回到人类社会。影片最后的部分再次将煽情进行到底。回到人类社会后，汤姆要重新寻找自己的生活方向，影片也在主人公开车到一个十字路口徘徊和选择的场景中结束。

法律行为作为人类行为的特殊形式有其特定的范畴，是法律对人类行为的界定和规范。因此要认识法律行为的意义，就必须分析行为的基本含义。心理学专家认为，行为是有机体在环境影响下所引起的内在生理和心理变化的外在反应，并依据该定义建立了一套"刺激——反应——行为"的模式。这个定义非常宽泛，它包括自然界所有的有机体的反应，不仅包括人类的行为，也包括动物有机体的行为。伦理学专家认为，行为是指人类在日常生活中所表现的一切动作，有时泛指各种自然现象和社会现象的运动。社会学专家认为，人类行为具有社会性特征，是指两人或两人以上的交往与互动行为。行为科学专家认为，行为是为了满足个人和社会的需要，人们进行的一定的活动。在法学界，古希腊思想家亚里士多德认为，行为是人类的特征，是人所具有的特殊功能，即人的行为是根据理性原则而具有的理性生活。德国法哲学家黑格尔在《法哲学原理》中指出，意志作为主观或道德的意志表现于外时，就是行为。

可以看出，对行为有多种不同的理解，从自然角度看，行为是人的外在活动，表现为人与自然、社会和他人产生联系的活动。而从社会看，人的这种行为是具有一定目的的，在一定的意志和意识支配下的活动。人的行为与动物行为的区别就在于行为的社会性，社会中的人的行为是有意识地去形成社会关系的行为。法律是调整社会关系的规范，所以法律所关注的行为是人的社会行为。汉语中最早把"法律"与"行为"连在一起的是日本学者，日本学者在翻译德语中的Rechtsgeschaft一词时，借用汉语中的"法律"与"行为"两个词，形成了"法律行为"一词。这个词在德语中最初是民法学上的概念，仅指合法的民事表意行为。从现代法学观点看，民事法律行为只是法律行为的一种，法律学上的法律行为泛指各种法律行为。

根据以上的分析，我们界定法律行为的概念为：法律行为是法律所规定和调整的、具有法律意义的、与主体的权利义务有关的有意识的活动。其内涵至少有这样三点：（1）法律行为是有意识的行为。它是由一定意志所支配的人的行为，而不是无意志支配的自然现象；是人体的外部状态，而不是人的内心活动。（2）法律行为是由法律调整的行为。也即是具有法律意义的行为。有些社会活动，比如一般的社会交往、恋爱等就不一定是法律行为。（3）法律行为是与主体权利义务有关的行为。但这并不包含着对有关行为的是否合法的判定。法律行为既可能是合法行为也可能是不合法的行为。法律对法律行为的态度既可能是肯定的也可能是否定的。

二、法律行为的特征

要理解上述法律行为的基本含义，还要进一步明确法律行为的基本特征。一般说来法律行为具有以下基本特征。

首先，社会性。社会性是法律行为的最基本的特征。由于人是社会的产物，人的行为和活动在内容、形式、目的上都具有一定的社会性。法律行为作为法律关系主体有意识、有目的的行为，必然依存于一定的社会关系，同样也受一定的社会法律制度调整，服从于一定的社会秩序的建构。前面阅读材料里所说的电影中的飞行员，当他在远离人类社会的荒岛上时，我们可以把他看作是一个自然意义上的人，他的行为是自然意义上的行为，不会产生社会联系，也就不会是法律行为。

其次，法定性。这是法律行为与一般社会行为的根本区别。法定性表明法律行为必然是由法律规范明确规制的行为，其中包括国家希望发生和肯定的行为，也包括国家不希望发生和否定的行为。

再次，意志性。法律行为受人的意志的支配，每一个法律行为都是人们意志抉择的结果，都是人们有意识、有目的的作出的。

最后，可控性。法律行为的可控性在于法律行为的规律性。每一个法律行为既要受到法律的规制，又要受到行为人个人的自我控制。

三、法律行为的结构

（一）主观要件

1. 动机

动机是直接推动人们行为的内在动力或动因。动机的作用在于：动机是人们从事某些行为的直接动因和源泉，某人具有某种动机后，就会促使其作出某种行为，动机的性质往往会影响人的行为的性质。法律行为动机的形成，如同其他行为动机的形成一样，有其内在的根据和外在的条件。其根据就是法律行为主体需要，其条件就是一定的环境与刺激。

2. 目的

目的是行为人通过一定的行为主观上要达到的行为目标和结果。人的行为总是有主观意图，是在动机指引下为实现某种目的的作为和不作为。在法律上动机和联系也有区别。动机和目的是一种形式与内容的关系，在一定条件下相互转化、相互影响。但动机只是人行为的起因，目的则是人行为所追求的结果。比如一个人把另一个人杀害，他的动机也就是起因，可能是仇恨、报复也可能是贪财或心理变态，但目的却是被害人死亡的结果。

（二）客观要件

法律行为的客观要件是法律行为的客观外在表现，是法律行为成立的基础条件，人的行为只有通过客观要件表现为外在的行动才具有法律意义。

1. 行动

行动是指人通过自身躯体的动作对客观世界施以影响的活动。人的行为是在主观意志控制之下，通过人的行动加以实现的。

2. 手段

手段是行为主体为达到一定目的而采取的某种方式和措施。行为与手段有密切的联系，要实现一定的行为必须通过某些具体的方式和方法。

3. 结果

所谓结果，指行为的结束状态。任何一种外在行为都表现为起始状态、持续状态和结束状态。行为的结束状态是人为活动对客观外界产生的影响的具体表现。

四、法律行为的分类

1. 合法行为和不合法行为

在法律的一般评价意义上，法律行为包括着合法行为和不合法行为。合法行为是指行为人在一定意志支配下作出、符合法定的条件和模式、能导致合法的法律后果的行为。合法行为在内容与形式上都具有合法的性质。合法行为应当受到法律的保护。不合法行为是指不完全符合于法律规定的行为。不合法行为的外延大于违法行为，违法行为是不合法行为之一，但并不等于不合法行为。一般的说，不合法行为中，只有违法行为才应承担法律责任，才会受到法律的制裁。

2. 违法行为和不违法行为

从法律对特定行为的评价上看，法律行为可以分为违法与不违法的行为。违法行为是指行为人主观上有过错的并且违反法律规定的行为。不违法行为是指行为人没有违反法律规定的行为。违法行为所导致的是否定性法律后果，而不违法行为则不会导致否定性法律后果，也即是违法行为应当受到法律的制裁，而不违法行为则不会受到法律制裁。

3. 作为的法律行为和不作为的法律行为

从行为方式上看，法律行为有作为的法律行为和不作为的法律行为之分。作为的法律行为是指人在一定意志支配之下的人体处于动态的，能为法律调整、具有法律意义的状态和过程。不作为的法律行为则是人在一定意志支配之下的人体处于静态的，能为法律调整、具有法律意义的状态和过程。作为的法律行为，是行为人积极作出的违反法律或合乎法律的行为，表现为违法的作为和不违法的作为。不作为的法律行为是行为人消极地不实施法律所要求或强制的行为。不违法的不作为不承担法律责任。

4. 个体法律行为、群体法律行为和国家法律行为

从法律行为主体的角度可以将法律行为分为个体法律行为、群体法律行为和国家法律行为。个体法律行为是自然人以个人为主体，在一定意志支配之下所作出的具有法律意义的行为。群体法律行为则是由群体包括群体的代表根据群体的授权而作出的法律行为。群体是自然人的集合体。群体法律行为具有明显的组织性和目的性。群体的建立和运转都以相应的法律规定为依据。国家法律行为是国家机关及其工作人员根据国家意志、以国家名义、代表国家所进行的活动。这种行为的直接行使者是国家机关及其工作人员，但行为根据的是国家意志，即国家的法律规定，因此后果由国家承担。国家是一种拥有权力的最强有力的特定政治组织，国家法律行为不能归入群体法律行为之中。

5. 单方法律行为、双方法律行为和多方法律行为

从参加法律行为的主体的数量及其法律行为成立须有几个方面的意思表示可以将法律行为分为单方法律行为、双方法律行为和多方法律行为。单方法律行为是指以一方当事人的意思表示或作为就可以成立的法律行为，如继承人放弃继承权的行为。双方法律行为是指由双方当事人相对应的意思表示一致而成立的法律行为，如双方当事人订立买卖合同的行为。多方法律行为是指由两个以上当事人意思表示一致才能成立的法律行为。这种法律行为的分类意义在于正确认定法律行为的成立及其效力。

6. 抽象法律行为和具体法律行为

从法律行为的对象和范围的角度可以将法律行为分为抽象法律行为和具体法律行为。抽象法律行为是针对一般的对象作出具有普遍约束力的行为，如国务院制定的行政法规的行为。具体法律行为是针对特定对象而作出的具有特定法律效力的行为，如司法机关对特定案件的判决和裁定。

思考题

1. 汪某和范某是邻居，某天，双方因生活琐事发生争吵，范某怒而挥刀砍向汪某，致汪某死亡。事后，范某与汪某的妻子在中间人的主持下，达成"私了"。后汪某父母得知儿子身亡，坚决不同意私了，遂向当地公安部门告发。公安部门立案侦查之后，移送检察院。最后，法院判处范某无期徒刑，同时判决范某向江某的家属承担民事责任。就本案而言，下列哪些说法是错误的？（2006年

统一司法考试试题)

A. 该案件形成多种法律关系
B. 引起范某与司法机关之间的法律关系的法律事实属于法律事件
C. 该案件中,范某与检察院之间不存在法律关系
D. 范某与汪某的家属之间不形成实体法律关系

2. 如何理解法律关系理论的作用?
3. 如何将法律关系理论应用于公法领域?这种应用是否会存在局限性?

第十章 法律责任与法律制裁

导读

　　法律关系的运行如果顺利，则法律的目的就得以实现，社会关系因此正常运转。但有时法律关系无法顺利运转，必须通过特定的措施矫正受到扭曲的社会关系，使受到侵犯的权益恢复正常，使违法的人受到惩罚。这就需要法律责任和法律制裁。法律责任体现了法律对社会主体的一种义务性要求，而法律制裁则是一种严厉的惩罚，起到补救和警戒的作用。

第一节　法律责任

一、法律责任的含义

【阅读材料1】

被告人黄某于2001年7月在江西省石城县生下一男孩。2001年12月，黄某背着丈夫将儿子带至福建省连城县寻找买主。经他人介绍，于同年12月16日将儿子卖给连城县曾某，获赃款1万元。黄某回到江西后，黄某的丈夫向公安机关报案。黄某归案后，称自己出卖亲生儿子的动机，主要是因家里太穷，为了孩子以后能过上好日子，就把他卖了。石城县法院认为，父母有责任抚养自己的子女，被告人黄某对其儿子有法定抚养义务，但她却将自己的儿子当作商品出卖，拒绝履行法定抚养义务，把儿子托付给一个素不相识的外地买主，使其生命和健康完全处于未知状态，故黄某的行为性质属于遗弃，且属情节恶劣，因而构成犯罪，要承担法律责任。石城县法院遂依照《中华人民共和国刑法》第261条的规定作出判决，判处黄某有期徒刑2年。

要理解法律责任，应先了解"责任"一词。在日常用语中，"责任"有两种基本含义：一是指人们分内应做的事情，一般是源自道德、法律、习惯、政策、章程、纪律等规范所设定的义务，比如父母抚养子女的责任就是法律设定的义务。此时，责任的含义与义务相同。二是指人们没有做好应做的事情而应受到的处罚，如阅读材料中法院判决的刑事责任就是对遗弃行为的处罚。此时，责任是指对自己的错误行为应承担不利后果的特殊义务。从普通意义上理解，责任和义务有时可以等同，有时又指一种特殊的义务。

法律责任是众多社会责任的一种，与之并行的还有道义责任、政治责任、纪律责任等。我们以为，法律责任有广义和狭义两种理解。广义的法律责任可以从法律义务的角度来理解，与法律义务相同，法律所设定的所有义务、要求和相应的后果都是法律责任。而狭义的法律责任仅指由特定事实引起的、对损害予以赔偿、补偿或接受惩罚的特殊义务。这里所说的特定事实包括侵权行为、违约行为或法律直接规定应当承担责任的情形。狭义的法律一般与违法、违约行为密切相连，这些行为是承担法律责任的基本根据，如阅读材料中的刑事责任就是因为存在违反《刑法》的行为。但有些情况下，即使没有违法也可能承担法律责任，如民法中规定的无过错责任。

【阅读材料 2】

我国台湾地区"民用航空法"第 89 条规定:"航空器失事致人死亡,或损毁他人财物时,不论故意或过失,航空器所有人应负损害赔偿责任。其因不可抗力所生之损害,亦应负责。自航空器上落下或投下物品致生损害时,亦同。"

法律责任有如下特点:(1) 一般性法律责任是由法律规定的责任。这表现在多数法律规范都有与之相适用的责任条款,这一点即使是法律史的早期也是这样。具体的法律责任是由法官等根据法律衡量事实的结果,是由法官裁定的。(2) 具体的法律责任具有国家强制性。法律责任一经国家司法机关或仲裁机关最终确立,即产生法律效力,由国家机关保障实施。当然,国家强制力也不是随意使用的,对有些发生效力的民事判决,当事人能主动地履行,国家强制力不一定参与。(3) 法律责任是一种带有惩罚、补偿性质的责任。刑事责任、行政责任一般都带有惩罚性,而民事责任多带有补偿性。阅读材料 1 中刑事案件的责任就是惩罚性的刑事责任。

二、法律责任的分类

按照不同的标准,可以对法律责任进行不同的分类。下面我们主要介绍一下司法实践中常用的几种法律责任。

(1) 刑事责任。刑事责任是由于刑事违法行为所引起的应受刑事处罚的不利结果,只有行为人的行为触犯了刑法并具备了犯罪构成的基本要件,才承担刑事责任。刑事责任是刑法、刑事诉讼法中常用的法律术语,是刑事立法与司法中要解决的基本问题。整个刑事诉讼法活动的出发点和归宿,都是为了准确、及时地查明犯罪事实,正确适用法律,惩罚犯罪分子,保证无罪的人不受刑事追究。

(2) 民事责任。从我国《民法通则》的规定看,民事责任是指民事主体在民事活动中,依法对自己或他人的行为应承担的法律后果,主要指民事主体在民事活动中因实施违法、违约行为而依照民事法规应承担的不利的法律后果。民事法律责任有许多种类,如侵权的民事责任、违约责任,有限责任与无限责任,财产责任与非财产责任,单方责任与双方责任,按份责任与连带责任等。

(3) 行政责任。行政责任一词的含义很多,主要有如下几种观点:第一,行政责任是行政职责或义务;第二,行政责任是指行政应负的法律责任,如行政机关对议会、选民的责任;第三,行政责任是因违反行政法而承担的法律后果。我们这里说的行政责任是一种法律责任,它是指行政机关及其工作人员、行政相对人,因违反行政法规而应承担的不利的法律后果。

（4）违宪责任。指由于违宪行为引起的不利后果。违宪一般指有关国家机关制定法规和规章以及国家机关、社会组织、公民的活动与宪法内容相抵触的现象。因为在法律渊源中，宪法具有最高的法律地位和法律效力，凡是与《宪法》规定相违背的法律、法规、活动都是无效的，都要承担违宪法律责任。从狭义上看，承担违宪责任的主体只能是国家机关或国家机关重要领导人，因此，违宪责任是一种特殊的法律责任，它兼具有政治上和法律上的双重责任。

三、法律责任的构成要件

法律责任的产生，需要一定的条件，只有具备相应条件，法律责任才会存在，这些条件就是法律责任的构成要件。通常法律责任的构成要件由法律规定，这些条件是行为人承担法律责任的基础，也是国家机关要求行为人承担法律责任所依据的判断标准和尺度。不同的法律对法律责任的规定不尽相同，一般来说，主要包括责任主体、归责原因、损害结果、因果关系和主观过错等几个方面。

（一）责任主体

责任主体是指因违法、违约或法律规定的事由而应承担法律责任的主体。每个人都应为自己的行为负责，但是责任主体并不等同于行为主体，不是每个人都可以为自己的行为承担法律责任，比如未成年人的行为所导致的法律责任可能就是由其监护人来承担。这就需要注意，思考法律责任主体时，必须关注主体的责任能力。行为人的责任能力是一种主体承担责任的自身条件，因此，责任能力与前面所说的人的行为能力基本一致。社会的主体，尤其是自然人，由于缺乏必要的认知能力，而无法实施相关行为，相应的，也就无法承担行为的责任。有责任能力是认定责任主体的前提，所以对于未成人或精神病人，因其无行为能力也就无责任能力，也就不能成为真正的法律责任主体。

【阅读材料3】

《中华人民共和国民法通则》节录

第十一条　十八周岁以上的公民是成年人，具有完全民事行为能力，可以独立进行民事活动，是完全民事行为能力人。十六周岁以上不满十八周岁的公民，以自己的劳动收入为主要生活来源的，视为完全民事行为能力人。

第十二条　十周岁以上的未成年人是限制民事行为能力人，可以进行与他的年龄、智力相适应的民事活动；其他民事活动由他的法定代理人代理，或者征得他的法定代理人的同意。不满十周岁的未成年人是无民事行为能力人，由他的法定代理人代理民事活动。

第十三条　不能辨认自己行为的精神病人是无民事行为能力人，由他的法定代理人代理民事活动。不能完全辨认自己行为的精神病人是限制民事行为能力人，可以进行他的精神健康状况相适应的民事活动；其他民事活动由他的法定代理人代理，或者征得他的法定代理人的同意。

第十四条　无民事行为能力人、限制民事行为能力人的监护人是他的法定代理人。

（二）归责事由

确定法律责任是不是任意的行为，它必须有归责的基础。归责基础即确定法律责任的基本条件和理由。确定法律责任大都与行为有关，但在某些法律责任领域，也存在行为以外的理由。总的来说，法律责任主要源自违法、侵权、违约和法律的强制性规定。

1. 违法行为

违法行为在理论上被分为广义和狭义两种。广义的违法行为是指一切违反法律规定的行为，包括一般违法行为和严重违法行为（犯罪），而狭义的违法行为仅指一般违法行为，不包括犯罪。我们这里所讲的违法行为是指广义违法行为。本节开头的阅读材料就反映了一个完整的违法行为。多数法律责任的确立都以违法行为为前提。侵权行为是违法行为的一种，是指行为人由于过错侵害他人的财产和人身权利，依法应承担法律责任的行为，包括作为和不作为的侵权。

2. 违约行为

违约行为即违反合同所约定，没有履行义务的行为。违约行为应承担违约责任。违约行为不同于违法，它有如下特点：第一，违约是以违反合同的约定为前提。合同是约束双方当事人的，如果约定的作为没有去做，或者约定的不作为做了就是违约。第二，合同作为当事人在平等、自愿基础上达成的协议或契约，一经成立，即具有法律效力。当事人双方必须遵守，任何一方违反合同，就会产生违约责任。第三，违约具有相对性，它只能在特定的当事人之间产生，合同关系以外的人不能构成违约。第四，违约责任可以由当事人约定。对违约行为虽然有法律规定，但违约以后如何承担责任，合同双方有一定程度的自由，当事人可以按法律规定的方式承担责任，也可以作出不违法的安排。第五，违约责任是具有惩罚性和补偿性的双重属性。

【阅读材料4】

《澳门特别行政区商法典》节录

第五百七十八条　概念

寄售合同系指当事人一方将一个或多个动产交付他方，而他方于约定期限内不将之返还时，须支付有关价金之合同。

第五百七十九条　返还不能

物之受领一方如不能返还与受领时相同之物，即使原因不可归责于物之受领一方，亦不免除其支付价金之义务。

3. 法律规定的特殊事由

在一些特殊情况下，即使行为没有违法或违约，也可能承担法律责任。比如环境污染所造成的损害赔偿责任并不是以行为的违法性为条件。很多环境污染排放行为是企业合法、达标、正常生产经营活动的一部分，但由于科学技术的限制或者自然环境中产生二次污染，仍有可能产生损害的结果，这种情况下也要承担法律责任。如《环境法》第41条规定："造成环境污染危害的，有责任排除危害，并对直接受到损害的单位和个人赔偿损失。"在这一规定中，并没有要求行为的违法性。

（三）过错

所谓过错是指行为人实施违法行为的主观心理状态，包括故意和过失。要追究行为者法律责任，通常要求违法者主观上具有一定的主观恶性，对于没有过错和不以人的意志为转移的不可抗力或意外事件，法律一般不会要求人们承担法律责任。故意是指明知自己的行为会发生危害社会的结果，希望或者放任这种结果发生的心理状态。过失是指应当预见自己的行为可能发生损害结果，因疏忽大意没有预见，或已经预见而轻信能够避免，以致损害发生的心理状态。不同的法律责任对于过错的要求不同。刑法对于违法者的主观恶性最为重视，主观恶性越大，刑事责任越大。刑法还将过错细分为故意和过失，而过失犯罪，法律有规定的才负刑事责任。在民事法律一般也将过错当作负担民事责任的要件。不同之处在于，民事法律中的主观恶性对于承担民事责任的意义不如刑事法律中那么重要。也正因为如此，民事法律中的过错再区分故意和过失的意义就不是很大，更有甚者，某些民事责任还从分担风险的角度考虑责任，而不以行为人是否有过错为决定是否承担民事法律责任的前提，例如，民事责任中的无过错责任和公平责任就是如此，《民法通则》第106条规定："没有过错，但法律规定应当承担民事责任的，应当承担民事责任。"

【阅读材料5】

《澳门特别行政区刑法典》节录

第十三条　故意

一、行为时明知事实符合一罪状，而有意使该事实发生者，为故意。

二、行为时明知行为之必然后果系使符合一罪状之事实发生者,亦为故意。

三、明知行为之后果系可能使符合一罪状之事实发生,而行为人行为时系接受该事实之发生者,亦为故意。

第十四条 过失

行为人属下列情况,且按情节行为时必须注意并能注意而不注意者,为过失:

a) 明知有可能发生符合一罪状之事实,但行为时并不接受该事实之发生;或

b) 完全未预见符合一罪状之事实发生之可能性。

(四) 损害结果

法律责任的承担一般应当以具有损害的事实为条件,损害事实的表现就是损害结果。损害结果是指违法行为或违约行为侵犯他人或社会的权利和利益所造成的损失和伤害,包括实际损害、丧失所得利益及预期可得利益。这种损害应该是已经发生的或确定必然会发生的损害,而不能是虚构的或仅仅为可能发生的损害。当然,对此比较有争议的就是有关精神损害的问题,因为精神损害是一种很难确定的伤害,所以在很长时期内并为获得法律的认同,现在各国法律基本都承认精神损害赔偿。

(五) 因果关系

法律责任承担中的因果关系是违法行为或违约行为与损害结果直接的必然联系。法律责任的承担仅有前几个要件还不够,法律还要求在违法行为和损害事实之间必须存在确定的因果关系。因果关系是法学中的重要论题。因为,现实生活中行为和损害事实之间必然存在比较多的关系,甚为纷杂,现代法律特别强调"后果自负",要让责任人为其自己行为造成的损害后果承担责任必须有足够的因果条件。因果关系是一种引起和被引起的关系,是法律责任存在的基础和前提。

【阅读材料6】

烟灰缸砸伤人案

2000年5月11日凌晨约1:40分左右,重庆市民郝某被楼上坠落的烟灰缸砸中头部,当即倒地,被送至急救中心抢救。诊断为特急性创伤性硬膜下血肿,双额颞脑挫裂伤、左颞顶颅骨骨折,头皮裂伤,共住院治疗112天,用去医药费8万多元。2001年郝某将位于出事居民楼2层以上的24户居民告上法庭,要求他们共同赔偿自己的医药费、精神损失费等各种费用。法院经审理认为,除事发当晚无人居住的两户外,其余房屋的居民均不能排除扔烟灰缸的可能嫌疑的22

户住户分担该赔偿责任，各赔偿8101.5元。对于该案件，在中国的现有的法律上还没有具体的明确的法律条文可以参照。唯一有关于建筑物的就是《民法通则》的第126条和第106条第2款。《民法通则》第126条规定："建筑物或者其他设施以及建筑物上的搁置物、悬挂物发生倒塌、脱落、坠落造成他人损害的，它的所有人或者管理人应当承担民事责任，但能够证明自己没有过错的除外。"重庆市区人民法院就是根据这一条和相关的最高人民法院的司法解释做的判决。

四、法律责任的归责原则

1. 责任法定原则

责任法定原则是法治原则在归责问题上的具体运用，指法律责任应当由法律规范预先规定，违法行为或法定事由发生后，应当由合法的主体按照事先规定的性质、范围、程度、期限、方式追究违法者、违约者或相关人的责任。它意味着在确认和追究法律责任时，要依照实体法和程序法办事，坚持"法无明文规定不为罪、不处罚"的原则，决不允许任何人另立标志，"以言代法""以权代法"。

2. 责任相当原则

责任相当原则是公平观念在归责问题上的具体体现，又称为公平原则，责任相称原则，是指法律责任的性质、种类、处罚的轻重应与违法行为或违约行为的性质和危害程度相适应，做到"罪责均衡""罪当其罪"。责任相当原则是实现法律目的的需要，通过惩罚违法行为，发挥法律责任的积极功能，教育违法者和其他社会成员，从而有利于预防违法行为的发生。

3. 责任自负原则

责任自负原则是指凡实施了违法行为人应当对自己的违法行为负责，必须独立承担法律责任，没有法律明文规定的，不能让没有违法行为人承担法律责任。在法律责任的追究中尤其是不能追究与违法行为人虽有血缘关系而无违法行为人的责任，防止株连或变相株连。在古代社会，认定和归结法律责任时往往是实行株连制、连坐制，这是为现代法治所不容的。当然，责任自负原则也不是绝对的，在某些特殊情况下，为了保护社会利益的需要，会产生责任转移承担问题，如监护人对被监护人、担保人对被担保人承担的替代责任。但责任的转移必须有法律的明文规定，不得随意地扩大责任主体。

4. 责任平等原则

责任平等原则是指在确认追究法律责任时，不能因责任主体的种族、民族、性别、职业、文化程度、财产状况等方面的不同而有所区别，应一律平等地追究责任。责任平等原则是法律面前人人平等的法治精神在归责中的体现，它要求法律责任的不可避免性，坚持法律责任的统一性，反对超越法律的特权。

五、法律责任的减免

法律责任的减免，又称免责，即法律责任的减轻和免除，是指对本应追究法律责任的行为，由于法律规定的某些原因，可以被部分或全部免除法律责任。确定法律责任从实质上讲，就是保护某种利益，但利益并不完全相同，当上述归责基础所保护的利益在特定情况下与更高的利益冲突时，立法者为了保护更高的利益，就确定了免责条件。需要注意的是，免责和不负责任或无责任是不同的，不负责任或无责任是指行为人的行为形式上违反了法律，但因为不具备应当承担责任的条件而不负责任，也就是说，法律责任本身就不存在。而免责是以法律责任的存在为前提，免责不意味着行为的合法性。免责主要有以下几种情况。

(1) 责任赦免。即所谓的"不诉免责"，是指国家机构在确定责任主体有责任的情况下，以不起诉的方式免除其法律责任。比如在一些国家对战争罪犯或前政府官员的赦免。

(2) 责任豁免。即有法律豁免权者免责，主要指享有外加豁免权的人依法享有不受法律追究的权利。依照国际惯例，对这种问题通常通过外交途径解决。

(3) 时效免责。即违法者在其违法行为发生一定期限后不再承担强制性法律责任。

(4) 协议免责。当事人在法律规定的范围内可以协商同意免责，也就是通常所说的"私了"，不过私了只能在民事领域存在。

(5) 不可抗力。不可抗力是指不可抵抗的强制或强力。不可抗力可以是自然的因素，如地震、灾害性的天气，也可能是社会因素，如战争、严重疾病等。不可抗力在民事责任中具有特别重要的意义，常常成为免除民事责任的理由。

【阅读材料7】
《澳门特别行政区刑法典》节录
第一百一十条　时效期间
一、自实施犯罪之时起计经过下列期间，追诉权随即因时效而消灭：
a) 可处以最高限度超逾十五年徒刑之犯罪，二十年；
b) 可处以最高限度超逾十年但不超逾十五年徒刑之犯罪，十五年；
c) 可处以最高限度为五年或超逾五年但不超逾十年徒刑之犯罪，十年；

d) 可处以最高限度为一年或超逾一年但少于五年徒刑之犯罪,五年;

e) 属其他情况者,两年。

二、为着上款之规定之效力,在确定对每一犯罪可科处之刑罚之最高限度时,须考虑属罪状之要素,但不考虑加重情节或减轻情节。

三、对于法律规定可选科徒刑或罚金之任何犯罪,为着本条之规定之效力,仅考虑前者。

第二节 法律制裁

一、法律制裁的含义

法律制裁是由特定的国家机关对违法者依其法律责任而实施的强制性惩罚措施。法律制裁是国家强制力在法律中的主要体现,是国家对非法行为和法律运作过程中一些障碍的反映,目的在于防止违法和其他非法行为,消除这些行为所造成的后果。从社会特征上看,法律制裁是国家对具有社会危害性行为的惩罚或对被侵害权利的恢复。法律责任与法律制裁存在着直接逻辑关系。法律责任是实施法律制裁的前提,没有法律责任就不能实施制裁。但法律制裁是法律责任实现的一种方式,并非所有的法律责任都要实施法律制裁。因为有些法律责任的主体可以主动、自觉地承担法律责任,这样就不一定以制裁方式促成法律责任的实现。可以说,法律制裁在一定程度上是促成责任人消极被动地承担法律责任的方式。另外,法律责任可能会因为出现免责条件而不必实施法律制裁。

二、法律制裁的种类

与法律责任的种类相对应,法律制裁分为刑事制裁、民事制裁、行政制裁和违宪制裁。

1. 刑事制裁

刑事制裁是司法机关对犯罪者根据刑事责任所确定并实施的强制性措施。刑事制裁其实就是刑罚。根据我国《刑法》的规定,刑罚分为主刑和附加刑两大类。主刑的种类有:管制、拘役、有期徒刑、无期徒刑和死刑。附加刑的种类有:罚金、剥夺政治权利、没收财产。此外,对于犯罪的外国人,可以独立适用或者附加适用驱逐出境。

2. 行政制裁

行政制裁是指行政机关对行政违法者依其行政责任所实施的强制性惩罚措施。主要有行政处罚和行政处分两种。

(1) 行政处罚。行政处罚是指行政主体为了维护公共利益和社会秩序，保护公民、法人和其他组织的合法权益，对违反行政管理秩序依法应给予行政处罚的行政相对人所给予的法律制裁。《行政处罚法》将行政处罚的形式归为六类，主要包括警告、罚款、没收违法所得和没收非法财物、责令停产停业、暂扣或者吊销许可证或执照、行政拘留。

(2) 行政处分。行政处分是由国家行政机关或者其他组织依照行政隶属关系，对违法、违纪和失职的国家工作人员和所属人员实施的惩戒性措施，主要有警告、严重警告、记过、记大过、降级、降职、撤职、开除等处分。

3. 民事制裁

民事制裁是指依照民事法律规定对责任人所事实的惩罚性措施，通常就是支付违约金或其他的惩罚性金钱，它对于责任人即违约人或侵权人具有惩罚性。

思考题

1. 下列哪些情况会导致法律责任？（2003年统一司法考试试题）

A. 保安曲某收5元自行车停车费，并不给收据

B. 姜某向报社写信揭露某纪录片造假，报社没有刊登

C. 冯某经公共汽车售票员提醒后仍不给抱小孩的乘客让座，小孩被拥挤受伤

D. 塑胶五金厂要求工人一天至少工作15小时，加班费为每小时1.5元

2. 从法理学的角度看，下列哪些表述不能成立？（2002年统一司法考试试题）

A. 在近代，法律责任与权利、义务是可以相互转移的

B. 法律制裁是主动承担法律责任的一种方式

C. 立法是对社会资源、社会利益进行第一次分配的活动

D. 行政机关执行法律的过程同时是行使执法权的过程

3. 思考法律规范、法律行为、法律关系与法律责任等范畴之间的逻辑关系。

第三编

关于法律与社会的知识

第十一章 法的起源与发展理论

导读

从这一章开始，我们讲述法的起源和发展问题。人类的法律是人类文明历史的产物，法的起源过程就是人类从初民社会对不可知领域的神圣敬畏、对图腾的崇拜，到对专制君主的宿命服膺，再到"天赋人权""人民主权"的自觉意识和自由追求的历史演进。在法律发展的道路上，人类一步一步由受奴役状态走向自主，由无知走向理性。关于法的最初起源问题，对于法学家和历史学家来说永远都是一个难题，法学家力图通过一套合乎逻辑的理论概括法律起源的一般规律，却常常因为一些"例外"而前功尽弃，史学家则为史料的缺失而伤神不已。所以我们现在讲的法律的起源问题，只能是一个大概的模糊的推测。一般认为，法律是社会经济的发展、私有和阶级的出现，在氏族制度瓦解的基础上，经历了一个长期的渐进的过程，伴随国家的产生而产生的。在思考法的起源和发展时，我们依然要记住两个关键点：第一，法是国家制定认可的行为规范；第二，法具有国家正式的强制性。"法"这一个属于的标准使用和这两个关键点是密切联系的，了解法的起源与发展过程，才能更好地理解"法"的性质与特征。

第一节　法的产生

【阅读材料1】

自然法是自然界交给一切动物的法律。因为这种法律不是人类所特有，而是一切动物都具有的，不论是天空、地上或海里的动物。由自然法产生了男与女的结合，我们把它叫做婚姻；从而有子女的繁殖及其教养。的确我们看到，除人而外，其他一切动物都被视为同样知道这种法则。

——查士丁尼：《法学总论》

有文字记载的历史初期，法律如同一个民族所特有的语言、生活方式和素质一样，就是有一种固定的性质……法律和语言一样，没有绝对中断的时候；它也像民族的其他习性一样，受着同样的运动和发展规律的支配；这种发展就像其初阶段一样，按照其内部必然的法则发展。法随着民族的发展而发展，随着民族力量的加强而加强，最后也同一个民族失去它的民族性一样而消亡。

——萨维尼：《论立法和法学的当代使命》

法律究竟是从何而来，这是各国法学家长久以来争论不休的一个问题。正如上文第一段引言所说，在古罗马人的观念中，法律不是人类所特有的，超越人类，人类的法律根源于自然法则。而德国历史法学派代表人物萨维尼则认为法理来源于民族的历史，法律是民族精神的产物。那么，应该从哪里开始研究呢？英国历史法学界梅因说："应该从最简单的社会形式开始，并且越接近其原始条件的一个状态越好。"❶

一、初民社会的组织和规范

人类最早是过着一种"群"居的生活。人类社会的发展是一个漫长的过程，大致的过程是从最初的原始人群到母系氏族社会，然后是父系氏族社会，再发展到部落、部落联盟以至民族国家的形成。初民社会或原始社会大体分为原始群和氏族公社两个时期，氏族社会的到来使这种群体生活逐渐组织化。氏族则是原始社会主要的社会组织形式，在民族、国家形成之前的时期里，原始人基本上生活在他们的氏族或扩大了的氏族组织中。氏族是以血缘为纽带而结成的群体组织，

---

❶ ［英］梅因. 古代法［M］. 沈景一，译. 北京：商务印书馆，1997：68.

是原始社会中最基本的生活、生产和消费单位,有相应的组织和权威系统,如氏族会议、氏族首领、氏族祭司等。关于这一点,历史学家和法人类学家已经有了出色的说明。

人类的社会具有天然的有序化倾向,只有这样才能保证人类正常和谐的生活并繁衍下去。所以在我们现在所认为的原始社会中,同样也存在一些规则或规范,以调整人们的日常行为。在人类学家那里,这些规范被认为就是法律。

【阅读材料2】

"对于所谓原始人的更为全面的了解揭示出:'原始人的雕虫小技'作为牢固的法律和严格的传统的产物,应归功于人性的生理、精神和社会的需要,而不是无拘无束的激情和自由放纵的结果。法律和秩序已贯穿于原始种族的部落习惯中,无论它们是何等的离奇和耸人听闻,还是多么重要和值得尊重,它们控制着人们所有的日常生活以及改革生活的主要活动。"❶

原始社会的人类主要受着各种习惯、禁忌和图腾崇拜的影响和支配。

1. 习惯

原始人的主要习惯包括:(1)首先是关于战争和宗教方面的,中国古书上说:"国之大事,在祀与戎"(《左传·成公十三年》),战争与宗教在原始人的生活中占有很重要的地位;(2)有关集体活动与经济生活方面的,例如参加氏族公共事务的讨论与管理、进行食物的获取与分配,进行集体复仇等;(3)婚姻方面的习惯,这里的习惯又可以称为禁忌。

2. 禁忌

禁忌,或者被称为"塔布"(taboo,tabu,有的译为图腾),原为南太平洋波利尼西亚汤加岛人的土语,具有"神圣""忌讳""亵渎""凶兆"等意思。原始的人类在其与自然和相互的交往中发现,某些特定的事务、现象或人的本身,被依自然的、直接的或间接的方式附着一些神秘的"灵力"(mana,曼那),而成为"似魔鬼的""不洁的""神圣的""不可触摸"的对象。这种原始观念就形成了原始人心目中的禁忌物,并由此产生了历史上最早的禁制。原始人的禁忌主要体现为宗教方面和婚姻方面的。

【阅读材料3】

著名人类学家霍贝尔在《原始人的法》中考察了非洲阿散蒂人的行为禁忌,

---

❶ [英]马林诺夫斯基.原始社会的犯罪与习俗[M].原江,译.昆明:云南人民出版社,2002:5.

如：(1) 狗不得穿过市镇；(2) 枕头不能用布来缝制；(3) 家禽不能放在所担货物的最上面；(4) 不能将市场上出售的鱼切开；(5) 禁止吹口哨……触犯这些禁忌将受到惩罚。❶

3. 图腾

图腾为印第安语"totem"的音译，意指"他的亲属""他的图腾"。图腾又血亲、祖先和保护神的意思。原始人囿于认识低下，对自然界充满了敬畏，相信万物有灵，为了使自己的生存和发展得到保障，原始先民就认为一些图腾物是自己的血亲、保护神，并通过各种宗教仪式祈祷保护神保佑本族群的生存与发展。图腾崇拜与习惯和禁忌是密切交织在一起的。

二、初民社会的变迁与法的产生

原始社会组织的解体是一个漫长的历史过程，它起因于生产力的发展和文明的演进所引起的社会分工和社会结构的变化。恩格斯曾对三次社会大分工作了经典说明。第一次是游牧部落从农业中分离出来，社会出现剥削者与被剥削者，母系氏族开始解体，父权制被确定下来。第二次是手工业也从农业中分离出来。铁器的使用使生产力提高，贫富分化逐步加强。独立的家庭开始成为社会经济单位，原始的民主禅让制逐渐变成世袭制。第三次社会分工是商人阶层的出现。社会利益冲突严重，贫富分化加剧，人的居住开始混杂。在社会生产力发展和社会变迁的压力下，原始的氏族习惯、禁忌无法适应新的形势，文明时代的国家和法最终代替原始习惯。

【阅读材料4】

从人类学角度考虑，法律只是我们文化的一个因素，它运用组织化的社会集团的力量来调整个人及团体的行为，防止、纠正并惩罚任何偏离社会规范的情况。我们所说的法律行为的领域，如果出现在尚无文字的人类文化中，我们就称之为原始法律；如果在刚跨进文明门槛的古代社会中被人们发现，就称之为古代法律；而当我们从经过文明发展的社会结构中找到它，就称之为现代法律。❷

(一) 法律产生的标志

法律产生的标志有两个方面：(1) 国家机构的产生。原始组织解体的直接结

---

❶ [英]霍贝尔. 原始人的法 [M]. 严存生，等译. 北京：法律出版社，2006：224—225.
❷ [英]霍贝尔. 原始人的法 [M]. 严存生，等译. 北京：法律出版社，2006：4—5.

果是国家的出现，与此同时，法也开始产生。国家的产生也就是国家机构的出现，国家机构是权力的象征，在使用权力的过程中表现权力。法与国家的形成是同一历史过程的两个方面，甚至可以说是同一事物的不同方面。国家与法是不可分割的，法是国家必不可少的一个有机组成部分，法和国家的出现无法分清楚谁先谁后，就像无法说出是先有蛋还是先有鸡。（2）司法活动的产生。要实现社会规范的强制运作，必须有司法活动加以维持。根据中国古代的传说，中国最早的司法官吏为皋陶，舜的时期任命皋陶为"士"，掌管司法。关于皋陶，有"神兽决狱"的创说。

【阅读材料5】

在中国古代的传说中，在最早的法官皋陶在审判纠纷的时候，经常依靠一头叫獬豸的神兽来判断是非曲直。这只神兽，既像羊又像麒麟，浑身长满油光闪亮的青毛，头上长一只锋利无比的触角。后人称之为"独角兽"。在争讼的过程中，如果獬豸将触角指向一方，那么说明被触的一方在法律上是没有理由的，由此，被触的一方只能败诉，是非曲直自然清楚。《说文解字》记载，法的古体字为"灋"。"灋"者，"刑也，平之如水，从水。廌，所以触不直者去也，从去。"

传说虽然不可当作真实的历史，但至少说明审案断狱是大体存在的。在原始社会中，没有出现这样的司法官吏，纠纷的解决主要是通过氏族内部具有威信的首领依据并不具体明确的习惯习俗来进行调解，或者通过双方激烈的斗争来实现。出现皋陶这样的"士"之后，纠纷的解决将会纳入"断案程序"的方式，将会由"专职"的类似今天司法官吏的官员来审判。这种被称作"司法"的方式的出现，是纠纷的解决方式有了实质性的转变。第一，有专门、专职、专业的解决纠纷的官吏；第二，有解决纠纷所依据的大致具体明确的规则；第三，专司此职的官吏在审批后负责"强制执行"，于是，社会规范的强制运作最终可以落到实处。

（二）原始习惯、禁忌与法律的区别

虽然原始社会的习惯或禁忌对人们行为具有调整作用，原始社会的某些习惯在后来甚至转变成国家的法律，但从严格意义或法治文明的角度来看，原始习惯和法律直接仍有比较明显的差异。（1）体现的意志不同。这是最根本的区别。原始习惯是氏族成员在生活中自然形成的意志，没有压迫与被压迫的性质，是民主平等的。而法体现的是政治上、经济上占统治地位的那部分人的意志，具有压迫性和非民主性。（2）形成的途径不同。原始习惯是自然形成的，法除了"默认"

是自然形成的，主要还是人有目的、有计划的确定的。（3）管辖的原则不同。原始习惯一般遵循属人原则，只要是本氏族成员，不论身处何处，都要受本族的习惯的约束和保护。法一般遵循属地原则，凡是一国居民，不论属于哪一部落、部族，共同受法律的管辖。（4）生效的方式不同。习惯的生效是自然的过程，成员的遵守也是自愿的。法的生效需要国家机器的强制施行，离开国家的强制力，法就失去了强制性，也就丧失了产生效力的保证。

三、法律产生的根本原因

1. 经济根源

在原始社会早期，人类的生产能力不发达，产品剩余十分有限，所以只能实行大致平均的分配方式。到了后来，生产能力的提高必然带来产品的剩余，并引发商品交换和贫富分化。分配的不均促使私有制以及私有观念的产生，同时，交换的繁荣，势必增强人们的产权意识，由此导致各种纠纷的出现。这样，为了调整行为和解决纠纷的公共管理机构的管理活动就成为人们的需求，由此产生国家机构和法律。

2. 政治根源

在公共管理机构出现的情况下，必然会存在统治与反抗的现象。经济上的优势者为了保障自己的经济利益，可能也会成为政治上的优势者。统治阶层与被统治阶层之间的斗争就不可避免，而且时常发生。所以统治阶层建立国家机构，进而制定带有国家强制力的法律就是必然的。需要注意，我们这里讲的法的根源，不是从某一个国家来考察的，而是从最初的国家产生的角度去考察。

【阅读材料6】

在社会发展的某个很早的阶段，产生了这样一种需要：把每天重复着的生产、分配和交换产品的行为用一个共同规则概括起来，设法使个人服从生产和交换的一般条件。这个规则首先表现为习惯，后来便成了法律……在社会进一步发展的过程中，法律更多发展成或多或少的广泛的立法。这种立法愈复杂，它的表现方式也就愈不同于社会日常经济生活条件所借以表现的方式。立法就显得好像是一个独立的因素，这个因素并不是从经济关系中，而是从自己的内在基础上，如"意志概念"中，获得存在的理由和继续发展的根据，人们往往忘记他们的法权起源与经济生活条件，正如忘记了他们自己起源于动物界一样。❶

---

❶ 马克思，恩格斯. 马克思恩格斯选集（第二卷）[M]. 北京：人民出版社，1965：538.

第二节 法的发展

一、法律发展的动力

第一，法律发展的动力首先来自于它所赖以建立的经济关系。从根本上说，法受制于一定社会阶段的经济关系。

第二，法作为一种意识形态和上层建筑，它与政治变革和政治制度之间有重要联系，政治动力也是法律发展的重要力量。

第三，法律也是一种文化现象，文化的性格以及人们的文化理想和文化选择对法律发展具有重大作用。比如中西方的文化差异对中西方的法律的特征产生很大的影响，西方法律建立的基础是人性本恶，而中国则认为人性本善，所以法律具有道德化倾向。

二、法律发展的一般规律

第一，从简单到复杂是法律发展的最表面化的一个规律。人类的法律不论是在数量还是在内容上都经历了一个从简单到复杂的过程，这种变迁现在还在进行，而且法律变得愈加复杂。

第二，从习惯法到成文法是法形式发展的一个基本规律。人类早期的法律多表现为不成文的习惯法，后来习惯法被汇编为成文法。在人类从不成文习惯法发展到以立法为主的成文法，其间经历了一个漫长的不成文法与成文法并存的阶段。法律从不成文到成文大体沿着纠纷→判决→惯例→习惯法→成文法这样的路线演进的。

第三，法典编纂结构上的一个变化是，从诸法合体到诸法分立，这也是法律结构发展所表现出来的规律之一。越是古老的法律越是具有诸法合体的特点，各种不同的法律，刑事的、民事的、行政的、诉讼的都包括在同一部法典中，到后来，这些部门法相继分离，成为独立的法典。

第四，观察法律内容上的变化，法从与宗教道德等社会规范的混合到逐渐分离是一个十分明显的历史规律。在人类社会发展的早期，调整人们的行为与关系的习惯、宗教禁忌、道德信条、法律之间的区别不是很大。到后来，法律逐渐与

宗教等分离开来。❶

第五，法律本位方面的变化特征是从家族、集体本位逐步发展为个人本位。考察西方的法律，可以发现法律中的"家族"之类的集团逐渐被"个人"所代替，个人的权利义务在增长，而集团的权利义务则在削弱。这种变化反映到人的法律关系上就是"从身份到契约"的运动。

关于法的发展还有其他一些规律，比如从野蛮到文明，从秘密法到公开法（中国古代法家有"刑不可知，则威不可测"的说法），从人治法到法治法，从以自然经济类型法为主到以商品经济类型法为主，从义务本位法到权利本位法，从压迫型法到恢复型法。

三、法律发展的基本方法

在法律的发展过程中，法律的继承和移植是一个国家或地区在特定时间发展法律的最重要的技术手段。

（一）法律继承

1. 法律继承的概念

法的继承主要指后世社会对此前社会的法律思想和法律制度的借鉴与吸收，包括同一形态社会和不同形态社会之间的继承。前者如传统中国法律的历代相承，后者如社会主义对资本主义法律的继承。法的继承过程中存在淘汰性，那些具有一般性的准则、技巧则具有很强的继承性，而那些具有时代特征的规定、概念则不具有很强的普遍性，不太会被继承。

2. 法律继承的原因

（1）法具有继承性首先是因为社会历史具有延续性。法律在每个时代虽然有它自己的特点，但前后时代以至各个时代的法律也都有一些共性的东西，这些东西则是历史形成的，也会在历史中流传。

（2）法具有继承性还因为法具有独立性，这种独立性使它成为人类共同文明成果的一部分而为人们所必然接受。

---

❶ 法学最早就属于神学下的分支，所以有些法学家也是神学家，比如中世纪的奥古斯丁、阿奎那。到中世纪的时候法学分离出来，其原因在于在意大利的波伦亚大学图书馆里发现了《查士丁尼国法大全》，或叫《民法大全》，包括《查士丁尼法典》《法学阶梯》《学说汇纂》《新律》。由于这些民法典的发现，欧洲出现了注释法学派，专门解释民法大全。后来的欧洲的大学里也因此设立法学这一科。当时欧洲的高等教育仅限于大学教育，大学里设有文、法、神、医四门学科。而其中文科为基础学科，包括了拉丁文、文法、修辞、逻辑、算术、几何、天文、音乐等八艺。法、神、医皆为高级学科。

【阅读材料7】

法律不像衣服可以随心所欲地扔掉，而是像语言一样同我们的生活是如此密不可分的一个组成部分以致传统材料的发展一直是法律进化的主要力量。

——庞德：《普通法的精神》

（二）法律移植

1. 法律移植的概念

法律移植是指不同国家、不同地区之间法律的交流与学习。继承是一种历史性的纵向联系，体现为时间上的先后关系，而移植是法的横向联系。从语源上，"法律移植"一词转自于植物学和医学，是在鉴别、认同、调适、整合的基础上，引进、吸收、采纳、提取、同化国外的法律（包括法律概念、技术、规范、原则、制度和法律观念等），使之成为本国法律体系的有机组成部分。法律移植的范围包括外国法和国际法律与惯例。

法律移植的过程非常复杂，涉及各种因素，其中比较突出的外国法与本国社会的融合问题。由于历史的、现实的原因，外国的法律有些时候不一定能和本国的社会现实相融合。法律移植的范围，从概念到制度，依据引入国的情形而定。一般来说，法律的技术、规范、制度以至原理相对于支撑它们的观念和法律文化更易于移植。体现人类共性的法律领域较其他法律领域更易移植。

法律移植在古代就存在，古罗马为了制定《十二铜表法》而组团到希腊考察。近代以来，法、德两国的法律不仅被欧洲大陆其他国家所仿效，还被移植到美洲的巴西、墨西哥，非洲的索马里、南非，亚洲的土耳其、印尼、日本、中国等。

2. 法律移植的原因

从社会行为上分析，法律移植来源于"仿效"的动机和人们的"惰性"心态，也和"榜样效应"有密切关系。从社会发展来看，法律移植根源于人类对先进文明的追求。处于同一历史时期不同发展水平的国家和地区之间的差距以及由此形成的压力，迫使比较落后的国家和地区的人民要移植更为先进的法律以加速其社会的发展；而世界的联系和文明的共性又使移植成为可能。

第三节　法　系

一、法系的含义

【阅读材料8】

法系，从直观的概念上，类似于一个族谱的图画。

在英国，法律史学家一般认为，自从法国诺曼贵族征服英伦岛之后，随着英国皇家法院的发展，一种具有自己特征的法律制度逐渐在英国形成。这种法律制度，以遵循前例为其显著标志。所谓遵循前例，是指法院在判决类似案件的时候，要以过去的同级法院或上级法院的判决为依据，这也就是著名的判例法制度。这种以遵循前例为主要特征的法律制度，随着英国殖民主义的扩张以及其他民族国家的主动吸纳，逐渐在世界范围内形成一个"法律家族"。也就是学者们通常所说的普通法系，由于目前以美国和英国为代表，又被称为英美法系。

亚洲的法律史学者指出，近代以前的中国法律制度，经过数千年的发展变化，形成了具有自己特征的法律体系。这个法律体系，十分注重"伦理"的功能，随时以道德观念为其自己的指导内容。后来，从公元5~6世纪开始，以注重和连接伦理功能为标志的中国法律制度，体系趋于完成定型，并且开始逐渐影响东亚和南亚国家。在近代以前，人们终于可以发现一个具有大致共同特征的"法律家族"。在这里，我们同样可以看到一个法系，也就是中华法系。只是，这个法系现在已经不复存在了。

在法学研究中，人们将具有某种共性或共同传统和特征的法律归为一类，作为一个系统来观察分析，这是西方法学的一大发明和贡献。比较法学家们在进行这种研究时经常使用的一个最基本的概念是"法系"。所谓法系是指存在较为一致的历史传统和特征的某些民族国家和地区的法的总称。在法学中，法系一词，是在对各国法律制度的现状和历史渊源进行比较研究的过程中形成的概念术语。而且从历史的眼光看，有些法系依然存在，有的法系已经消失了，但是我们必须对这些法系进行区分。从古至今，法系有多个，依照"特征""地域""传统"的不同，我们可以划分出许多法系。

在法学研究中，法系概念的使用并不统一，尤其是在英美国家的学者那里，法系经常与法律文化、法律传统相通用。由于"法系"概念的不确定性和人们从"法律文化"或"法律传统"不同角度的理解，导致了法学家们对世界法律体系的不同确认和划分。有一种观点认为，世界上有多少种文明，就有多少种法律文化或法律体系，这是由文化出发的一种划分。还有一种历史分类法，认为人类历史上有影响的法系有五个，它们分别是中华法系、印度教法系、伊斯兰教法系、大陆法系（罗马日耳曼法系）和英美法系（普通法系）。这种分类很有影响，作为法律史和法学的一部分被广泛接受。至于对当代世界法律体系的划分，最有影响的还是法国学者达维德的分类，他认为现代世界的法律体系有罗马日耳曼的、普通法的、社会主义的（这里的"社会主义法"是指苏联、东欧社会主义国家法。此因达氏的划分是在苏联、东欧剧变之前），以及其他的社会秩序观与法律观（包括伊斯兰法、印度法、远东各国法和马达加斯加与非洲各国法）。这种分类在西方比较流行，即使稍有出入也是大同小异。所以，无论依哪一种标准划分，应该承认当代世界拥有这样主要几个法律体系的现实，它们是罗马日耳曼法系、普通法系、社会主义法系、伊斯兰教法、印度教法、中国法（中国目前的法律虽然属于社会主义法律体系，但是具有很强的特殊性，因此应该单独说明）、日本与其他地区的法。

二、当代主要法律体系概述

每一法律体系都有自己的历史和丰富复杂的内容，因此详细的介绍显然是不合适的，这里只能做一些概括性的重点说明。

（一）罗马日耳曼法系

罗马日耳曼法系有着悠久的历史，因为兴起和盛行于欧洲大陆，又被称为大陆法系。它和古罗马法有着密切的关系。今天，它分散在全世界，远远超过古罗马帝国的边界，扩张到了整个拉丁美洲、非洲大部分地区、远东诸国和印尼等，成为当代世界第一大法系。罗马日耳曼法系各国法从内容上讲彼此差别很大，尤其是它们的公法，随着各国不同的政治选择或中央集权程度的大小而有很大不同。它们的私法，在某些部门，也反映出极为不同的概念或标志着不同的发展水平。但它们彼此构成同一个法系，因为它们的结构是类似的。

在属于罗马日耳曼法系的所有国家，法学家把法律规范分成相同的几大类。尤其是公法和私法的区别，作为基本的主要分类，到处可见。公法在属于罗马日耳曼法系的所有国家可以看到同样的一些基本门类：宪法、行政法、国际公法、刑法、诉讼法、劳动法等，私法主要由民法和商法构成。在这些国家中，还可以看到用同一方法表现法律规范，描述其特征和加以分析。这个法系对于学说颇为尊重，法律规范主要不是以能够保证解决某一具体案件的规范的面貌出现的。由于法律学说方面的系统化努力，法律规范上升到较高的水平，人们把它理解为具有一定的普遍性、超然于法院或律师所能从事的应用之上的行为准则。

今天，广义的法律（尤其是成文法律）从表面上看是罗马日耳曼法系各国法的首要的、几乎是独一无二的法源。事实上，除法律外，还有重要的其他法源。在罗马日耳曼法系的发展中，习惯曾起过极为重要的作用，但这种作用似乎需要在法律上得到承认，在中世纪学说汇编的一些文献中已发现过这种承认，因而习惯可纳入法律的范围。判例在罗马日耳曼法系中也占有一定的位置，只是所有这些国家法学家们的现有倾向总是依据法律条文,因此,判例的创造性作用总是或几乎总是隐藏在法律解释的外表后面。长期以来,学说曾经是罗马日耳曼法系的基本法源,因为法的原则主要是从13~19世纪在各大学里定出来的,只是在新近一个时期,随着民主思想与法典编纂的胜利,法律的优先地位才取代了学说的优先地位。在罗马日耳曼法系各国法中,法学家不仅参与法的实施,也参与法的制定,这一点还表现在某些"普遍原则"的运用上,这些原则法学家有时能在法律本身中找到,但遇有机会,如有必要,他们也会在法律上找到,所以,"普遍原则"也是法源之一。总之,法律是该法系各国最基本的法源,习惯、判例、学说和普遍原则则是法律的补充形式。

在罗马日耳曼法系国家法律普遍表现为成文的法典化形式,少数以单行法规和判例补充。由于成文化、法典化的原因,法律思维重视理性的作用,表现为演绎推理,法律教育具有概念法学的特点,系统、普通、抽象中不免教条和枯燥,这与英美案例教学法有很大的不同,但法制的统一、稳定和共同意识也因之形成。然而,由于成文法的相对滞后和高度抽象有碍于对社会变化的调适和个别正义的实现,因此,这个法系的国家大都已注意到吸纳英美法系的某些优点而加以克服。

(二)普通法系

普通法系又称为英美法系,是从英国建立起来的法律体系,它主要是在诺曼人征服英国以后,通过皇家法院的活动而形成的。普通法系,除了作为其来源的英国法外,还包括所有英语国家的法(某些例外除外)。除英语国家外,普通法对过去或现在与英国有政治上联系的国家,即使不是全部,至少是大部分产生过极大的影响。普通法是带着深刻历史烙印的体系,而这个历史直到18世纪还是英国法的历史。

英国法的结构与罗马日耳曼法系各国法极为不同。在法的大的分类方面,既看不到公法与私法的划分,也看不到民法、商法、行政法或社会保险法这些我们理所当然的分类。代替它们的,首先,普通法与衡平法的区别,而契约、侵权行为、证据、公司、动产、不动产、地方政府、法律冲突及辩护与诉讼手续等则成英国法的基本分类与部门。其次,在概念这一层,我们同样感到迷失方同,既找不到父权观念,也没有非婚生子女的确认,同时也没有收益权、法人、欺诈、不可抗力等观念,相反却发现一些新的观念,如信托财产、财物委托、禁止翻供、报酬、侵犯等名词。除了上述差别外,英国法与罗马法系各国法的不同还表现在法律规范上,英国没有命令性规范与补充性规范的划分。

历史上由威斯敏斯特各法院与大法官法院创造的英国法(前者创制普通法,

后者创制衡平法），从其遥远的起源讲是判例法。判例是英国法的最基本法源，法律、习惯、学说与情理在英国法制史上只起着次要作用，只限于对判例工作给予修正或补充。20世纪以来，法律的地位有了很大的提高。

在美国和英国，法的主要分类是一样的，它们使用同样的概念，用同样的方式来理解法律规范。一般的说，美国法结构同普通法相似，但两者之间仍有实质性的、不能忽视的区别，这就是在美国存在着联邦法和各州法的区别，而在英国则不存在。此外，在美国，衡平法法院的管辖权极为独特地扩大了，法院对法律是否符合宪法精神进行监督，而这却不为英国所接受。美国的劳动法、公司法和银行法等也与英国大不相同。美国的法源和英国一样，基本上是一种判例法，但美国有一部"人权法案"的联邦宪法，这是英国所没有的，法律和法律学说在美国的地位也较在英国高。总之，与英国法相比，美国法有它的独特性。

由于历史和传统的原因，英美法系国家的法律并不像大陆法系那样普遍法典化，只是随着现代社会生活的展开，成文化、法典化倾向有所加重。判例法的思维形式主要表现为一种归纳推理，当然，正如演绎中不乏归纳一样，归纳中也有演绎，区别在于归纳是建立在对法律经验重视的基础之上的，这正是英美法系的特色所在。与它的法律形式相适应，法律教学以案例讨论为中心，具有适时、具体、生动活泼的优点，有利于个别正义的实现，但法制的统一性和稳定性相对不如大陆法系，因之英美法系国家也开始向大陆法系学习，形成两大法系互补接近的趋势。

（三）中华法系

中华法系是比较法和法制史上的一个概念，是世界上五大法系之一，其他四个分别是：大陆法系、英美法系、伊斯兰法系、印度法系，其中印度法系和中华法系已经解体，现存的共三大法系。

中华法系萌芽于传说中的"三皇五帝"时期，经夏、商、西周的发展，形成了以五刑（墨、劓、刖、宫、大辟）为中心，以礼和刑为主要内容与形式的法律体系。随着春秋战国的变革和秦汉帝国的统一与扩张，西周时期的法律体系又经历了破裂、重建和发展的过程，以战国时期魏国《法经》为基础发展起来的秦律和汉律（以《九章律》为核心）构成了中华法系的基本框架。从西汉到隋唐的几百年间，中国法律开始和完成了儒家化运动，这个运动的最后结晶《唐律疏议》成为中华法系的代表。❶ 一般认为，中华法系是以《唐律疏议》为代表的中国封

---

❶ 瞿同祖. 瞿同祖法学论著集［M］. 北京：中国政法大学出版社，1998：361-381.

建时期法律制度及效仿此法而制定的其他国家的法律制度的统称。唐朝以后，宋元明清各朝都以此为蓝本创制自己朝代的法律制度。到清朝末年，在修律的过程中中华法系宣告解体，同时建立了中国近代法制的雏形。

中华法系的特点：（1）以儒家思想为理论基础，摆脱了宗教神学的束缚。中国封建法律与西方不同，西方中世纪法律体系中涂有神灵色彩的宗教法规是重要的组成部分，起过维护封建统治的特殊作用。但在中国，早在奴隶制末期神权法思想已经发生动摇。在中国封建法律体系中，不存在中世纪西方国家那种宗教法规，儒家的纲常名教代替了以神为偶像的宗教。（2）维护封建伦理，确认家族法规。中国封建社会是以家族为本位的，因此，宗法的伦理精神和原则渗入并影响着整个社会。（3）皇帝始终是立法与司法的枢纽。（4）官僚、贵族享有法定特权，良、贱同罪异罚。中国封建法律从维护等级制度出发，赋予贵族官僚以各种特权。从曹魏时起，便仿《周礼》八辟形成"八议"制度。至隋唐已确立了"议""请""减""赎""官当"等一系列按品级减免罪刑的法律制度。另外，又从法律上划分良贱，名列贱籍者在法律上受到种种歧视，同样的犯罪，以"良"犯"贱"，处刑较常人相犯为轻；以"贱"犯"良"，处罚较常人为重。中国的封建法律，同世界上任何国家的封建法律一样，是以公开的不平等为标志的。（5）诸法合体，行政机关兼理司法。中国从战国李悝著《法经》起，直到最后一部封建法典《大清律例》，都以刑法为主，兼有民事、行政和诉讼等方面的内容。这种诸法合体的混合编纂形式，贯穿整个封建时代，直到20世纪初清末修律才得以改变。在漫长的封建时代，中央虽设有专门的司法机关，但它的活动或为皇帝所左右，或受宰相及其他行政机关所牵制，很少有可能独立地行使职权。至于地方则由行政机关兼理司法事务，二者直接合一。宋、明、清的路、省一级虽专设司法官，实际仍是上一级行政机关的附庸。

中华法系在历史上不但影响了中国古代社会，而且对古代日本、朝鲜和越南的法制也产生了重要影响。作为中华法系的代表作，唐律超越国界，对亚洲诸国产生了重大影响。朝鲜《高丽律》篇章内容都取法于唐律。日本文武天皇制定《大宝律令》，也以唐律为蓝本。越南李太尊时期颁布的《刑书》，大都参用唐律，可见唐律不仅在本国而且在世界法制史上也占有重要地位。

（四）伊斯兰法系

伊斯兰教产生之前，社会的基本单位是部落，部落受不成文习惯法的约束。公元622年，麦地那穆斯林公社成立，穆罕默德被阿拉伯各部落承认为真主安拉的使者或代言人。随着穆罕默德地位的提高，他通过《古兰经》的启示传达给公社的安拉的意志，开始在许多方面代替了部落习惯。诚然，在当时，《古兰经》并没有为社会所固有的全部法律问题提供明白的答案，但是，真主作为唯一立法者，它的命令在生活的各个方面具有至高无上的约束力。这项原则显然是确立下来了。公元632年，穆罕默德去世，继任的哈里发只得依据《古兰经》的立法解决穆斯林公社面临的一些实际问题。在这个时期，地方习惯法的基本材料已经因为《古兰经》的法规制定而有所修改，从而为一整套的行政法规所覆盖，并且渗入了外来法律制度的成分。公元750年，伊斯兰帝国发展成为一个跨亚、非、欧，包括各种不同的种族、文化和宗教信仰的复合体。在这种历史背景下产生的各种事件，决定了伊斯兰教法律的发展。伊斯兰法系则是指以伊斯兰教义《古兰经》（Koran）和圣训（Sunna）为基础，在内容和形式上与伊斯兰教义和教规有密切联系的宗教法规范的总称。❶

伊斯兰教的思想体系，要求在接受信仰的同时放弃那些产生于以往的经验和现实的社会需要的标准，代之以定型于10世纪古典学说里的宗教法规。在家庭法方面，就信奉伊斯兰教的阿拉伯居民而言，基本上是按照沙里亚的严格学说实施的。然而，其他的一些居民，像北非的柏柏尔人，实施的仍是当地的习惯，最后，两者逐渐相互妥协融合。在民法领域，沙里亚法律学说与社会需要之间产生了尖锐的冲突，结果不得不以各种手段或方法被逐步修改，以满足社会经济的需要。因此，从沙里亚与社会的关系来看，古典法律学说从未成为伊斯兰教法完善的、绝无仅有的权威体现。

伊斯兰法系的特点有：第一，世俗国家的法律制度和伊斯兰教相互交织；第二，伊斯兰教的经典文本以及伊斯兰教学者的学说，是最重要的法律渊源；第三，其法律管辖不以人的身份和住所地为依据，而是以信奉的宗教信仰为依据；第四，法律仅仅适用于调整穆斯林内部的关系；第五，其以人的各种职责和义务为出发点，而不是以人的权利。❷

19世纪以来，伊斯兰教文明同欧洲文明之间出现了越来越密切的接触，从此法律的发展几乎完全取决于伊斯兰教所接受的新的影响。欧洲的刑法和商法，通过治外法权制度，于19世纪在奥斯曼帝国取得了立足点，帝国自身的法制改革，揭开了伊斯兰世界大规模接受欧洲法律的序幕。随后，埃及、土耳其、利比亚、苏丹、印度尼西亚等伊斯兰国家都开始了引进西方法律的运动。只有摩纳

---

❶ 公丕祥. 法理学［M］. 上海：复旦大学出版社，2002：166.
❷ 刘星. 法理学导论［M］. 北京：法律出版社，2005：288.

哥、突尼斯、尼日利亚等少数穆斯林国家直到最近几十年才开始。引进西方的法律，在许多国家是经历了一条艰难的途径的。今天西方法律已成功地被吸收入伊斯兰教各式各样的地区，更为重要的是，它们已经同穆斯林居民的气质相和谐了。展望未来，一些情况表明，伊斯兰教法未来发展的途径，可能意味着同以往传统的根本决裂，但它将要告别的实际上只是特殊的宗教法律结构，而不是宗教的实质。❶

（五）印度教法

印度教法不是印度国法，它是居住在印度、东南亚或非洲的其他国家中信奉印度教的社会的法。印度教除了有它的教义之外，还有其世界观和规定其信徒如何立身处世的信条。它劝告信徒们接受某种与他们的社会地位相称的生活方式，这样，教规在很大程度上就起了在其他一些社会属于法律规范的作用。印度的绝大部分居民都信奉这种教义，因此，它的作用尤其是在涉及"属人法"关系方面是重要的。

印度教法渊源于远古宗教教义，如《传承教经》，它包括《梨俱吠陀》《吠陀经》和《奥义书》，后来又有了更有影响的《摩奴法典》。按照印度教法，世界上的生活是由达摩、利论和爱经所规定的。这三者的结合产生了习惯。实在的印度教法是由印度教教义支配的习惯法。

印度法系的特征主要有：第一，国家法律和印度教义有着重要关联；第二，法律制度时常以历史上的印度种姓制度为基本框架。所谓种姓制度，是指社会成员分为"婆罗门"（大体指祭司）、"刹帝利"（指武士）、"吠舍"（指商人）、"首陀罗"（指仆役工匠）四大类；第三，道德、习惯和法律之间的界线并不清晰；第四，印度法系的法律，适用于所有信奉印度教的信徒，不论教徒的居所和国籍。

尽管在印度先有穆斯林后有英国的统治，但是印度教法还是首先作为宗教和习惯，后来作为法律，特别是适用于个人和家庭关系方面的法律而保留下来。但仅这方面它也表明了对印度教法适用范围的一种限制，因为西方的法律已广泛适用于其他关系。印度自1947年独立以来，已颁布了许多新的法典，种姓制度也已废除，西方的世俗法已从根本上取代了与宗教有关的法律，但印度教法的一些

---

❶ 要了解伊斯兰教法的详细情况，中文资料见：[英] N. 库尔森. 伊斯兰教法律史. 北京：中国社会科学出版社，1986；高鸿钧. 伊斯兰法：传统与现代 [M]. 北京：社会科学文献出版社，1996；吴云贵. 伊斯兰教法概略 [M]. 北京：中国社会科学出版社，1993；吴云贵. 真主的法度——伊斯兰教法 [M]. 北京：中国社会科学出版社，1994。

观念和残余在印度和印度教地区的民间社会仍有影响。❶

思考题

1. 《摩奴法典》是古印度的法典,《法典》第五卷第158条规定:"妇女要终生耐心、忍让、热心善业、贞操、淡泊如学生,遵守关于妇女从一而终的卓越规定。"第164条规定:"不忠于丈夫的妇女生前遭诟辱,死后投生在豺狼腹内,或为象皮病和肺痨所苦。"第八卷第417条规定:"婆罗门贫困时,可完全问心无愧地将其奴隶首陀罗的财产据为己有,而国王不应加以处罚。"第十一卷第81条规定:"坚持苦行,纯洁如学生,凝神静思,凡十二年,可以偿赎杀害一个婆罗门的罪恶。"结合材料,判断下列哪一说法是错误的?(2009年统一司法考试试题)

A. 《摩奴法典》的规定表明,人类早期的法律和道德、宗教等其他规范是浑然一体的

B. 《摩奴法典》规定苦修可以免于处罚,说明《法典》缺乏强制性

C. 《摩奴法典》公开维护人和人之间的不平等

D. 《摩奴法典》带有浓厚的神秘色彩,与现代法律精神不相符合

2. "法的继承体现时间上的先后关系,法的移植则反映一个国家对同时代其他国家法律制度的吸收和借鉴,法的移植的范围除了外国的法律外,还包括国际法律和惯例。"据此,下列哪些说法是正确的?(2009年统一司法考试试题)

A. 1804年《法国民法典》是对罗马法制度、原则的继承

B. 国内法不可以继承国际法

C. 法的移植不反映时间关系,仅体现空间关系

D. 法的移植的范围除了制定法,还包括习惯法

3. 法系是法学上的一个重要概念。关于法系,下列哪些选项是正确的?(2008年统一司法考试试题)

A. 法系是一个比较法学上的概念,是根据法的历史传统和外部特征的不同对法所作的分类

B. 历史上曾经存在很多个法系,但大多都已经消亡,目前世界上仅存的法系只有民法法系和普通法系

C. 民法法系有编纂成文法典的传统,因此,有成文法典的国家都属于民法法系

---

❶ [法] R. 达维德. 当代主要法律体系 [M]. 漆竹生, 译. 上海译文出版社, 1984: 452—482.

D. 法律移植是一国对外国法的借鉴、吸收和摄取，因此，法律移植是法系形成和发展的重要途径

4. 大陆法系和英美法系的主要区别表现在哪些方面？（2002年统一司法考试试题）

A. 法律渊源　　B. 法的分类　　C. 法典编纂　　D. 诉讼程序和判决程式

5. 从内地与港澳的关系中，思考法律移植的必要性和可行性。

第十二章 法的现代化与全球化

导读

　　法的起源与发展问题是从一种大历史的眼光来看到法律产生、发展的基本规律,但实际上,人类法律的膨胀式发展是近代以后的事情,这就涉及法律的现代化问题。现代化用来描述西方自工业革命以来的一种变迁过程,包括科技、知识、制度、观念的现代化,法律现代化是其中的一部分。中国法律的现代化是后发型、被迫的过程,因此,在道路上和西方国家不同。与法律现代化伴随而来的是各个国家、地区之间法律的交流和借鉴,也就形成了法律全球化问题。法律全球化反映了现代化发展的要求,但我们不能简单地认为各国法律会迅速走向一致。

第一节 法的现代化

一、法的现代化释义

【阅读材料 1】

同较早的法律生活相比,现代的法律生活,尤其是私法生活的最本质的、实质的特点,首先是法的实务的意义大大上升,特别是作为由强制法律保障的权益要求渊源的契约的意义大大上升,对于私法领域来说,这是很典型的。

——［德］马克斯·韦伯

(一) 现代化的概念

法律现代化是整个现代化进程的一个方面,理解法律现代化应从理解现代化开始。现代化理论作为一种思潮,发端于 20 世纪 60 年代。就最一般的含义而言,我们现在所说的现代化是指在科学技术革命的冲击下,各个社会业已进行或正在进行的转变过程。但是不同的学者对于现代化的界定不同。美国普林斯顿大学国际研究中心的一批学者对现代化的概念界定比较有代表意义。该中心的 C. E. 布莱克认为,"现代化"一词指的是,"近几个世纪以来,由于知识的爆炸性增长而导致源远流长的改革进程所呈现的动态形式。现代化的特殊意义在于它的动态特征以及它对人类事务影响的普遍性。它发轫于那种社会能够而且应当转变、变革是顺应人心的信念和心态。如果一定要下定义的话,那么'现代化'可以定义为:反映着人控制环境和知识亘古未有的增长,伴随着科学革命的发生,从历史上发展而来的各种体制适应迅速变化的各种功能的过程"❶。该中心的另一名学者 G. 罗兹曼指出,要把现代化看作是一个在科学和技术革命影响下,社会已经或正发生着变化的过程,是人类历史上社会变革的一个极其戏剧性的、深远的、必然发生的事例。但现代化不等同于工业化,工业化只是现代化的一个方面。尽管对现代化的界定不同,但都保护基本的判断:现代化作为世界性的历史进程,是从传统社会向现代社会的转变和跃进,是人类社会自工业革命以来所经历的一场涉及社会生活主要领域的深刻变革过程。

在英语中,现代化即 modernization,而 modern 一词在西方有两层含义,一层含义是指特定的时间,即大约从公元 1500 年至今的历史时期,另一层含义指

---

❶ ［美］C. E. 布莱克. 现代化的动力［M］. 段小光,译. 成都:四川人民出版社,1988:11.

时新、时髦的，指区别于中世纪的新的时代精神与特征。关于现代化，有四种主要的观点，第一是指在近代资本主义兴起后形成的特点国际关系格局中，经济上落后的国家在经济与技术方面赶上世界先进水平的历史过程；第二是指经济落后国家实现工业化的过程；第三是将现代化界定为自科学革命以来人类社会急剧变动的过程的总称；第四是指一种心理态度、价值观和生活方式的改变过程，即现代化可以看做是代表我们这个历史时代的一种"文明形式"。❶ 总体上说，现代化不仅是指物质生活方式的变化，而是基于科学技术革命引起的从物质到精神、制度到观念的社会总体的变迁，是特定社会关系的现代性因素不断增加的过程。❷

（二）法的现代化

法律与现代化过程密切相关。现代化发源于工业化，从欧洲18世纪后开始的工业革命至今，科学技术作为第一生产力极大地推动了世界性的社会变革，工业化成为经济上处于不发达或欠发达国家地区的根本战略。与工业化相对是市场经济的发展，是对民主和法治的重视。工业化不是仅仅孤立的工业领域的现象，工业化引起社会生产和生活方式的变化，进而要求法律与之相适应。马克斯·韦伯认为，现代化就是"合理化"，是一种全面的工具理性的发展过程。没有人文环境、社会关系的现代化，就没有物质生活方式的现代化。法律作为社会关系的调整与符号系统，其自身的现代化，一定意义上就成为社会全面现代化的条件和标志。

法律现代化是指与现代化需要相适应，法的现代性是不断增加的过程。法律的现代化，并不完全是为满足现代化的要求才成为一种迫切需要，更重要的是，它本身就是现代社会中人的一种生存方式和价值目标。

法的现代化具有一定的特征：第一，从历史角度来看，法的现代化过程是文明社会发展过程中的一场深刻革命。在这个过程中，整个法治文明价值体系实现了巨大的创新。第二，从基本性质来看，法的现代化是一个从人治社会向现代法治社会的转型过程，最终目标是实现法治。第三，法的现代化是一个变革过程，其包含了法律观念、法律制度以及实践等多个领域的现代化。

二、法的现代性要求

现代性是现代社会的特征，是社会在科学技术革命的冲击下形成的属性。法

---

❶ 罗荣渠．现代化新论［M］．北京：北京大学出版社，1993：8—17．
❷ 葛洪义．法理学［M］．北京：中国政法大学出版社，2007：195．

的现代性指现代社会法的共同特征。法的现代性大体包括公开性、自治性、普遍性、价值性、确定性、可诉性、合理性和权威性等因素。

（1）法的公开性指法律一经制定，必须向社会公开，并且法律的制定和法律的实施过程也要公开。未经公开的法律不具有法律效力。法律的公开性是公民知情权的体现。

（2）法的自治性指法律是一套独立的并由专门的机构运用专业知识加以适应的规则体系。在现代社会，法律应是与宗教、道德具有严格界限的知识体系，法律的适用主要依靠专门的司法机构。这种知识的专业化分工，导致法律方法的独特性及法律职业集团的迅速发展。所以现代社会，法律领域形成了一个独立的自我调节的运行体制。

（3）法的普遍性是指法律不能针对具体的个别的人，而应该调整一般的人的行为。它的最基本的价值内涵就是法律面前人人平等。

（4）法的价值性指法律必须具有一定的内在道德性，即符合一定社会特定历史时期的价值标准并与人类社会最低限度的共同价值准则保持一致。法律的实施主要靠人们的自觉遵守而不是强制，所以法律不仅要符合一定的规律，而且要具有一定的价值。

（5）法的确定性指法律的内容、至少它的中心含义不应是模糊不定、自相矛盾的，而应该是明确的、无歧义的。

（6）法的可诉性指法理具有被任何人在法律规定的机构（尤其是法院和仲裁机构）通过争议解决程序加以运用以维护自身权利的可能性。

（7）法的合理性是指现代社会的法律机制是由法律职业家操作的、符合一定理性原则的秩序机制，具有专业性和技术性的特征。这要求法律具有稳定性、规范性、确定性以及在此基础上的高度专业化和技术化，以保证行为的可预测性及交易、交往的安全。与此同时，法律执行机构也在向专门化、独立化方向发展。

（8）法的权威性是指法理在社会中居于核心与至少的地位。它不仅是社会关系、社会交往、社会秩序的主要组织形式，而且是最具有外在效力的社会规范及能够强制社会成员行为的主要甚至唯一的评价尺度。

三、法的现代化路径

根据法的现代化的动力来源，法的现代化过程大体上可以分为内发型的现代化和外源型的现代化。

内发型法的现代化指由特定社会自身力量产生的法的内部创新。这种现代化是一个自发的、自下而上的、缓慢的渐进变革的过程。这种类型的法的现代化模式以英国、法国等西欧国家为代表,这种模式一般是因为社会自身内部条件的逐步成熟而逐渐地发展起来的。在实现变革过程中,商品经济的发展与发达为变革提供了强大的内动力,民主代议制的政治组织形式则为变革提供了重要的支持力量。内发型法律现代化的特点是法律与社会、经济、政治、宗教等互动发展,共同推进。

外源性法的现代化是只在外部环境的影响下,社会受到外力冲击,引起思想、政治、经济领域的变革,最终导致法律文化领域的革新。在这种法的现代化过程中,外来因素是最初的主要推动力,而且存在一个较为先进的法律系统对落后法律系统的冲击。这一模式通常以日本、俄国以及中国为代表。这些国家内部缺乏自发进行法律现代化的条件,强大的外部因素的冲击是其进行法律现代化的动力,而且往往实行政府推动的现代化路径,伴随政治变革运动。俄国的改革表现为18世纪彼得大帝的改革和1860年亚历山大二世废除农奴制。日本的法律现代化则从明治维新开始。

外源型法的现代化的特点:(1)被动性。在外部因素的压力下被迫进行法律现代化。(2)依附性。这种情况下展开法的现代化进程,带有明显的工具色彩,一般被要求服务于政治、经济的变革,法律改革的"合法性"并不在法律本身,而在于它所服务的对象的合理性。(3)反复性。由于法律的现代化不是社会自身力量演变的自然结果,所以,传统法律文化与外来文化之间的矛盾比较尖锐,法的现代化过程经常出现反复。

四、中国法律的现代化

1. 中国法律现代化的历史起点

中国法律现代化是在中国传统法律文化受到外来冲击的情况下被迫开始的,是一种典型的外源型法律现代化。中国传统法律是一种在农业文化基础上发展起来的封建等级制法律系统,从形式意义上,它表现为诸法合体的法律分化程度较低的法律结构体系,从实体价值上,它则表现为以宗法为本位的融法律与道德为一体的伦理法律价值体系。

就实体价值而言,中国传统法律的最大特点是法律的伦理化。这一价值取向包括三个方面:一是礼治主义,法律所反映的是建立在宗法结构基础上的等级森严、尊卑有序的社会政治伦理秩序体系,它所体现的是以宗法家庭为本位的个人与社会、个人与家庭、个人与国家的关系图景;二是泛道德主义,法律主导价值为儒家的道德价值观念，法律受到道德的影响巨大；三是人治主义，法律以君主的价值和意志为准则。

2. 中国法律的现代道路

清末的法制改革标志着我国法律现代化道路的启动，之后又经历辛亥革命的法制实践、北洋军阀时期的法律发展、南京国民政府的法制建设以及新民主主义法制建设、社会主义法制建设，至今，法律现代化的任务仍没有完成。中国法律现代化在外在压力之下开始，既与所有外源型法律的现代化有共同之处，又有自己的独特之处。

（1）由被动接受到主动选择。清末的法律改革是一种极为被动的接受过程，资产阶级革命过程中，对西方法律采取主动学习的态度，但未成功。中华人民共和国建立后，在前30年，选择了排斥法律的建设模式。改革开放以后，主动选择性地学习西方法律。

（2）由模仿民法法系到建立有中国特色的社会主义法律制度。清末学习大陆法系，打破了中国古代民刑不分的局面，明显地接受了民法法系的法律概念、法律原则、立法技术并采用法典编纂的方式推进法律改革。后来国民政府基本沿袭这一模式。中华人民共和国建立以后，废除国民政府的法律，着手建立社会主义法律制度。改革开放以后，逐步建立完善的社会主义法律体系。我国目前总体上仍属于民法法系，但在司法实践上也吸收了一些普通法系的经验。

（3）法的现代化启动形式是立法主导型。从清末修律开始，我国法律的现代化一直是立法主动型，即通过大规模的、有明确针对性的立法，自上而下地建立新的法律体系。

（4）法律制度变革在前，法律观念更新在后，思想领域斗争激烈。立法主导型的法律现代化在制度层面的工作相对较为容易、简单，比如清末被迫修律，中国改革开放以后适应经济需要大规模立法，但是这种工作往往是少数"精英人物"或上层社会在推动，先进的变革观念在社会中被接受、被推广至社会底层则非常困难。由此产生了诸多思想斗争，比如清末围绕修律就存在"法理派"与"礼教派"的争论，我们当前法律意识薄弱都与此密切相关。❶

3. 中国法律现代化中的核心问题

（1）政府推动与社会参与之间的冲突与协调问题。我国的法律现代化是政府推动型、以立法为主导的过程，在这一个过程中，政府的权威作用不可忽视。由

---

❶ 葛洪义．法理学［M］．北京：中国政法大学出版社，2007：201－204．

于我国不可能重复西方社会利用经济、社会自身变革力量实现法律的现代化,只能由政府设计法律现代化的发展规划,利用政治权威推动法律现代化,以尽快缩小与发达国家的差距。但又不可避免出现许多问题,政府在推动过程中权力扩张与法治限制权力的目标冲突,政府过于主动从而打压社会公众参与的积极性,政府的规划可能不符合社会的需要。解决这些问题,必须重视社会多元权力和利益的推动作用,激发社会主体的积极参与性。❶

(2) 立足本国国情与借鉴国外经验有机结合问题。从中国传统的文化来看,可以为现代法律服务的传统资源其实非常有限,有很多学者非常强调重视本土资源,其实更值得重视的是如何将本国或本土情况与国外经验进行协调、结合。因为我国必须要借鉴其他国家法律现代化的经验,但如何让本国社会对外来法律形成认同感、外来法律如何与本土社会结合更值得重视。这其中既需要重视、利用原来的传统资源,还需要对社会进行逐步的改进以适应现代法律的特点,绝不能为了重视传统而限制现代法律的推行。应采取重叠而非取代的发展模式,对于传统法制资源中与现代法律文化没有冲突的部分,则应保留在相关领域,冲突、落后的部分则应取消。

(3) 法律现代化与政治模式的冲突域协调。现代法律以民主、人权、自由、平等为价值目标,对于政治权力的基本要求是限制权力,政治治理模式必须能够适应法律现代化的要求,否则法律将被架空,丧失权威。

第二节 法的全球化

一、法律全球化的含义与形式

(一) 法律全球化的含义

"全球化"一词最早是由学者泰奥多尔·莱维于 1985 年提出的。他在《哈佛商报》上发表的一篇题为《谈市场的全球化》一文,用"全球化"这个词来形容此前 20 年间国际经济发生的巨大变化。在西方社会,"全球化"一般被理解为"全球化关联、全球规模的社会组织的扩展与全球意识的增长以及由此而来的世界社会的凝聚。"一般说来,"全球化"是指经济全球一体化,全球范围内经济贸易交流日益紧密,也即是说,"全球化"理论源起于经济发展,它与经济密不

---

❶ 王方玉. 中国法治化路径及其内在悖论 [J]. 江苏警官学院学报,2010 (5).

可分。

20世纪末,"法律全球化"理论源于美国麦迪逊大学的特鲁伯克等四位学者联合撰写的研究报告。报告指出,"法律全球化"是随着经济全球化趋势的不断发展而出现的。"冷战"结束以后,与经济全球化相联系,法律的国际性日益加强,跨国法律规则发展迅速。尤其突出的是,世界贸易组织所确立的基本法律原则正在逐步成为全球化贸易的法律基础。与此同时,以市场为导向的法律改革正在全球范围内进行。正是在这一背景下,西方国家的一些学者提出了法律全球化的理论。

对于法律全球化可以从两个方面理解:一是从外在的制度上。法律全球化表明了一些法律制度变得全球通行的一个过程,即一些超越于民族国家的法律在全球范围内变得通行,主要体现为国际公约的制定;或者某一特定国家、地区或组织的法律在世界范围内传播,如发达国家法律制度被广泛学习。二是各国法律制度在价值目标、基本原则上的逐步接近或趋同。目前各国法律相互学习带来一些具有普世性的法律价值观念被各国所共同遵守,但目前各国仍强调本土制度的独立性。

(二)法律全球化的表现形式

1. 国际法的国内化

国际法的国内化,又称为"地方化的全球主义",即国际组织的条约、规章为国内接受,转变为对国内具有法律约束力的规则。世界贸易组织、世界银行和国际货币基金组织的规则就属于此类。对本国来说,加入某一国际组织,必须承担相应的义务,往往必须对自己国家或地区原有的法律加以调整,以适应国际规章条约的要求。

2. 国内法的国际化

国内法的国际化,又称为"全球化的地方主义",即在一国或一个地区范围内通行的法律制度由于某种原因而在更广泛的领域流行。在"国内法的国际化"上,并非所有国家的国内法都能被国际化,事实是,在国际事务中能够发挥更大作用的国内法被国际化的可能性程度更高,大国主导的世界不仅体现在人们对国际之显示政治的感受上,而且也表现在与此紧密相关的规则选择上。

上述两种形式的法律全球化,国际法的国内化是一种较强意义上的法律全球化,它凌驾于主权国家的法律之上,主权国家的国内法必须根据它的标准加以调整,而国内法的国际化是一种较弱意义上的法律全球化,表现为一种世界性的潮流,但是这两种形式的法律全球化又是相互联系和相互转化的。

二、法律全球化的背景

(一) 经济全球化

经济的全球化必然会导致法律的全球化,这几乎已成学术界的定论。"经济的全球化发展从两个意义上推动着法律的全球化进程。一是从经济全球化的发展中产生了大量的国际间普遍认可的经济贸易方面的法律制度;二是经济的全球化必然带来经济关系的全球化。在这个意义上,经济全球化的发展推动着作为上层建筑的法律制度的全球化进程。"[1] 经济全球化的发展和不断深化引起了当今世界最深刻的社会变革,它使社会结构、政治理念、法律制度都发生了前所未有的变化。世界各个国家和民族的生产方式出现了的某种趋同,因而决定着全球法律与司法重构的价值取向的趋同。因此,经济全球化应是与法制化齐头并进地发展的。简言之,法律全球化是随着全球化的贸易活动以及与此相关的文化、政治交往的发展而产生的。它并不是不同民族、不同国度法律的简单相加,而应当是各国法律的相互学习、相互交流、相互借鉴乃至相互交融。

(二) 对人权的普遍关注和人类共同威胁的存在

首先,对于人权的普遍关注使得各国的人权保护立法区域一致。"二战"以后,人权问题成为国际社会普遍关注的事情,对"二战"的反省成为人权问题受到国际社会普遍关注的基本起因,这种普遍关注和重视首先体现在《联合国宪章》之中,1948 年的《世界人权宣言》和 1966 年两大国际人权公约的制定共同构建了国际人权法。目前世界上已经有很多国家加入这些公约,从而促使各国在人权保障问题上的理念和制度趋向一致。

其次,人类共同威胁的存在已形成一个"风险社会",也使各国在相关领域通过立法谋求协同,促进法律全球化的推进。当今世界的主要共同威胁包括:落后地区的饥荒、环境恶化、核威胁、恐怖主义、金融危机等。对于人类共同的威胁,单独依靠某一个国家的力量无法应对,必须协调各国的力量,共同解决问题。

(三) 国际组织的桥梁和推动作用

政府间国际组织与非政府间国际组织的大量存在,对于法律全球化起到了重要的桥梁和推动作用。这些国际组织,成为各国在相关领域的行动合作和制度协调的桥梁,从而推动该领域的法律全球化。另外,相关国际组织自身的规章制度

---

[1] 卓泽渊. 法律全球化解析 [J]. 法学家,2004 (2).

也会成为全球化的制度。

（四）现代科技的发展

现代科技的发展促使全球交流成为可能，尤其是信息技术的发达以及现代化的交通手段。这些为法律全球化提供了技术上的保障，各国在此基础上进行了密切的交往，使法律全球化成为可能。

三、法律全球化带来的机遇和挑战

（一）法律全球化带来的机遇

（1）法律全球化可以为民族国家传统法制的现代化提供新的契机。现代化的过程是以西方社会的经济、科技、政治现代化为主导方向的一种发展路径，虽然各国在此过程中有自己的特点和方式，但实现法制向现代化的转型是后发展国家的共同任务。法律现代化的模式主要包括自然演进型和自主改革型。对于后发展的民族国家来说，在法律全球化的背景下，主动进行法律制度的改革是实现法律现代化的根本途径。而且，法律的全球化为这些国家提供了广泛的资源基础，后发展的国家有更广阔的选择空间。经过这种选择和权衡而选择的法律，或许更能适应本国的社会状况，降低本土文化与外来文化的冲突程度。

（2）法律全球化可以为民族国家对其他领域的全球化作出更好的回应。全球化是一种多维度的发展，法律全球化是其中的一部分，但法律全球化可以使后发展的民族国家更好地回应全球化带来的制度需要。通过法律制度的国际化接轨，有利于后发展的民族国家更好地参与国际规则的制定和国际竞争，从而避免或减轻受到发达国家规则的伤害。

（3）法律全球化是保持、发扬和发展本土法律文化的重要时机。在法律全球化的过程中，本土法律资源可以融入国际法律系统之中，成为全球化法律的一部分而得以保持。此外，法律全球化过程中，在接受外来法律文化时，必然涉及对本土法律资源的反思和使用，对于适应社会发展需要的传统法律资源，可以很好地加以利用、发扬和发展。

（二）法律全球化对于民族国家法律发展带来的挑战

法律全球化对于后发展国家法律的发展会带来一些挑战。

（1）可能导致本民族法律传统的断裂以及外来法律文化与本土法律文化的冲突。在全球化的压力下，法律全球化可能导致后发展国家被迫借鉴和学习外来的法律制度，从而导致传统法律文化连续性的断裂。对于众多非西方国家来说，这种现象非常明显。中国在近代开始学习西方之后，就努力抛弃传统法律体制和文化，中华法系在清末以后就已经消失。而且，外来的法律制度和文化与传统法律文化又往往存在许多冲突之处，将会带来接受和实施上的困难，既导致无法学习外来法律，又丧失自己本国法律发展的方向。中国目前要建设有中国特色的社会主义法治国家，如何形成自己明确的法治发展方向是一个重大问题。

（2）法律全球化会带来法律新殖民主义的侵袭。法律全球化必然对法治秩序产生深刻的影响，原先被国界所区分的法域逐步淡化，出现了按照国际标准或者全球标准统一立法作业的趋势。最突出的表现是世界贸易组织的多国公约体制和强制性解决纠纷机制导致各成员国按照客观化的控制纪律来修改国内法规和采取制度性修正措施。在缓和政府对市场的限制这一原则的指导下，各国司法改革的内容也非常近似。主权国家在经济管理以及政治支配等方面的作用都大大弱化，超国家组织以及非政府组织的规范功能日益凸现出来。后发展国家在参与全球化的过程已经开始遭遇到法律新殖民主义的侵袭。新殖民主义相对于传统以武力征服的殖民模式而言，主要以一种隐秘的方式出现，通过经济渗透、法律霸权、文化侵袭而展开。后发展国家在此过程中往往被迫接受外来的法律和制度，却无选择余地。

（3）如何克服法律体系内部的不均衡发展。全球化首先体现为经济全球化，后发展国家在应对全球化过程中，经济领域的法律规则容易得到重视和引入，而调整社会生活领域如人权领域的法律规则相对而言却难以实现全球化。

思考题

1. 随着科技进步，国际政治、经济、文化的交流日益频繁，法律全球化时代似乎已经到来，在这种情况下，特定民族国家的文化传统对法律还会有决定作用吗？世界法律大同是否真的会实现？中国应该如何应对这种趋势？

2. 思考法律的现代化与法律的现代性要求之间的关系。

3. 中国传统法律特征对于中国法律现代化会产生怎么样的阻碍作用？如何克服？

第十三章 法治的基本理论

导读

近代法律发展中,最值得关注的观念就是法治。法治反映了人类对社会治理模式的探索结果,是目前人类可以证明的、最好的社会治理模式。虽然不同地区法治化程度不同,也没有绝对的法治标准,但对于法治观念,世界各国的学者们还是形成了比较一致的看法,法治观念的核心内容是法律至上和良法之治。

第一节　法治的含义

【阅读材料 1】

如果一个国家的法律处于从属地位，没有法律权威，我敢说，这个国家一定要覆灭；然而，我们认为一个国家的法律如果在官吏之上，而这些官吏服从法律，这个国家就会获得诸神的保佑和赐福。

——柏拉图：《法律篇》

法治是人们有关理想社会的一项理性选择，关联并凸现着法的价值和人们为此所作的努力及其所致状态，因之它具有法的应然性和实然性。同时，它还是甚至可以说是人类经验的产物，是经过经验检验了的理性，是一种经验理性，体现着法的必然性。所以，我们在这一部分就此予以适当讨论。

一、法治及相关概念

现代意义上的法治作为法学的一个基本范畴，是指一种政治理念，一种理想的治国方略。但具体什么样的状况是法治，在目前各国的法学界都没有形成统一完整的定义，我们对法治的理解要结合法治所包容的内涵来进行。在中文里，"法治"这一概念的表达方式有"法治主义""依法治国""法治天下"等。在英语中，与之相对的有"rule of law, rule by law, government by law, government through law"等，这些词的含义分别可以译为"法的统治""以法统治""依法治理""通过法律治理"等。在英语中，比较公认符合法治内在精神的语言是 rule of law，表明了法律的至高地位，而 rule by law 则具有明显的法律工具主义倾向。

与法治相关的另一个概念是"法制"。20 世纪 90 年代以前，中国法学界基本上将法制和法治混同使用。经过近二十多年尤其是最近十多年的努力，法治和法制的界限最终得以确立，法治成为主流话语。关于法制，可以从两个方面来理解，广义上的法制是描述性的，它是指法律制度本身，并具有任何价值意义。在这个意义上，任何政权为了维护自己的统治，都要建立与其统治目的相适应的法律和法律制度。而狭义的法制体现了某种价值观，指法律制度运行的过程，在这个意义上，法治是法制的一种特殊状态。目前在法学界，"法制"一词基本上是用来描述静态的法律制度。

二、法治的源流

在西方，法治观念源远流长，系统的法治理论也有悠久的历史。法治理论产生于古希腊，到近代，随资本主义商品经济以及与之相应的自由、平等、人权等民主思想的发展，法治的观念开始广泛传播，并在宪法和其他法律中得到明确的肯定和宣布。

西方历史上的法治观念始于古希腊的梭伦变法，到亚里士多德时已经理论化。古希腊哲学家柏拉图曾经主张理想的国家可以没有法律，依靠哲学家作为国王就可以实现很好的治理。他早年反对用法律来控制哲学王，认为这是愚蠢的。但柏拉图的哲学王思想一再遭到失败，在多次碰壁以后，在晚年他意识到法律在社会生活中的作用，明确提出了法治国的思想，作为无法实现哲学王统治国家的替代方案。他说，"如果一个国家的法律处于从属地位，没有权威，我感说，这个国家一定要覆灭，然而，我们认为如果一个国家的法律在官吏之上，而这些官吏服从法律，这个国家就会获得诸神的保佑和赐福"。继柏拉图之后，他的学生亚里士多德在人治与法治的问题上则明确提出了"法治应当优于一人之治"。他否定了贤人政治的理论，并对法治的内容作了较为系统的论述。他说，"法治应包含两重意义：已成立的法律获得普遍的服从，而大家所服从的法律又应该本身是制定得良好的法律"。❶ 他认为法治优于人治的主要原因在于法律可以避免人的兽性。法治代表理性的统治，而人治难免使政治混入兽性的因素，因为即使最好的贤人也不能消除兽欲、热忱和私人情感。这容易引起偏见和腐败，而法律是免除一切情欲影响的理性的体现。而且法律是代表多数人意见的，有更大的正确性，比任何一人更能作出较好的决定，有利于实现城邦的幸福与和谐。到了古罗马，法学家们继承和发展了古希腊的一些法律思想与法治理论。他们依据"自然法""理性""正义"等概念来说明法律的本质，强调法律的权威和作用。例如西塞罗曾写道："我们是法律的仆人，以便我们可以获得自由。""长官是能言善辩的法律，法律是沉默寡言的长官"。古希腊、古罗马的法治思想对西方法律文化和政治传统的形成和发展产生了深远的影响。近代资产阶级法治理论在很大程度上是以古希腊和古罗马的法治思想传统为基础形成和发展起来的，只不过，为了资产阶级革命和时代的需要添加了许多新的内容。

在欧洲中世纪，教会和神学家们为了维护神权的统治，也强调国王应在上帝

---

❶ [古希腊] 亚里士多德. 政治学 [M]. 吴寿彭，译. 北京：商务印书馆，1981：199.

和法律之下，因为上帝创造了法律，法律创造了国王，此时的法治观念在神学的母体中得以延续。文艺复兴以后，随着资本主义商品经济和与之相应的自由、平等、人权等民主意识的发展，法治的观念开始广泛传播并被深入研究。在启蒙思想家的著作和演讲中，到处洋溢着要求法治，废除人治与特权的精辟论述。随着资产阶级革命的胜利，资本主义民主制度开始实施，法治则由理想变为现实，法治观念也成为占支配地位的意识形态。

在英国，自由主义思想家哈林顿指出，专制国家是"人的王国，而不是法律的王国"，而法治国家则是"法律的王国，而不是人的王国"。启蒙思想家洛克从维护个人的自由、平等、人权不受政府权力侵犯出发，指出国家权力不应该是专断和即兴的，而是"应该以正式公布的既定的法律来进行统治"。"一方面使人民可以知道他们的责任并在法律范围内得到安全和保障，另一方面也使统治者被限制在他们的适当范围之内"。❶ 在法国，孟德斯鸠把法治归结为"法律之下的自由和权力"，没有法律，自由不复存在，权力也会被滥用。卢梭从"主权在民"和"社会契约论"出发，指出在民主共和的国家中，法律是社会公意的体现，具有至上的权威，而统治者仅仅是法律的臣仆，他们的一切权力来源于法律并必须依法行使。在美国，潘恩、杰弗逊、汉密尔顿等政治活动家和思想家不仅全盘接受了英国和法国启蒙思想家的法治思想，而且把它写进了独立宣言、宪法和人权法案中。潘恩指出，一个自由国家的政府不在于人，而在于法律。资产阶级启蒙思想家高举理性的旗帜，以社会契约论为武器，主张实现人的平等、自由和权利。"国家的法律应是不论贫富、不论权贵和庄稼人都一视同仁，并不因特殊情况而有出入"。❷ 因为国家来源于人民，所以必须受到人民的约束，更好地为人民谋取福利。所以，"从事物的性质来说，要防止滥用权利，就必须以权力约束权力"。❸ 杰弗逊说，人民的意志是最好的法律，是任何政府唯一的合法基础。英美等现代法治国家的法治原则和制度都或多或少地体现了上述启蒙思想。在德国，康德、费希特等思想家提出了"法治国"概念，并且认为法治国应当以人的权利和自由为目的和基础，应当是人民在法律之下的自由组合。这种法治国理论后来被黑格尔以绝对精神理论加以发展，到了20世纪被纳粹党所利用。资产阶级启蒙思想家的这些法治主张和理论既起到了宣传革命推动革命进步的作用，又促进了资本主义民主和法治的诞生和发展。

---

❶ ［英］洛克. 政府论（下篇）［M］. 叶启芳，瞿菊农，译. 北京：商务印书馆，1964：86.
❷ ［英］洛克. 政府论（下篇）［M］. 叶启芳，瞿菊农，译. 北京：商务印书馆，1964：58.
❸ ［法］孟德斯鸠. 论法的精神（上册）［M］. 张雁深，译. 北京：商务印书馆，1982：54.

在中国春秋战国时期，一些思想家也提出了"以法治国"的主张，突出体现在法家的思想中。如商鞅认为治理国家必须实行法治，即"威不两错，政不二门，以法治国，则举措而已"（《商君书·君臣》）。韩非子则更为明确地指出："治民无常，唯治为法"（《韩非子·心度》）。他们还认为法令是人们言行的标准，要"布之于百姓"，并且得到一体遵循，即"壹刑""法不阿贵，绳不绕曲，法之所加，智者弗能辞，勇者弗敢争。刑罚不避大臣，赏善不遗匹夫"（《韩非子·有度》）。法家的法治主张局限于君主制的政体范围内，并作为君权政治的附属理论而存在和发挥作用。在法家的理论中，法律只是君王的统治工具，与"术""势"一样，是君主控制权力进行统治的手段。但在当时这种理论顺应了时代潮流和社会需要，促进了政治的统一和社会的发展。汉代以降，儒学兴盛，"以法为治"的观念渐隐没于朝堂之外，历代统治者皆以"仁""德"标榜，法律也仅成为德治之补充。至近代，法治观念在中国才重又兴起，只是古今"法治"含义差别巨大。

三、法治的基本内涵

根据我们的理解，我们认为法治是一种理想的合乎理性的社会治理或控制模式，是指人们通过或主要通过法律实现对国家和社会的控制和治理。从这种意义上看，法治一词含有如下意义。

（1）法治是一种治国方略或社会调控方式。在国家治理方式上，两种基本的模式，一是人治或德治，另一是法治。人治是指统治者的个人意志高于国家法律，国家的兴衰存亡，取决于领导者个人的能力和素质。中国从奴隶社会经封建社会一直到近代，都是人治主义模式。这种模式在特定的时期可以实现国家短时期的繁荣稳定，比如唐代的"贞观之治"，但历史一再证明，人治不可能实现国家的长治久安。德治是依靠道德教化和礼俗习惯来治理社会，这种方略在比较闭塞稳定的农耕经济社会中作用比较大，道德在很大程度上可以起到安定社会、兴国治邦的作用，但道德必须和人治相结合才能发挥作用，最终沦为强权政治的工具，德治实际上仍是一种人治。在活跃的市场经济社会中，道德明显反映出了狭隘性、缓慢性、没有强制力、模糊性等弱点，其规范行为、治理社会的作用明显落后于法律。而法治是众人之治，建立在民主与宪政基础之上的法治体现了人民的意志与智慧，具有及时性与国家强制力，适合现代社会，是一种良好的治理模式。

（2）法治体现了法律在社会生活中的最高权威性与介入社会生活的广泛性。

法律是人民意志与智慧上升为国家意志的体现，在所有的社会规范中，法律具有最高的权威。正是这种最高权威性，使得法律渗透到社会生活的方方面面，调控所有社会主体的行为。法律不仅在社会生活中具有重大的作用，而且在国家的政治生活中也同样具有重大作用，规范政府的行政行为，指引政治主体的活动。

（3）法治表征一种良好的行为方式，即"依法办事"的原则。法治作为一个动态的或能动的概念，其基本含义是依法办事。当然，依法办事的主体及其程度在不同历史阶段的社会中是不同的。在古代社会，依法办事主要是针对下级官吏和老百姓的要求，君主及高级官员则不受法律的约束，而且经常超越法律。在现代法治生活，依法办事的要求是社会关系的参加者都应该以法律作为自己的行动规则，一体守法。不仅普通的公民、一般社会组织和企事业单位要依法办事，国家机关、政党、武装力量也要依法办事。从与古代法治对立的意义上说，现代法治的精髓是政府各部门的依法行政、依法审判和规范立法，也就是依法治国。

（4）法治是一种良好的社会秩序状态。无论是作为治国方略，还是作为依法办事的原则，法治最终要表现为一种良好的法律秩序。法律秩序是各种法律关系的总和，它表现为社会生活的各个方面已经法律化和制度化，社会成员和社会组织都有明确的权利和义务，每个法律主体都忠实地履行法定义务，积极而正确地行使和维护法定权利。有条不紊、充满生机的社会秩序是在法律秩序的基础上建立起来的。法律秩序是法律规范实行和实现的结果，是法治社会的一种基本追求和向往。法律秩序的合理化、合法化以及稳定性的程度越高，愈是标志法治的成功；反之，法律制度如果扭曲化、形式化，法律体系的合理性、公正性或法律秩序受到严重破坏，则说明社会法治存在内在的弊端或不同程度的危机。通过法律秩序的构建，最终法治形成一种有内在价值规定的社会生活方式。

（5）法治是一个融汇多重意义的综合观念和社会理想。法治是民主、自由、平等、人权、理想、文明、秩序、效益与合法性的完美结合。因此，法治对社会的要求是综合、全面、理想的。对于法治的理解，应避免将其作为一种具有固定内涵的、确定无疑的、具有既定目标的终极概念。法治是一种理想的社会调控方式，法治的实现是一个过程，随着时间和空间的不同以及各种因素的影响，法治的观念会发生改变。

第二节 法治的社会基础与构成要件

一、法治的社会基础

【阅读材料2】

法律应该和国家的自然状态有关系；和寒、热、温的气候有关系；和土地的质量、形式与面积有关系；和农、猎、牧各种人民的生活方式有关系。法律应该和政制所能容忍的自由程度有关系；和居民的宗教、性癖、财富、人口、贸易、风俗、习惯相适应。最后，法律和法律之间也有关系，法律和它们的渊源，和立法者的目的，以及作为法律建立的基础的事务的秩序也有关系。应该从所有这些观点去考察法律。

——孟德斯鸠：《论法律的精神》

考察法治的基础，也就是要考察法律的基础，即经济、社会、文化各方面对法律的影响和作用，缺一不可。

（一）市场经济

纵观法治的基础，法治总是与商品经济、市场经济相关，而与自给自足的自然经济和以国家垄断为内容的产品经济、计划经济无缘。自然经济条件下，每个经济组织既是生产者又是消费者，各主体之间不是以劳动分工和专业化作为关系基础，在这种社会中，人们对各种社会关系的调整，主要依靠血缘关系、宗法关系、传统习惯、道德律令等，对复杂的法律关系需要较少。在产品经济和计划经济模式下，政治和经济融为一体，经济成为政治的附庸，生产者没有独立的经营权，消费者没有消费自由，法律在经济、社会中的作用微弱。

在市场经济条件下，市场运转所需要的契约关系和契约观念是法治出现的决定性因素。市场经济对法律的最基本的要求是实现市场主体活动的自由、身份的平等和权利的保障。建立和维护市场秩序的主导模式，不可能是道德规范或者宗教规范，只能是普遍适用于全体社会成员的明确的法律规范。所以，法治是市场经济的价值取向和必然要求。回顾历史，近代资本主义商品经济和市场经济的发展使社会对法律规则的需要急增，从而推动了资本主义民法、商法的形成和发展，实现经济领域的法治。资本主义商品经济和市场经济的发展还导致了经济和政治的分离，这需要有效的机制确保经济主体的利益，于是，在社会的政治领域也实现了法治。

（二）民主政治

从世界各国来看，民主政体是法治国家的根本政治基础，其核心要求是权力的合理分工和有效制约。首先，民主政治是一种程序性政治。各政治主体必须按照法律既定的规则和程序来参与政治，这样才能创造一种公平竞争、和平共处和稳定合作的局面。其次，民主政治决定法治的本质和效能。法治的标志主要不在于有没有法律，法律的多少，也不在于法律实现的状况，而在于法律是否由人民制定，是否切实体现和维护人民的利益和意志。民主政治的这些特点决定了法治必须由民主政治来支撑，民主政治必然、也必须实行法治。

（三）理性文化

法治需要特定类型的文化作为其文化基础，这种特定类型的文化就是理性文化。法治是人类社会理性发展的必然结果，法治之前的统治模式，无论是神治、人治还是德治，都萌生于愚昧、迷信与无知的非理性土壤中。理性文化不同于非理性文化，也不同于超理性文化，它是以科学的思想观念及近代的政治道德为内容的文化。就实现法治来说，科学精神、公民意识、权利义务观念、平等和自由观念、社会契约观念等理性文化因素具有特别重要的作用。科学精神要求人们正视人性脆弱的一面，清醒地而不是盲目地认识领导人的智慧和德性。公民意识使公民成为社会的主体，而不是臣民或仆人。权利义务观念要求人们合理地追求自己的权利，履行自己的义务，平等对待其他人。

（四）市民社会

市民社会是法治的社会基础。西方的市民社会从11世纪开始萌芽、发育、成长，一些城市开始获得自治权利，公民权利义务逐渐觉醒，自治的组织和个人、团体开始形成独立于政府之外的领域，国家与社会的二元格局逐渐形成。此外，欧洲中世纪后期形成的多元权力格局，王权、教权与贵族权力共存并相互斗争，形成了一种政治均衡和张力，为城市兴起和城市自治权的发展创造了条件。由此形成了与政治国家观念对应的市民社会，它是个人、团体按照非强制原则和契约观念进行自主活动，以实现物质利益和社会交往的、不受国家直接控制的民间独立自治组织和非官方的也非私人性质的公共领域，它以平等、自由、契约为原则实行自治。在这种自治空间里，人们自主地规划自己的生活，并且都平等地享有抵制各种公权力的非法或不正当的干涉的权利，他们通过自身的努力设定各种制度机制，以约束、限制或者抵御这些公权力的不正当侵犯。只有当自治精神和原则体现在人们生活的全部领域，法治生存的土壤才真实地形成。

（五）法律信仰

从古希腊开始，法律信仰已经成为源远流长的西方文化的重要组成部分，法律信仰对法治传统的形成起到了重要的作用。"法律必被信仰，否则它将形同虚设"，"没有信仰的法律将退化成僵死的教条"，"而没有法律的信仰……将蜕变成狂信"。美国学者伯尔曼的这些话在今天已经成为法治的箴言。法律信仰，是指主体对法律的诚服和坚信，法律信仰是人们有关法律的知识、情感和意志的高度统一，是法治的精神基础。它不仅指人们对法律的认知，还包含了人们对社会生活依法而治的情感体验以及激发自身参与其中的意志努力。法律需要国家的强制力来保证其实施，但是仅有国家的强制力尚不足以确立法的权威，法律权威的形成最终取决于普通民众和执法官员对于法律的信仰。仅仅依靠强制力的法治是不可能长久的，也与法治的本质精神相违背。

二、法治的构成要件

【阅读材料3】

法治应包含两重意义：已成立的法律获得普遍的服从，而大家所服从的法律又应该本身是制定得良好的法律。

——亚里士多德：《政治学》

亚里士多德的话揭示了法治构成中两个最基本的要件，即法的普遍性和法的优良性。前者是法的形式要件，后者是法的实质要件。在现代社会，所谓法律的普遍性，即人们平等一致地遵守而且是严格遵守已有的法律；法的优良性指被遵守的法律应含有正义、效率、自由、秩序、人权等这些法的基本价值要求。

（一）形式要件：法的普遍性

作为人类文明的一个重要组成部分，"法治"是相对"人治"而言的，实行"法治"意味着对"人治"的否定。法治文明指一个国家实行法治的状态和程度所体现的文明，是人们在具备一定社会条件的前提下，把法律尊崇为治国的方式，以追求政治民主、社会正义、保障人民权利所取得的成果和成就。目前对于法治的最为基本的结构、形式和原则，学者们已经形成了大致共同的看法，概况有如下几个方面。

（1）法律至上。法律至上意味着在国家生活中法律应当有至上的效力和最高的尊严，国家机关的一切职权根源于法律，而且依法行使。

（2）法律得到普遍遵守。现代法治的精髓是官员依法办事，接受法律的约束。不仅普通人要遵守法律，国家机关及其工作人员更应该以身垂范。

（3）法律必须公开。如果法律规则不公开，人们对于如何安排自己的行为将无所适从。在公法领域，法律的公开直接指证了公权力的运作方式，公民、法人和其他组织的权利在透明的政治制度中获得了保障和救济就会容易很多。

（4）法律必须具有明确性、统一、稳定。这是从立法技术上对法律语言提出的要求，法律语言必须准确无误、通俗易懂、内容清楚、不存在混乱和矛盾。也不能变动不居，让人无所适从。

（5）法律不能溯及既往。法律只能针对公布以后的行为，一般不能针对过去的行为。

（6）审判独立。法院的审判权独立，法官在审理案件时也应该独立。

（7）诉讼应当易行。"有权利必有救济"，法律对权利的救济应当平等、简易、有效率。

这些方面是法治必要的共性，也是法治的最低限度的特征。不具备这些特征的国家，就不能称之为实现法治的国家。对于这些法治的形式要求，可以归纳为亚里士多德所说的法律的普遍性问题。法律的普遍性问题与前面章节所说的法的现代性要求具有共同性。

（二）实质要件：优良性

良法是对法治的目的性价值要求，法律必须包含民主、自由、人权、公平、正义、秩序、发展等价值因素。自由是法治的核心和基础，但又依赖于法治文明的法治，法治就是自由。而权利则是自由在法律体制中的忠实体现，是一切制度设计和观念培育所围绕的主题，也是所有法治实践的核心。在我国的法律现代化建设进程中，法治文明的核心在于公民权利的保障。

关于良法问题，必然涉及一个恶法是否是法律以及是否应该被执行的问题。美国思想家潘恩曾提到："假使有一项坏的法律，那么反对实施这项法律是一回事，去揭露它的过错，推论它的不当以及阐明为什么应该加以废除或为什么必须用另一项法律来代替，便完全是另一回事。""对于一项坏的法律，我一贯主张（也是我身体力行的）遵守，同时使用一切论据证明其错误，力求把它废除，这样做要比强行违犯这条法律来得好；因为违反坏的法律此风一开，也许会削弱法律的力量，并导致对那些好的法律肆意违反。"❶ 由此，我们可以反过来思考，如果法律都被以"恶法"的理由得不到遵守和执行，将会产生什么样的社会后果？那必然是混乱，法治更无从谈起。所以恶法应该得到遵守和执行，只是要努

---

❶ ［美］潘恩. 潘恩选集［M］. 马清槐，等，译. 北京：商务印书馆，1981：222.

力加以改变。法律的优良性是法的应然性要求，主要体现在立法过程中对立法者的要求，在法的创制过程中应努力体现广大人民的意志，使之成为良法。但法律制定出来后，应该视为良法而遵守，不得随意违反，否则法律的普遍性就无法实现，法治社会也就无法实现。关于"恶法"的遵守和反抗问题，西方理论界提出了一种"公民不服从"理论。根据美国学者的界定，所谓公民不服从是指：在一个民主政治社会中，公民可以根据自己的政治或宗教信念，通过非暴力的方式，拒绝服从某一法律或法规，并且自愿承担因此而导致的惩罚。在中国，由于思想观念上的原因，这个问题还较少受到重视。❶

思考题

1. 某市为加强道路交通管理，规范日益混乱的交通秩序，决定出台一项新举措，由交通管理部门向市民发布通告，凡自行摄录下机动车辆违章行驶、停放的照片、录像资料，送经交通管理部门确认后，被采用并在当地电视台播出的，一律奖励人民币200～300元。此举使许多市民踊跃参与，积极举报违章车辆，当地的交通秩序一时间明显好转，市民满意。新闻报道后，省内甚至外省不少城市都来取经、学习。但与此同时，也发生了一些意想不到的事：有违章驾车者去往不愿被别人知道的地方，电视台将车辆及背景播出后，引起家庭关系、同事关系紧张，甚至影响了当事人此后的正常生活的；有乘车人以肖像权、名誉权受到侵害，把电视台、交管部门告上法庭的；有违章司机被单位开除，认为是交管部门超范围行使权力引起的；有抢拍者被违章车辆故意撞伤后，向交管部门索赔的；甚至有利用偷拍照片向驾车人索要高额"保密费"的等。报刊将上述新闻披露后，某市治理交通秩序的举措引起了社会不同看法和较大争议。（2003年国家统一司法考试试题）

问题：请谈谈你对某市治理交通秩序新举措合法性、合理性的认识。
2. 如何理解法律现代化与法治的基本要求？
3. 思考中国推进法治建设的阻力有哪些？如何克服？

---

❶ 李寿初. 法治的局限及其克服——公民不服从问题研究［M］. 北京：法律出版社，2009.

第十四章 法律与其他社会规范

导读

　　法律只是社会规范的一种，法律由于自身的局限性，不可能解决所有社会问题。社会的有序、稳定运行还需要其他社会规范的共同作用，道德、习俗、习惯、宗教等都是非常重要的社会规范。它们甚至比法律更早出现，一直存在至今并仍发挥重要的作用，重视法治建设绝不能忽视这些社会规范。法律与这些社会规范有很大的差异性，影响的社会领域不同，所以作用上能够互补，但同样也会产生冲突。在法治建设中，应注意充分发挥不同规范在不同领域的合理作用。

第一节 法律与道德

　　法律与道德的关系是法理学中的基本问题之一。法律作为一种特定的社会规范与道德具有很复杂的联系性，但又在与道德的区分中体现其特殊性。法律与道德，是人类社会中两大类基本规范，我们每一个人都时刻生活在法律与道德的调整之中。道德如一位慈爱的母亲，教导我们积极向善，诚信做人；而法律则犹如严厉的父亲，时刻约束我们的行为，督促我们享有权利、承担义务。因此，对法律与道德的基本关系我们应有所了解。

一、作为基本规范的法律与道德

【阅读材料1】

　　（1）2004年10月11日，一名裸褓中的男婴被遗弃在某市一立交桥桥洞下，引来不少群众围观，但没有一个人张开怀抱给予温暖。中午12时，110巡警和120救护车赶到，在冰冷的水泥地上躺了三个多小时的男婴已气绝身亡。

　　（2）2006年，南京的彭宇案引发社会广泛关注，因为害怕被讹诈，多数人选择见死不救。2010年12月，南通市一老太太在超市门口突然晕倒，脖子卡在路边栏杆中间，多人围观而无人敢上前帮扶，待警察赶到后，老太太已经窒息身亡。

　　（3）2011年8月26日，江苏南通司机殷某看到一名年迈的老人倒地受伤，他将车停稳后，下车将老人扶起。这不过是一次普通的善意之举，而这样的好事却一度让殷某很郁闷，因为将老太扶起后，自己竟被人误认为肇事者，还惊动了公安部门。好在车内有监控录像，将他整个救人过程记录了下来，这才还了自己清白。事情经中央电视台披露后引起广泛关注，真相大白后的老人全家倍感内疚。（《扬子晚报》8月30日）

　　什么是道德？一般来说，所谓道德是人们关于善与恶、光荣与耻辱、正义与非正义、公正与偏私、诚实与虚伪等问题的观念以及同这些观念相适应的由社会舆论、传统习惯和内心信念来保证实施的行为规范的总和。道德依靠社会舆论、传统习俗和人们内心信念的力量，保证人们对其规范的遵守。与道德相关的一个词是伦理，从词源上说，"道德"与"伦理"一词相近又有所差异。伦理（Ethic）最早来源于古希腊语。荷马史诗《伊利亚特》中就已经出现并表示生物的长久居留地,由于古代的住所是自然形成的,所以由此引申为住所及与生活场所相关的习俗、习惯、风俗之意。道德(Moralis)则来源于拉丁文"Mores"一词,原意是"习惯"或"风俗"的意思,❶ 最早介绍这个词的西塞罗将亚里士多德伦理学中"伦理"一词进行创造性转译,注入了义务和法则的内涵。因此,道德带有义务性和规范性的含义。尽管如此,"道德"和"伦理"在大多数情况下还是可以作为同义词使用。一般来说,道德往往体现为一种善恶的评价,这样的评价具有地域性或个体性的特征。世界上的不同民族,不同的社群可能拥有可以互相翻译的正义、勇敢、善良等道德评价的语词,但是却可能拥有完全不同的正义、勇敢、善良的内涵。真正有意义的不是那些抽象的道德评价词,而是背后有着特定社会历史基础的内涵。

法律与道德具有非常复杂的关系,但都是社会中的基本行为规范,它们在国家治理和社会活动中相互配合,共同发挥作用。当然,在不同的时代,二者的地位有所差异,比如在中国古代,道德的作用就超越法律,"德主刑辅"是这一点的明显体现。而到了现代社会,随着商品经济的发展和社会关系的复杂化,道德在国家治理中的地位有所下降,法律开始变得更加重要。

二、法律与道德的区别

如果想区分法律与道德,我们可以罗列出许多内容。

其一,从其起源上看,尽管法律与道德都是用来调整人与人之间关系的规范,皆属于随着社会矛盾或社会冲突的出现才出现的纠纷解决机制。但道德的产生早于法律,因为最初的矛盾和冲突的解决依靠的是一种出自实践的习惯,更多是一种观念和道德上的力量。而法律作为一种较道德更明确的规则,则是在道德对很多冲突的解决已不能满足社会需要时产生的,它以国家的产生、诉讼和司法活动的出现为标志。

其二,从其规范表述与概念来看,法律有独特的逻辑结构和严谨、明确的概念,歧义较少,便于遵守、执行。而道德概念往往比较抽象,在抽象的语词之下可能蕴含多种含义。而且道德规范也不具有明晰性,其表达因对道德的理解不同而并没有统一的逻辑结构,内容比较模糊。

其三,从其调整范围看,首先,法律只对人的行为进行评价,并不涉及人的思想领域,但是道德规范可能涉及人的思想领域,要求人们形成正直的情感和善

---

❶ 何怀宏. 伦理学是什么? [M]. 北京:北京大学出版社,2002:11.

良的品德；其次，法律只规范那些严重损害他人利益与人身的行为，像没有造成严重后果的说谎行为并不在其规范的范围之内，而道德规范却要求具有普遍性的"不可说谎"。

其四，从其调整方式来看，道德侧重于义务规范，是以义务为本位的。比如阅读材料中反映出来的"应帮助别人"或"助人为乐"问题，就是社会对个人提出的一种义务性要求，但社会并没有同时赋予相应的权利。而法律除了义务性规范之外还有很多授权性规范，是权利义务的双向规定为调整机制。从根本上说，现代民主法治社会中的法律是以权利为本位的规范。

其五，从其调整结果上看，道德是对人们行为之是非善恶的评价，这种评价更多的是一种观念和舆论的力量；而法律则是对人们的行为作出肯定或否定的评价，被法律否定的行为，将会受到法律的惩罚，直接造成当事人身体与精神的痛苦或财产的损失，它以国家暴力作为坚强后盾，有着强大的威慑力。

但是，仅仅明白区分是不够的，我们同时需要明了法律与道德的联系以及各自的界限。只有这样，我们才能对法律与道德的调整范围有更明确的认识。

三、法律与道德的联系

其一，道德规范与法律规范有相当大的重合。"并没有一种单纯的、仅仅是道德行为，其他什么也不是的道德行为❶。"在很多情况下，对于某一特定社会行为，我们可以发现很多道德与法律作出相同的评价，其原因在于法律是最低限度的道德，像"不可杀人""不可偷盗"既是一种道德规范同时又是一种法律规范。因此，就法律的内容而言，道德具有重要的意义：法律不能违背基本道德准则，所以法律又被称为"底线伦理"。一般来说，在社会生活的发展中，有些道德原则随着社会生活的变化，需要上升为法律才能更好地调节人们的行为和社会关系，于是便通过立法程序或其他合法方式转变为法律规范，如民法上的诚信原则如今已经成为不可动摇的"帝王条款"，有些国家和地区将见义勇为、拾金不昧行为纳入法律调整的范围，对医院和医生职业道德要求的某些内容上升为法律等；而法律原来调整的某些内容也随着社会观念的变化和现实生活的需要而脱离法律的调整范围，成为道德规范的调整内容，如关于通奸、同性恋、卖淫等的规定，在很多国家已不再是法律调整的内容。

---

❶ 何怀宏：伦理学是什么？[M]. 北京：北京大学出版社，2002：18.

【阅读材料 2】

沃尔芬登报告[1]

20 世纪 40 年代开始，英国的同性恋人增多。但在传统的法律中，同性恋一直为法律所禁止甚至要受到非常严厉的制裁。为了争取自己的合法权利，英国同性恋者成立了组织，并开展了长期的斗争。1954 年，英国议会任命了一个特别委员会——同性恋与卖淫调查委员会（即沃尔芬登委员会），来调查同性恋与卖淫问题，并就此提出了法律改革的立法建议。该委员会在 1957 年提交了报告，建议改革有关同性恋与卖淫的刑法。其主旨是：不应该继续把同性恋与卖淫行为作为犯罪进行惩罚，但是应该通过一项法律禁止公开卖淫。报告说，"我们认为，它（刑法）的功能是在于维护秩序及体面的行为，对公民进行保护，使他们不受到侵犯和伤害，并且提供了充分的安全措施以防止剥削和腐化他人，尤其是对于那些因为年轻、身心较弱、没有经验，或者是特别在现实上、身份处境上以及经济上要依赖他人者……成年人之间同意且在私下进行的同性恋行为，不应该再被视为犯罪……在私人道德领域，社会与法律应该给予个人选择及行动的自由……法律应当留下一个属于私人道德与不道德的领域，这个领域，简言之，不关法律的事。"最后，"沃尔芬登报告"中的建议得到立法上的贯彻和体现，同性恋不再被视为犯罪行为。

其二，完全脱离一定社会的道德基础的法律并不能得到很好的遵守。道德是法律实现调整作用的支柱之一。良好的法律有利于人们内心的信服和有效的遵守。"道德在逻辑上先于法律。没有法律可以有道德，但没有道德就不会有法律。这是因为，法律可以创设特定的义务，却无法创设服从法律的一般义务。……它必须以它竭力创设的那种东西的存在为先决条件，这种东西就是服从法律的一般义务。这种义务必须、也有必要是道德的。……一种实在法体系要成为实在，就只有在道德已然是人们实际关注的东西的地方，……假如没有服从法律的道德义务，那就不会有什么堪称法律义务的东西。所能有的只是以暴力为依托的法律要求。"[2]

对法律是否是良法的评价，人们往往依据的是一种道德性的价值，它可以是体现在文字上的或人们行为中的明确规范，也可以是人们内心的某种态度和信念。例如交通规则，是现代城市生活中必不可少的一项法律制度，对于它的遵守必然会使人类生活更为便捷、安全与有序，亦能增进人们的幸福，因此，交通规

---

[1] 朱力宇. 法理学原理与案例教程 [M]. 北京：中国人民大学出版社，2010：417.

[2] [英] 米尔恩. 人的权利与人的多样性——人权哲学 [M]. 夏勇，张志铭，译. 北京：中国大百科全书出版社，1995：35.

则是一种良法，应该被我们所遵守。但是，并不是所有的法律都是良法。公民的守法也不是盲目的遵从，而是一种规范意识与理性选择双重作用的结果。良法与公民守法可以说是相辅相成的，良法使公民愿意遵守，同时公民的遵守又使良法的价值在现实中得以实现。

【阅读材料3】

(1) 柏拉图的《申辩篇》中记载，公元前399年，苏格拉底以莫须有的罪名被他的同胞判处死刑，苏格拉底认为这是不公正的审判，但同时拒绝了反抗这一不公正。他认为，当你自愿生活在一个国度的时候，你已作出了守法的承诺，即使个别法律不公，整个法律仍是保护你的利益的，如果你反抗不正义的法律，就是反抗了整个法律，这是不公正的。于是，苏格拉底放弃了逃跑的机会，从容接受死刑。(有关此案的详细介绍见本书"导论"部分)

(2) 古希腊著名悲剧作家索福克勒斯在其剧作《安提戈涅》中描绘了这样一个故事：色班人安提戈涅的兄弟波利尼克斯作为一个背叛祖国的人在一场战争中战死，于是色班的统治者克瑞翁代表国家宣布：谁也不得哀悼波利尼克斯，不得埋藏他的尸体，任凭乌鸦和野兽啄食他的身躯。但是，安提戈涅认为：宙斯从没有宣布过这样的法律，正义之神也没有制定这样的法令让人们遵守，一个凡人的命令不能废除天神制定的永恒不变的律条，自然法的存在不限于今日和昨日，是永久的。神的法令要求其不能让自己的兄弟暴尸野外，其有责任以一定的仪式安葬自己的兄弟。最后，安提戈涅毅然违反克瑞翁的命令按照当时的仪式安葬了波利尼克斯。

从上面两个案例比较来看，苏格拉底之死通常被认为是理性的希腊人、雅典城邦的耻辱，苏格拉底尽管被判处死刑，他并不认同这样的判决，但是当有机会逃脱时他却选择遵守法律；而安提戈涅则不是，她认为国王的实在法不能违背自然法，因此，她选择遵守自然法。早期的自然法观念是一种自然秩序，后来转变为实体的道德观念。

其三，司法审判过程中，因为法律本身具有滞后的特性与可能存在的法律漏洞，道德能起到补充性的规范作用。美国著名法学家德沃金认为，法律规范是由规则、原则等要素组成的。❶ 法律原则具有一定的道德性，如不得从其错误行为中获利、公平正义、刑法上的无罪推定、法不溯及既往，都体现了对人性的关怀

---

❶ [美] 德沃金. 认真对待权利 [M]. 信春鹰, 吴玉章, 译. 北京: 中国大百科全书出版社, 1998: 116—119.

和对人的充分尊重，有着浓厚的道德意味。在解释和适用法律的概念和标准时，也不可避免地涉及法律应当是什么，法律的作用是什么等道德和正义问题。这个问题同样也是自然法学派与分析实证主义法学派争论的焦点之一。自然法学派和现代的包容性分析实证主义派认为道德理由和法律理论对于裁判的作用是相同的，但是排他性的分析实证主义派认为道德理由可以成为法官衡量判决结果的要素，但是不能直接作为判决的依据，否则法律的基础就建立在道德之上，可能导致泛道德化的不良后果。

尽管法律的运行和对法律正当性的判断需要借助道德的力量，我们必须注意的是：因为道德评价的抽象性和具有丰富的不同内涵的特性，所以当运用道德语言化的法律原则进行裁判之时，需要警惕道德语言解说者的个人倾向导致的对法律的破坏，裁判的基础必须基于法律规则。这是法律与道德之间非常重要的区别。法律有独特的逻辑结构和严谨、明确的概念。如果法律规范的含义是暧昧不明的，或者像道德语词一样可以有广泛的理解，那么，带来的结果可能是无法保证法的正当运行，更可能是国家权力的滥用。这一点可以通过纳粹时期的司法理念体现出来。

【阅读材料4】

（纳粹法官）审理案件：这些人"生活在人民之中，与人民感同身受，在健康的人民感受中追寻最原初之公正"。一名法官"真正的本性和种族倾向"应"使其成为立法者之一部分并成为其不可或缺的一部分"；并使其成为"与其所有法律界同仁一样坚信情感与意志能够和谐统一"的人。法官的工作"不应受武断的判决或形式主义的、抽象的法律稳定原则所围，而是应找到在法律中得以表达的、并由元首来代表的人民法律观的明确原则（如果必要的话）及其限制"。对这类司法工作者而言，自启蒙运动以来所以只追求的法官的理智、公正值得质疑。"抽象的、实证主义思维"在他们看来是"无可救药、无所寄托和无能为力"的表现。新型的法官判案"不应基于对案件因素的分析调查，而是从整体着眼抓住其本质并具体地掌握之"。……法律的新形式"并不能单靠逻辑推理来达到，……而是靠人民之一员以其与人民的亲密血缘来感受和经验的"。……正因为此，法律应该有意以含混的措辞表达："总则、类推的适用、将健康的人民意见作为法律渊源之一。"……这个屡被引用、并被认为只有"最终以经验和忠诚的世界观"来理解的"本质违法"的观点到底是个什么东西呢？❶

---

❶ [德]英戈·穆勒. 恐怖的法官——纳粹时期的司法 [M]. 王勇，译. 北京：中国政法大学出版社，2000：66—69.

很多人认为，法律实证主义应该为纳粹极权负责，但是事实并不完全如此，从这个事例看来，很多情况下，纳粹时期的法律体现的恰是一种纳粹道德取代了法律规则的结果。因此，对于道德的作用，我们必须保持谨慎的态度。只有当法律规则已经穷尽，并且根据个案的正义，基于某一原则创设例外规则之时，必须有更强的理由，我们才可以推翻法律规则的安定性价值。

第二节　法律与习惯

在主要依赖国家制定法的现代社会中，除了国家法，一些习惯也在发生着规范作用，应该予以重视而非回避。

【阅读材料5】

国内自1988年上海首次实行禁放烟花爆竹以后，截至1996年，已经有93个城市相继禁放，到2005年，禁放城市数量上升到282个。但在实际效果上，禁放大都时好时坏，或限或废，一直是春节期间各地政府执法的沉重负担。截至2005年，全国先后有105个城市解禁。2005年春节过后，据媒体报道，北京市政府将修改《北京市关于禁止燃放烟花爆竹的规定》，禁放有可能改为限放。就国外情况看，尽管美国、新加坡等国也有禁放的法律，但这些法律同样面临这执行上的困难。2004年1月3日，新加坡实施禁放34年后，首次允许在庆祝牛车水的亮灯及年货市场开业仪式上燃放鞭炮，而且在除夕夜再度破例。20世纪末，经过华人两年多的努力，美国唐人街的哥伦布公园开始允许燃放"卫生鞭炮"。面对法律的尴尬结果，人们不禁会问，习惯为什么显得如此顽固？

一、习惯与习惯法

习惯乃是为不同阶级或各种群体所普遍遵守的行动习惯或行为模式。它们所涉及的可能是服饰、礼仪或围绕有关出生、结婚、死亡等生活重大事件的仪式，它们也有可能与达成交易或履行债务有关。可能还有一切其他种类的习惯，从更为明确和更为严格的意义上讲这些习惯被视为是人们的一些具体义务和责任。这类习惯可能会涉及有关婚姻和子女抚养的责任、遗产的留传、或缔结履行协议的方式等问题。这类习惯所涉及的并不是社会常识、外在礼仪或审美等问题，而是重要的社会事务，亦即为了确保令人满意的集体生活而必须完成的工作。在中文语境中，"风俗"和"习惯"往往相关联，可以互换。

中国社会中的习惯并不必然具有规范性的效力，也就是说，它并不能直接被称为习惯法。它必须通过一定的程序、具备一定的条件才能成为法官判决的法律渊源。有人认为，中国社会中的习惯必须满足以下4个条件才可能具有法律上的效力：(1) 相当长时期以来确有人们惯于遵行的事实；(2) 其内容有比较明确的规范性；(3) 现行法没有关于该项行为的规定，且与现行法基本原则没有抵触；(4) 需经国家认可并由国家强制力保证其实施。❶ 但是，另有一种观点认为，习惯法是在法律社会学的基础上的一种"活法"概念，在日常生活中，那些风俗习惯还是在发生着调整人们生活秩序的作用，甚至有的时候比国家法更为人所接受和更有实效，因此习惯法这样的说法是可以成立的。但是，对社会生活起着规范作用的并不仅仅是风俗习惯，也包含伦理道德等，但是显然我们不能一概而论将之称为"法"，如果将其称之为"习惯法"，反而容易混淆。而且在当代中国以国家法为主的社会中，但凡不与现行法冲突，并且现行法没有该项行为的规定之时，习惯才可能通过相应程序获得法律的效力，才能够最后以国家制定法作为保障。在这样的情形下，我们并不必要必须提出一个习惯法的概念。

二、习惯与法律的区别与联系

第一，从起源上看，法律是在习惯规则的基础上发展起来的，两者有密切的联系。法的起源有一个从氏族习惯到习惯法、又从习惯法到成文法的演变和发展过程。初期的法律主要是对习惯的机械记载。习惯也是自然形成的，"它并不经过起草、辩论和随后的批准或否决的过程。相反，它缓慢地生长，最终形成一种未经清楚表达的合意，表明某些行为是允许的，某些行为是不允许的，以及某些事是对的，某些事则是错的。人们凭借并遵循这种合意自然而然地生活"❷。但在法律的发展中，人的理性思维能力开始对法律规则进行能动的创设，自觉地选取适当的习惯，通过一定的程序进行法律技术上的设计，体现为立法活动和制定法。现代社会的法律制度更多地体现为制定法。

第二，从适用的范围上来看，现代社会的法律适用于一定地域中的全体居民，一般遵循属地主义的原则，适用范围较宽。而习惯则出自特定的社会区域，它只对该地区的全体成员有效，各个社会成员之间往往存在一定的人身上的联系，遵循"属人主义"的原则，作用范围非常有限，在一定的边界范围内，习惯

---

❶ 中国大百科全书·法学卷 [M]. 北京：中国大百科全书出版社，1984：87.
❷ [美] 肯尼思·W. 汤普森. 宪法的政治理论 [C]. 张志铭，译. 北京：生活·读书·新知三联书店，1997：8.

能有效的维持社会秩序,但超出特定的边界,习惯的作用就不大了,而且变得具有很强的个体性。

第三,从调整的内容来看,法律与习惯有着明显的界限。法律主要针对最基本、最主要的社会关系,也就是必须要由国家法运用强制性规范予以确定和调整问题,比如刑法所调整的社会关系就是如此,对这类社会关系,国家法必须不折不扣地站稳立场,归于国家法律秩序的范畴。相对来说,习惯属于具有强烈的"地方性知识"和民间色彩的社会规范,具有更大的模糊性,调整的领域更多与民众的基本生活有关,它可以依靠人们在长期交往过程中形成的风俗、习惯、人情、伦理来解决。因此,在这类社会关系中,国家法并不是不在了,而是隐退的、第二等好的,它不强求干预和追寻主动出击,而是实行不告不理,把握住最后一道防线。

【阅读材料6】

1929~1930年的《中华民国民法》采用了1900年的德国民法典的男女继承权平等的法则(第1138条)(《六法全书》,1937)。从法律条文的表面来看,农村女儿对家庭土地和住宅的继承权在法律上是和兄弟们平等的。但是,在实际运作之中,法律条文并没有起到其字面意图的作用。首先,正如白凯在《中国的妇女与财产》书中指出,即使是在城市,新法律条文也只适用于死后的财产分割,而并不影响生前的财产分割。我们知道,当时农村家庭一般都在父母亲生前由兄弟们分家,而这并不违反新法律条文,因为根据新法律的基本精神,拥有所有权的个人是可以没有约束地在其生前处理其财产的。正因为农村人大部分于生前便分家,新法律条文关于死后的继承规定对农村实际生活影响十分有限。至于当时农村社会中相当普遍使用的"养老地"习俗——即在生前分家时便分出部分土地用来支付父母亲生前养老以及死后殡葬的花费(即农民之所谓"生养死葬")——也同样不受新法律的继承法原则影响。总的来说,民国时期中国农村在遗产继承方面仍旧是按照传统习俗进行的。这个事实背后的道理很明显:当时农村女子一般仍旧是出嫁到别村的,而家里老人的养赡长时期以来都由留村的儿子承担。在这样的客观社会现实之下,如果出嫁的女儿真能根据新法律条文而分到与兄弟们相等的份地,立刻便会威胁到父母亲赖以养老的土地,无论是家庭的农场还是特地拨出为养老用的"养老地"。在农村小农经济长时期延续的现实之下,耕地仍然主要是一家所有而不是个人所有,它是全家人的生活依赖,是父母亲倚以抚养孩子的生活源泉,也是父母亲赖以养老的主要资源。女儿们,正因为大多是"出嫁"的,不大可能肩负起对双亲的养赡。双亲老年要依赖留村的儿子

生活。正因为如此，一家土地的继承权一般必须给予儿子而不是女儿。❶

第三节 法律与宗教

因此，为了明了法律的特性，我们还需要比较法律与宗教的联系与区别。

【阅读材料7】

神吩咐这一切的话，说："我是耶和华你的神，曾将你从埃及地为奴之家领出来。

"除了我以外，你不可有别的神。

"不可为自己雕刻偶像；也不可作什么形像仿佛上天、下地和地底下、水中的百物。……

"不可妄称耶和华你神的名；因为妄称耶和华名的，耶和华必不以他为无罪。

"当记念安息日，守为圣日。……

"当孝敬父母，使你的日子在耶和华你神所赐你的地上得以长久。

"不可杀人。

"不可奸淫。

"不可偷盗。

"不可作假见证陷害人。

"不可贪恋人的房屋；也不可贪恋人的妻子、仆婢、牛驴，并他一切所有的。"

——《圣经·出埃及记·十诫》

《摩西十诫》既是希伯来人的经典法律，也是人类最早期的法律成就之一。它初步成就了犹太教的教规、教律与礼仪，规定出一些主要的宗教节日，并在此基础上，演绎出一整套指导犹太人3300多年社会生活的权威律法——《犹太法典》。从这个例子来看，我们可以说，法律的历史离不开宗教，传统的西方法律观念有许多是以宗教文化为背景，而且，法律亦可以被奉为一种社会信仰，这也与它和宗教长期保持一种密切的联系分不开。

---

❶ 黄宗智.经验与理论——中国社会、经济与法律的实践历史研究［M］.北京：中国人民大学出版社，2007：387—413.

一、宗教对法律影响

有人说宗教源于恐惧，源于人对死亡的恐惧。作为一种重要的文化现象，宗教伴随人类从童年走到了今天。那么，何谓宗教？中文的"宗教"二字合并形成宗教的特定概念是佛教传入中国之后的事情，意为崇奉佛陀及其弟子的教诲，《景德传灯录》中有"（佛）灭度后，委付迦叶，辗转相承一人者，此亦盖论当代为宗教住，如土无二王，非得度者唯尔数也"。其中"宗"是指佛陀弟子所传，"教"乃指佛陀所说。而宗教的现代含义则来自于西文"Religion"。一般来说，对于宗教的理解可以分为三层，处于最深的层次的为宗教的思想观念，包括宗教的情感和体验；处于中层的是宗教的崇拜行为和信仰活动；处于最外层的则是宗教的组织与制度，它标志宗教行为的规范化、程式化、机构化和制度化。❶ 宗教是一种以神为核心，以生与死、今生与来世、此岸与彼岸的关系为主题的哲学思想、文化现象、意识形态和社会规范体系。在人类历史上，随着社会的发展，曾出现过各种各样的宗教。现代宗教主要分为三大流派：佛教、基督教和伊斯兰教，均为一神教，我国是多宗教国家，除了外来的宗教，还有本土宗教道教。

从法律的产生和发展来看，在一定意义上，我们可以说宗教是法律的导师和伴侣。❷ 在历史上，宗教对法律的前身——原始社会习惯——产生过巨大的影响。进入阶级社会以后，原始社会的习惯逐步上升为奴隶社会的法律，在人类早期乃至现代的法律中，都流淌着宗教的血液。古代社会中，很多法律本身和宗教戒律重合，到现代，虽然科技已经证明了无神论，但宗教对法律仍有重要影响，比如宗教信仰对于公民的法律信仰的形成就具有重要作用。

二、法律与宗教的联系与区别

（一）宗教与法律的联系

1. 法律的起源与宗教密不可分

宗教是一种历史现象，它在国家和法出现以前就已产生。恩格斯指出："宗教是在最原始的时代从人们关于自己本身的自然和周围的外部的自然的、最原始的观念中产生的。"❸ 有一种观点认为，宗教的起源与神灵观念密不可分。灵魂的独立与分离推及人之灵魂和万物的灵魂，就人的一面发展为祖先崇拜或鬼魂

---

❶ 卓新平. 宗教理解［M］. 北京：社会科学文献出版社，1999：4—11.
❷ 舒国滢. 法理学阶梯［M］. 北京：清华大学出版社，2006：403—404.
❸ 马克思恩格斯选集（第 4 卷）［M］. 北京：人民出版社，1995：250.

论，形成氏族神、部落神。而万物有灵论则是发展出天体神、自然神、动物神等等。在宗教进化过程中，多神论逐渐转变为一神论，发展为现代宗教。从人类的心理学和社会学来看，宗教的起源则是在于人们的恐惧心理和敬畏心理，这种心理需要是属于人的内在需求，也是人之社会共存的外在必要，宗教的崇拜和礼仪、信条和戒律，均是为了维护社会本身的生存及其结构的稳固。因此，一些图腾崇拜、禁忌、巫术尽管和现代宗教有着形式上的明显差别，但在初民社会中，法律与这些原始的宗教形态往往是混为一体的。而且，很多古代法典直接就是神授之法，具有法律效力，像《汉谟拉比法典》《摩奴法典》《摩西十诫》都是一种神法。古代社会中的一些国王颁布的法令也会带有浓厚的宗教色彩，包含许多宗教的内容，如成吉思汗颁布的《大扎撒令》中就有蒙古萨满教的内容。

2. 人们对于法律的认识也与宗教密不可分

古罗马犹太教思想家斐洛在他的《论律法》一书解读《摩西十诫》时说："律法不是某个人发明的，而非常清楚地是神的神谕，这非常必要，所以，他领着这个民族远离城邑，进入旷野深处，那是个不仅没有种植的果子，甚至连饮用水也没有的地方，好让他们在生活必需品匮乏、以为要死于饥渴之时，突然发现自动产出的大量食物——天上降下称为吗哪的食物，空中落下鹌鹑，给他们打牙祭；苦水变甜，适宜饮用，磐石开裂，流出清泉——就再也不会怀疑律法是否真的是神的话语，因为他们在匮乏之中得到如此意想不到的供应，就已经看到真理的最清晰的证据。"❶

在古希腊神话中，宙斯的职责之一就是城邦和法律的监护人。宙斯的第二个配偶特弥斯，是掌握公共秩序或社会制裁的女神，好战的宙斯和特弥斯的结合，可能既体现了积极主动地执行法律和社会稳定、安全的理想之间的区别。源远流长的自然法思想也具有浓厚的宗教色彩。著名的悲剧《安提戈涅》中也这样吟唱："如果我被宣告触犯了尊严——躺在我所爱戴的弟弟身旁我就满足了。如果你能够活着；那么，你就活着，藐视天堂最神圣的法律。"

宗教的平等、正义、自由价值观已在法律概念中生根。这种平等、正义、自由宗教精神被西方奉为法律的本质精神。如《法国宪法》序言中庄严宣告：自由、平等、博爱是宪法的精神，这种精神已与法律精神融为一体。宗教精神已经得到立法者的认可，民众的接受。西方的宗教生活已与法律生活或暗或明地结合起来，人们在教堂里接受宗教洗礼的同时，也同时在接受法的陶冶，因为在西方

---

❶ [古罗马] 斐洛. 论律法 [M]. 石敏敏，译. 北京：中国社会科学出版社，2007：3.

法的精神与宗教信仰已经很难把它们加以区分。

3. 宗教观念深厚地影响着法律的作用

前文的《摩西十诫》中也鲜明的体现出平等的"人神契约"的思想。神既有被人民独尊的权利，也有要保护自己的子民的义务；而人既要有敬神的义务，却也有"神不佑我，我及弃之"的权利，而这神圣的契约一旦签订，则无论是人或神都不能随意撕毁，谁要毁约，必遭到上天的严厉惩罚。可以说，这种"上帝之约"便是18世纪欧洲法学家们的"社会契约"的先声，也正是三千多年来，西方社会遵约守法、重合同、守信用等社会道德风气的一个深厚的渊源。

流行于西方国家的各种法律誓词也深受宗教影响。人们在法庭作证都是要手按《圣经》发誓的，中国古代诉讼前也有"盟诅"一说。这无非是借助于宗教的力量，强迫人们讲真话。因为它的理论预设是上帝是全知全能的，它不仅知道现在而且还知道过去和未来。它不仅能知道人们做了什么，而且更知道人们在想什么，因而在上帝面前讲假话是逃不过末日审判的。在美国，《圣经》是最普及、最实用的宗教典籍，它既是教徒们崇拜的圣物和现实指南，又是国家官员举行盛大典礼活动时寻章觅句、圣化自己立场、理论和行为的经典。在总统就职典礼中，不仅要由著名牧师主持祈祷仪式，而且新任总统要手按《圣经》宣誓就职，重大的国务活动一般都伴有宗教仪式。上帝的影子更是随处可见：在华盛顿纪念碑上镌刻着"赞美主"（Praise be to God）；在美国最高法院首席大法官坐椅的上方，"美国之鹰"护卫着圣经"摩西十诫"；在法庭前庭竖立着摩西等"伟大立法者"的石雕；"我们信仰上帝"（In God We Trust）的神圣誓言，被刻入国玺之中，被镌刻在国会大厦的石壁上，并被编入美国国歌，并印在美元之上。实际上，许多国家规定的法律誓词都体现了宗教对法律的影响。如公元前9世纪英国的盎格鲁—萨克逊法律中就有如下的规定，索赔被盗财物原告的誓词："我在上帝面前宣誓指控他就是盗窃我财物的人。这既不是出于仇恨、妒忌或其他非法目的，也不是基于不实所言或信念。"被告人的誓词"我在上帝面前宣誓，对于他对我的指控，我在行为和意图上都是无罪的。"助誓人的誓词："我在上帝面前宣誓，他的证词是清白和真实的。"❶

法律与宗教的之所以有着深深的纠缠，其原因正如美国学者伯尔曼所言："法律不只是一套规则，它是人们进行立法、裁判、执法和谈判的活动。它是分配权利与义务、并据以解决纷争、创造合作关系的活生生的程序。宗教也不是一

---

❶ 樊崇义. 证据法学 [M]. 北京：法律出版社，2000：25.

套信条和仪式,它是人们表明对终极意义和生活目的的一种集体关切——它是一种对于超验价值的共同直觉与献身……法律赋予宗教以社会性,宗教则给予法律以其精神、方向和法律获得尊敬所需要的神圣性。在法律和宗教彼此分离的地方,法律很容易退化为僵死的法条,宗教则易于变为狂信。"❶

(二) 法律与宗教的区别

宗教与法律毕竟是两种不同的规范,在终极目标、调控手段上都有所不同。法律是由国家制定和认可的,对权利义务进行分配并以解决社会纠纷为目的的一些规则和制度。因而它对社会的调控主要是以国家强制力为后盾,它注重解决现实社会中的实际问题,尤其是那些重大的社会现实问题,它的终极目标是建立法治社会、法治国家,形成法律至上的权威。而宗教则是人们的一种内心确信,是人们关于社会生活的终极意义和目的。宗教基于直觉上的宗教情感体验,是人们对生活终极意义的个人信仰。宗教的宗旨在于对超自然力的信仰,并由此获得精神上的慰藉,它侧重解决人们精神领域的苦恼与痛苦,而且往往使人们对现世的不满寄托在在未来世界的家园中得以释放和解脱。宗教常常是通过一些信条和仪式,使人们确立一些基本的价值观与信念,每个宗教或教派教义不同,以特定的民族和人群为传教对象。具体而言,法律与宗教的区别主要表现在:

(1) 产生的社会条件不同。宗教产生的较早,伴随着人类的产生开始萌芽,当时生产力极其低下,人类认识自然的能力非常有限,不可能正确的认识周围的世界,对于他们不能解释的现象,就认为有某种神秘的力量存在,于是产生了原始宗教。而法律是随着生产力发展到一定水平,文明比较发达,出现了私有制、国家后才形成。

(2) 两者的作用对象不同。法律着重支配和约束人们的外在行为,不涉及内心世界,以实现人在法律上的权利义务。而宗教则侧重支配和约束人们的内心观念,宗教观念更多体现出对人们的义务性要求。

(3) 创制的主体不同。法律是国家意志的体现,是由国家制定或认可的。宗教戒律则被认为是神意的体现,有的是在长期的宗教生活中自发形成的,有的是由宗教组织或宗教领袖以神的名义所制定的。

(4) 调整的范围不同。法律调整的范围比较广泛,规定了公民与公民、公民与国家、公民与社会之间的权利义务关系,涉及政治、经济、文化生活的各个领域重要的社会关系。宗教戒律则主要调整与宗教组织、宗教活动等有关的社会关

---

❶ [美] 伯尔曼. 法律与宗教 [M]. 梁治平,译. 中国政法大学出版社,2003:12.

系，主要是教徒与教会组织、人和神之间的关系。法律具有较为普遍的适用性，以属地主义为主；而宗教则是适用于教徒，以属人主义为原则。

（5）实现的方式不同。法律的实施依赖于特殊的运作机制、操作规程和技术手段，由专门的国家机关进行，以国家强制力保证实施的行为规范。法律的制裁通过现实的制度实现，如果一个人犯有杀人罪，那么应该由法律秩序所规定的特殊国家机关对杀人者采用法律规定的强制措施。宗教则主要依靠教徒的内心信仰、皈依自觉贯彻执行其教理、教义和教规。宗教的制裁属于先验的制裁，不是社会有组织的制裁，这种制裁的效果依赖于人们对超人权威的存在与权力的信仰。

三、现代社会中的法律与宗教

从某种意义上来说，在西方社会，宗教与法律之间联系的纽带并未彻底丧失，两者决非彼此疏离，互不相干，而是从不同的方面调整着社会秩序。所不同的是，法律在社会中发挥着更为醒目的作用，它更为"务实"；而宗教则仍旧具有将现实社会与超越社会的一种价值联系起来的力量，给一切信奉者提供生活意义，它更偏重于人的尊严、自由、平等、信守个人的角色、尊重合法权威以及遵纪守法等。但是，尽管法律和宗教有着密切的联系，他们的区别也是显而易见的。现代民主法治国家往往是世俗国家，坚持和实行宗教与国家政治生活及教育相分离的原则，规制社会的主要工具是法律，法律体现为一种民众的共识，而非某个教派的特殊教义。如果现代社会依然以宗教作为其行为的准则，那么可能导致的结果只有两个：一个是不同宗教、不同教派之间的纷争；另一个就是一元宗教的独裁，这都不符合现代民主国家民主、自由、平等的精神。因此，对于法律和宗教的关系现代国家往往保持两条原则：宗教信仰自由和国家的宗教中立性立场。

在现代社会，宗教信仰自由已经成为一项基本人权。1948年联合国大会通过的《世界人权宣言》第18条规定："人人有思想、良心和宗教自由的权利；此项权利包括他的宗教或信仰的自由，以及单独或集体、公开或秘密地以教义、实践、礼拜和戒律表示他的宗教或信仰的自由。"1966年的联合国通过的《公民权利和政治权利国际公约》第18条亦有类似的规定。1981年联合国大会还专门通过了《消除基于宗教或信仰原因的一切形式的不容忍和歧视宣言》，其中规定凡在公民、经济、政治、社会和文化等生活领域里对人权和基本自由的承认、行使和享有等方面出现基于宗教或信仰原因的歧视行为，所有国家均应采取有效措施予以制止及消除；所有国家在必要时均应致力于制定或废除法律以禁止任何此类歧视行为；同时，还应采取一切适当的措施反对这方面的基于宗教或其他信仰原因的不容忍现象。美国的1791年通过的宪法第一修正案中也有明确规定：国会不得制定关于下列事项的法律，建立宗教或禁止宗教自由。在美国，宪法和法律保障民众有充分的宗教信仰的自由，宗教信仰自由被列入到人的最基本的权利之中。

在中国，《宪法》第36条也有关于宗教信仰自由的规定："中华人民共和国公民有宗教信仰自由。"此外，《澳门特别行政区基本法》第34条也规定："澳门居民有信仰的自由。""澳门居民有宗教信仰的自由，有公开传教和举行、参加宗教活动的自由。"对于宗教信仰自由，现代社会需要法律予以保障。宗教信仰自由意味着信仰与不信仰的自由，教徒与非教徒、宗教与宗教之间不受到歧视的平等对待。但是，即便国家法律对于宗教信仰自由进行保障与尊重，两者之间也存在着冲突。在发生冲突之时，法律应具有终极的规范性效力。

【阅读材料8】

法律不只是一套规则，它是人们进行立法、裁判、执法和谈判的活动。它是分配权利与义务、并据以解决纠纷、创造合作关系的活生生的秩序。宗教也不是一套信条和仪式，它是人们表明对终极意义和生活目的的一种集体关切——它是一种对于超验价值的共同直觉的献身。法律有助于为社会提供维持其内部团结所需要的结构和完型；法律以无政府状态为敌。宗教则有助于给予社会它面对未来所需要的信仰；宗教向颓废开战。

这是社会关系的——也是人性的——处于紧张关系中的两个方面：法律以其稳定性制约着未来；宗教则以其神圣观念向所有既存社会结构调整。然而，它们同时又相互渗透。一个社会对于终极之超验目的的信仰，当然会在它的社会秩序化过程中显现出来，而这种社会秩序的过程也同样会在它的终极目的的意识里看到。……法律赋予宗教以社会性，宗教则给予法律以其精神、方向和法律获得尊敬所需要的神圣性。在法律和宗教彼此分离的地方，法律很容易退化为僵死的法条，宗教则易于变为狂信。

——［美］伯尔曼：《法律与宗教》

思考题

1. 由于社会中见死不救现象的增多，早在2001年的全国人民代表大会上，就有32名代表提议增加刑法罪名，建议把"见危不救和见死不救罪"加入刑法。

对此，从法律与道德的关系谈谈你的看法？

2. 道德与法律都属于社会规范的范畴，都具有规范性、强制性和有效性，道德与法律既有区别又有联系。下列有关法与道德的几种表述中，哪种说法是错误的？（2002年统一司法考试试题）

A. 法律具有既重权利又重义务的"两面性"，道德具有只重义务的"一面性"

B. 道德的强制是一种精神上的强制

C. 片面强调法的安定性优先是错误的

D. 法律所反映的道德是抽象的

3. 下列关于法与道德、宗教、科学技术和政治关系的选项中，哪一项表述不成立？（2003年统一司法考试试题）

A. 宗教宣誓有助于简化审判程序，有时也有助于提高人们守法的自觉性

B. 法具有可诉性，而道德不具有可诉性

C. 法与科学技术在方法论上并没有不可逾越的鸿沟，科学技术对法律方法论有重要影响

D. 法的相对独立性只是对经济基础而言的，不表现在对其他上层建筑（如政治）的关系之中

4. 2007年，张某请风水先生选了块墓地安葬亡父，下葬时却挖到十年前安葬的刘某父亲的棺木，张某将该棺木锯下一角，紧贴着安葬了自己父亲。后刘某发觉，以故意损害他人财物为由起诉张某，要求赔偿损失以及精神损害赔偿。对于此案，合议庭意见不一。法官甲认为，下葬棺木不属于民法上的物，本案不存在精神损害。法官乙认为，张某不仅要承担损毁他人财物的侵权责任，还要因其行为违背公序良俗而向刘某支付精神损害赔偿金。

结合材料，谈谈你对这件事情的看法。

参考文献

[1] 孙笑侠. 法理学导论 [M]. 北京：高等教育出版社，2004年.

[2] 刘星. 法理学导论 [M]. 北京：法律出版社，2005年.

[3] 杨春福. 法理学 [M]. 北京：清华大学出版社，2009年.

[4] 舒国滢. 法理学阶梯 [M]. 北京：清华大学出版社，2006年.

[5] 徐永康. 法理学 [M]. 上海：上海人民出版社，2003年.

[6] 公丕祥. 法理学 [M]. 上海：复旦大学出版社，2002年.

[7] 张文显. 法哲学范畴研究（修订版）[M]. 北京：中国政法大学出版社，2001年.

[8] 朱力宇. 法理学原理与案例教程 [M]. 北京：中国人民大学出版社，2010年.

[9] 张中秋，杨春福，陈金钊. 法理学 [M]. 南京：南京大学出版社，2001年.

[10] 葛洪义. 法理学 [M]. 北京：中国政法大学出版社，2007年.

[11] 韩忠谟. 法学绪论 [M]. 北京：中国政法大学出版社，2002年.

[12] 张爱宁. 国际人权法专论 [M]. 北京：法律出版社，2006年.

[13] 朱景文. 法理学专题研究 [M]. 北京：中国政法大学出版社，2010年.

[14] 潘维大，刘文琦. 英美法导读 [M]. 北京：法律出版社，2000年.

[15] [德] 伯恩·魏德士. 法理学 [M]. 丁小春，吴越，译. 北京：法律出版社，2003年.

[16] [德] G. 德布鲁赫. 法哲学 [M]. 王朴，译. 北京：法律出版社，2005年.

[17] [美] 博登海默. 法理学：法律哲学与法律方法 [M]. 邓正来，译. 北京：中国政法大学出版社，1999年.

[18] [德] K. 茨威格特，H. 克茨. 比较法总论 [M]. 潘汉典，米健，高鸿钧，贺卫方，译. 北京：法律出版社，2003年.

[19] [美] 约翰·梅利曼. 大陆法系 [M]. 顾培东，禄正平，译. 李浩校. 北京：法律出版社，2004年.

[20] [美] 伯尔曼. 法律与宗教 [M]. 梁治平，译. 北京：中国政法大学出版

社，2003年.

[21] [英] 以赛亚·伯林. 自由论 [M]. 胡传胜，译. 南京：译林出版社，2003年.

[22] [英] 洛克. 政府论（下）[M]. 叶启芳、翟菊农，译. 北京：商务印书馆，1964年.

[23] [法] 孟德斯鸠. 论法的精神（上册）[M]. 张雁深，译. 北京：商务印书馆，1959年.

[24] [法] 卢梭. 论人类不平等的起源和基础 [M]. 李常山，译. 北京：商务印书馆，1962年.

[25] [法] 卢梭. 社会契约论 [M]. 何兆武，译. 北京：商务印书馆，2003年.

[26] [英] 约翰·密尔. 论自由 [M]. 许宝骙，译. 北京：商务印书馆，1959年.

[27] [美] 路易斯·亨金. 权利的时代 [M]. 信春鹰，等，译. 北京：知识出版社，1997.

[28] [美] 理查德·A. 波斯纳. 法律的经济分析 [M]. 蒋兆康，译. 林毅夫校. 北京：中国大百科全书出版社，1997年.

[29] [英] 范·卡内冈. 英国普通法的诞生 [M]. 李红海，译. 北京：中国政法大学出版社，2003年.